# 법교육이 청소년의 폭력에 관한 태도에 미치는 영향

# 법교육이 청소년의
# 폭력에 관한
# 태도에 미치는
# 영향

오승호 · 이진석 지음

KSI 한국학술정보(주)

# 머리말

　본 연구는 청소년의 폭력문제 해결을 위해 청소년의 폭력에 관한 태도 유형을 제시하고, 법교육이 폭력에 관한 태도 변화에 미치는 영향을 살펴보는 것을 목표로 한다. 지금까지 청소년 폭력문제의 원인과 대책을 제시하는 다수의 연구는 폭력행위의 실태와 결과에만 초점을 맞추어 감시와 처벌을 통해 이를 억제하는 방식만을 제시하고 있었다. 반면에 폭력의 근본적인 원인으로 볼 수 있는 개인이 갖는 폭력에 관한 태도의 문제는 심도 있게 다뤄지지 못했다.

　청소년들 각자가 보유하고 있는 폭력에 관한 태도를 보다 정확하게 파악할 수 있다면 청소년 폭력문제를 효과적으로 해결할 수 있는 근본적인 대책을 마련할 수 있을 것이다. 이를 위해 본 연구는 사회심리학적 태도 개념을 적용하여 폭력에 관한 태도에 관한 의미를 정의하고 청소년의 폭력에 관한 태도를 유형화하였다. 본 연구에서 제시하고 있는 폭력에 관한 태도 유형은 무규범형, 표리부동형, 동조형, 관객형, 도피형, 우둔형, 혐오형, 수호자형 등이다. 8가지의 유형 중 본 연구는 수호자형을 교육적으로 가장 바람직한 유형으로 제시하였다. 따라서 바람직한 태도 유형인 수호자형이 되기 위해서는 폭력에 관한 태도의 변화가 필요하다. 만약 청소년의 폭력에 관한 태도가 긍정적으로 변화하여 수호자형으로 된다면 청소년 폭력문제를 완화할 수 있을 것이다.

그렇다면 어떤 수단이 청소년의 폭력에 관한 태도를 변화시키는 데 효과적일까? 이 같은 물음에 답하기 위해서는 폭력에 관한 태도의 성격을 간단히 살펴볼 필요가 있다. 폭력에 관한 태도는 법에 대한 태도와 관련되는 태도이다. 다시 말하면 청소년들이 폭력에 대해 긍정적인 태도를 가진다면 법에 대해 비우호적인 태도를 가졌다고 볼 수 있다. 따라서 청소년들의 폭력에 관한 태도는 법에 대한 태도의 또 다른 측면인 것이다. 이 같은 점을 고려해 볼 때 청소년들의 폭력에 관한 태도를 개선하는 데 있어서 법교육이 효과적인 수단이 될 수 있을 것이다. 법교육은 건전한 법의식과 법적 소양을 갖춘 능동적이고 자율적인 시민양성을 목표로 하는 시민교육이다. 따라서 건전한 법의식을 함양하는 데 효과적인 법교육은 청소년의 폭력에 관한 태도를 변화시키는 데에도 기여할 수 있을 것이다.

이와 같은 문제의식을 바탕으로 본 연구는 다음의 두 가지 연구문제를 설정하였다.

첫째, 청소년들의 폭력에 관한 태도의 실태는 어떠한가?

둘째, 법교육이 청소년의 폭력에 관한 태도에 어떤 영향을 미치는가?

이 두 가지의 연구과제를 수행하기 위해 전국 1,328명의 청소년들을 조사대상으로 선정하였다. 이 학생들의 폭력에 관한 태도를 조사하여 그 유형이 어떻게 분포되어 있는지를 확인해 보았다. 또한 법교육이 청소년의 폭력에 관한 태도 및 유형에 어떤 영향을 미치는지를 알아보기 위해서 1,328명의 조사대상 중 87명을 선정하여 실험연구를 실시하였다.

연구대상 청소년들의 폭력에 관한 태도 유형은 무규범형 10.60%, 표리부동형 5.34%, 동조형 25.99%, 관객형 6.29%, 도피형 3.58%, 우둔형 4.22%, 혐오형 9.33%, 수호자형 34.60% 등으로 나타났다. 가장 높은 비율을 차지하고 있는 것은 수호자형이었으나, 교육적 개선이 필요한 유형들이 다수를 차지하고 있었다.

또한 법교육이 청소년들의 폭력에 관한 태도에 어떤 영향을 미치는지에 관해 확인하였다. 연구 결과 법교육을 받은 후 청소년의 폭력에 관한 태도 유형 중에 수호자형이 매우 증가하였다. 법교육 전과 후에 실험집단에서 나타난 폭력에 관한 태도의 변화를 t-test로 확인한 결과, 법교육을 받은 후 통계적으로 유의미한 태도의 향상이 나타났다.

이러한 변화에 영향을 준 요인들을 확인하기 위해 관련된 변인을 일괄 투입하여 다중회귀분석을 실시하였다. 그 결과 청소년의 폭력에 관한 태도에 가장 큰 영향을 주는 것은 법교육과 학령으로 나타났다.

본 연구는 청소년의 폭력에 관한 태도를 체계적으로 유형화하였다. 또한 청소년 폭력의 문제를 해결하기 위한 적절한 수단으로 법교육의 역할을 검증하였다. 본 연구의 결과는 앞으로 청소년의 폭력에 관한 태도를 개선하여 청소년 폭력문제의 해결책을 마련하는데 도움이 될 것이다.

향후 조사대상을 확대하고 법교육 실시기간을 늘린 연구들이 시도될 수 있을 것이다. 또한 학교의 일반교과로서의 법교육이 미치

는 영향도 확인될 필요가 있다. 아울러 폭력에 관한 태도를 더욱
효과적으로 개선하기 위한 법교육 방식을 찾는 연구들이 이어져야
할 것이다.

  * 주요어: 폭력, 학교폭력, 폭력에 관한 태도, 폭력에 관한 태도
        유형, 법교육

오승호 · 이진석

# 목 차

## III   연구설계

## IV  결과 분석 및 논의

## V  결론

# 표 목 차

# 그 림 목 차

# 서론

1. 연구의 목적과 필요성

2. 연구문제와 논문의 구성

3. 연구의 의의 및 한계

# 1. 연구의 목적과 필요성

가장 나이 많은 학생들이 후배들에 대해서 막강한 권한을 지니고 있으며 오래지 않아 빈틈없는 고문관들로 탈바꿈한다. 사역·모욕·집단 폭행 등 모든 것이, 심지어는 상상할 수 없는 것까지도 허용된다(Jon Guilou, 1981).

스웨덴의 작가 Jon Guilou의 소설 '폭력의 제조'의 일부 내용처럼 현재 우리 사회에서 해결하기 어려운 문제로 자주 거론되는 것이 청소년 폭력문제이다.

청소년 폭력문제를 해결하기 위한 다양한 해결책들이 제시되고 있지만 뚜렷한 해결책은 아직 마련되지 못하고 있다. 오히려 현대사회의 상업적 폭력적 문화로 인해 청소년의 폭력문제는 악화되어 가고 있다. 현대사회에서는 환경파괴, 실업, 전쟁, 학살 등과 같은 일들이 빈번하게 발생하고 있다. 대중매체는 폭력적인 이미지를 끊임없이 사람들에게 전달하고 있다. 폭력은 생활주변에서 사람들이 일상적으로 체험하는 현상이다.

'한국사회 폭력문화의 구조화에 관한 연구' 보고서는 우리 사회의 폭력문화가 심각한 수준임을 제시하고 있다(연성진 외, 2008:62). 이 보고서에 따르면 '사소한 일에 있어서는 법적인 해결보다 폭력이 더 효과적인 경우가 많다.'라는 질문에 대해서 응답자 중 약 32.7%가 수긍하는 태도를 보였고, '말이나 법으로 해결되지 않는 일이 폭력으로 해결되는 경우가 많다.'는 질문에는 응답자 중 37.4%가 수긍하는 태도를 보였다.

　이와 같이 현대사회의 폭력성과 폭력문화는 청소년의 폭력문제 해결을 더욱 어렵게 한다. 특히 우리 사회의 청소년 폭력문제에서는 우려할만한 심각한 양상들이 나타나고 있다. '산에 묻어 버리겠다.'고 협박하여 친구 돈을 갈취한 사건[1], 여중생 6명이 선배 1명을 집단 폭행한 사건[2], 집단 괴롭힘으로 인한 중학생의 자살[3], 10대 알몸 폭행 동영상 사건[4] 등부터 최근 졸업식 뒤풀이 폭력사건, 대낮 노상에서 여중생의 옷을 벗긴 사건, 바닷물에 빠뜨리거나 집단으로 옷을 벗겨 동영상으로 유포한 사건 등(청소년폭력예방재단, 2010)은 청소년 폭력문제의 심각성을 잘 보여주고 있다. 교육과학기술부(2010)의 발표에 따르면 과거보다 훨씬 더 다양한 형태의 '강요'가 학교에서 발생하고 있다고 한다. 최근 사회적 문제가 되고 있는 졸업식 뒤풀이 폭력, 빵셔틀, 사이버 폭력에 대해 학생들은 폭력이라는 사실을 인식하지 못하고 있다고 한다(청소년폭력예방

---

1) 동아일보 사회면, 2005.3.12
2) 매일신문 사회면, 2007.7.6
3) 뉴시스, 2007.7.19
4) 조선일보, 2009.3.10

재단, 2010). 청소년폭력예방재단(2010)의 발표문에 따르면 학교폭력이 심각해져감에도 불구하고 학생들은 학교폭력을 목격했을 때 절반 이상(57%)이 모른 척 한다고 하였다. 이 발표문은 초등학생 폭력의 심각성 및 동반자살·흉기를 이용한 보복사건·성매매 강요 사건 등과 같은 심각한 수준의 여학생 폭력, 묻지마 폭력 등의 증가 경향 등을 밝히고 있다. 또한 학교폭력 피해 학생들 중 16%는 죽을 만큼의 고통을 호소하고 있다고 한다. 학교는 청소년들이 일상생활의 대부분을 보내는 장소이며 인생의 가장 중요한 시기를 보내는 공간이다. 청소년들은 학교에서 기본적인 학습활동 외에도 사회생활에 필요한 사회적 능력들을 형성하게 된다. 이 같은 능력 향상을 위해서는 학교라는 공간이 학습적인 측면뿐만 아니라 정서적인 측면까지 청소년의 불안을 최대한 막아줄 수 있는 안정적인 곳이어야 할 것이다. 하지만 청소년 폭력문제로 인해 학교의 안정성도 위협을 받고 있는 실정이다. 이제 청소년 폭력문제 해결을 위해 청소년 폭력의 근본적인 원인에 대한 고찰을 통해 해결책을 깊이 고민해 볼 시기가 된 것이다.

지금까지의 청소년 폭력문제 해결책은 대부분 외부적인 현상적 문제들에 대해 우려하고, 분석하고, 그에 관한 사후적인 대책 마련에 관심을 쏟아왔다. 그동안 청소년 폭력문제에 대한 경험적 연구들은 크게 두 가지 방향에서 이루어져 왔다. 첫 번째는 겉으로 드러나는 폭력에 치중하여 환경개선 및 강제적인 조치들을 강조하는 입장이다. 이 입장은 폭력행동의 원인이 되는 심리적 개념들에 주목하지 않는다는 점에서 문제가 있다. 두 번째는 외부적으로 파악되는 폭력의 이면에는 공격성과 같이 선험적으로 존재하는 심리적 특성이 있기 때문에 이 특성이 표출되지 않도록 심리적인 치료를 해야 한다는 입장이다. 이 입장은 사회적 상호작용과정에서 발생하는 개인의 신념이나 태도의 변화를 설명하기 어렵다. 두 입장 모두 청소년 폭력이 외부적으로 나타난 것을 관찰하여 그 원인을 설명했다는 점에서 공통적이다.

따라서 폭력행동의 원인이 되는 청소년의 심리적 특성을 파악함과 동시에 사회적 환경 속에서 벌어지는 청소년의 상호작용을 모두 고려한 접근이 필요하다. 이 같은 접근을 위해 본 연구에서는 폭력행동에 영향을 미치는 '폭력에 관한 태도'에 주목해보고자 한다.

청소년의 폭력에 관한 태도는 폭력의 원인이 되는 개념으로 반규범적인 태도의 수준을 의미한다. 어떤 청소년이 폭력을 행사하려고 한다는 것은 반규범적인 태도의 수준이 높다는 것을 의미한다. 이 같은 폭력에 대한 마음 자세는 사회적 환경 속에서 다양한 상호작용을 통해 형성되고 발전되어 간다. 즉, 개인은 사회화 과정을 통해서 자신의 폭력에 대한 마음 자세를 가지게 되는 것이다. 따라서 개인들은 각자 나름대로의 '폭력에 관한 태도'를 가지게 된다. 그리고 이 같은 태도가 폭력행동의 주요 원인이 되는 것이다.

각자 나름대로 형성한 '폭력에 관한 태도'는 다양한 형태로 청소년들 사이에 분포되어 있다. 그런데 청소년의 '폭력에 관한 태도'를 획일적으로 취급해서 긍정적인 것과 부정적인 것으로 분류하는 것은 청소년 폭력문제 해결을 어렵게 만든다. '폭력에 관한 태도'를 획일적으로 취급하는 것은 청소년 폭력의 외부적인 현상을 기준으로 분석했었던 기존의 연구들과 다를 바가 없다. 청소년 폭력문제에 대한 사후적 해결책에 치중했던 선행연구에서 한 걸음 더

나가기 위해서는 청소년들이 각자 보유하고 있는 '폭력에 관한 태도'의 특성이 구체적으로 설명되어져야 할 것이다. 따라서 본 연구는 청소년들의 '폭력에 관한 태도'의 특성을 구체적으로 파악하기 위해 '폭력에 관한 태도 유형'을 제시하였다.

청소년들이 각자 보유하고 있는 '폭력에 관한 태도'는 폭력에 대한 개인의 전체적인 생각들을 말한다. '파괴'라는 본질적 속성을 지니고 있는 폭력은 주관적으로 행해지는 것이기도 하지만 객관적으로 관찰 가능한 현상이다. 또한 '폭력'이라고 말할 때 이미 규범적인 판단이 포함되어 있다. 이와 같이 폭력은 주관적이면서도 객관적인 현상이고 규범적인 판단이 개입된 것이다. 따라서 개인이 폭력이라는 것 자체에 대해 생각할 때 규범적인 판단이 개입된다. 이 같은 규범적인 판단은 개인의 폭력에 관한 태도에 영향을 미침으로써 폭력행동 여부를 결정하는데 중요한 요인이 되는 것이다. 즉, 청소년들이 규범에 대해 부정적인 태도를 취하고 있다면 청소년들의 폭력에 관한 태도는 부정적일 것이고, 이로써 폭력행동을 더 쉽게 하게 될 것이다.

따라서 청소년의 폭력에 관한 태도를 긍정적으로 바꾸는 해결책이 필요하다. 청소년의 폭력에 관한 태도를 변화시키는 해결책은 방향성을 가지고 있어야 할 것이다. 만약 해결책이 방향성이 없다면, 청소년의 폭력에 관한 태도 변화는 내용이 없는 변화일 뿐이다. 이 같은 점을 고려하여 본 연구는 법교육의 역할에 주목하였다. 법교육은 시민교육으로서의 방향성을 통해 청소년의 규범에 대한 긍정적인 태도를 함양할 수 있다. 즉, 규범교육을 핵심으로 하는 법교육은 청소년들에게 사회적 행위주체로서의 책임을 수행할 수 있는 능력과 자질을 갖추게 하는 것이다(김해성, 1998:161). 또한 법교육은 청소년들의 참여를 통해 공감대를 형성하여 긍정적인 상호작용을 하게 함과 동시에 규범태도를 발달시켜 폭력에 대한 태도를 긍정적으로 변화시킬 수 있다는 점에서 청소년 폭력문제를 해결할 수 있는 적절한 수단이 될 것이다.

본 연구는 이상에서 논의한 폭력에 관한 태도와 법교육의 역할을 고려해서 다양한 유형의 폭력태도 유형을 확인하고 청소년 폭력문제 해결을 위한 적절한 수단으로서 법교육의 가능성을 제시하는 것을 목적으로 하고 있다.

이를 위해 우선 폭력에 관한 태도 개념을 새롭게 정의하였다. 폭력에 관한 태도와 관련되는 선행연구[5]들을 검토해 보면, 다양한 폭력에 관한 태도의 개념이 체계적으로 정의되지 못하고 있음을 알 수 있다. 본 연구는 다양한 폭력에 관한 태도 유형을 제시하기 위해서 사회심리학의 태도 개념을 적용하여 폭력에 관한 태도의 개념을 재규정하였다. 폭력에 관한 태도는 인지적·정서적·행동적 영역으로 구성되는 복합적인 사고이다. 폭력에 관한 태도의 세 가지 영역이 결합되면서 다양한 형태의 폭력에 관한 태도 유형이 형성된다. 본 연구에서는 다양한 형태의 폭력에 관한 태도 유형을 제시하고, 폭력에 관한 태도가 실제로 어떻게 분포되는지를 경험적으로 확인해 보고자 한다.

---

5) 서애경(2007). "중학생의 폭력태도와 폭력행동에 관한 연구", 금오공과대학교 교육대학원 석사학위논문, 윤화석(2002). "청소년의 폭력에 대한 태도 및 행동과 환경요인과의 상관관계 연구", 선문대학교 대학원 석사학위논문, 이재순(1999). "학교폭력에 관한 태도 및 폭력 실태 연구", 순천향대학교 산업정보대학원 석사학위논문, 최자은(1997). "청소년의 폭력에 대한 태도와 행동에 영향을 미치는 요인에 관한 연구", 이화여자대학교 대학원 석사학위논문

다음으로는 법교육을 실시했을 때 구체적인 청소년들의 폭력에 관한 태도와 그 유형이 어떻게 변화되는지를 경험적으로 확인하게 될 것이다. 만약 법교육을 실시한 결과 청소년들의 구체적인 폭력에 관한 태도 및 그 유형들이 긍정적으로 변화되었다면, 법교육은 청소년 폭력문제의 효과적인 해결책이라고 말할 수 있을 것이다.

더욱 심각해지고 있는 청소년 폭력문제에 대해 각 현상에 사후적으로 대처하는 처방은 이제 한계에 도달했다. 청소년 폭력문제의 근본적인 원인을 찾아 이를 해결하기 위해 다양한 노력을 해야 될 시점이다. 폭력에 관한 태도를 재정의하고, 그 유형을 파악하며, 법교육을 통해 폭력에 관한 태도를 변화시키는 것은 청소년 폭력문제에 보다 근본적인 차원에서의 접근이라고 할 수 있다.

따라서 청소년의 폭력에 관한 태도를 고찰하고 법교육의 효과를 밝힌 본 연구는 앞으로 청소년의 폭력문제를 해결하기 위한 정책 방향을 설정하는 데에도 기여할 것이다.


## 2. 연구문제와 논문의 구성


본 연구는 청소년의 폭력에 관한 태도의 구체적인 유형을 제시한 후, 경험적으로 확인하고, 청소년의 폭력에 관한 태도를 변화시킬 수 있는 법교육의 역할을 실험적으로 증명하고자 한다. 본 연구문제의 결론을 도출하기 위해서는 다음과 같은 질문들에 먼저 답해야 한다.

첫째, 폭력이란 무엇인가?

둘째, 폭력에 관한 태도의 개념은 어떤 내용적 요소들로 이루어져 있는가?

셋째, 폭력에 관한 태도는 어떻게 형성되며, 어떤 요인들이 영향을 미치는가?

넷째, 폭력에 관한 태도의 유형은 어떻게 분류할 수 있는가?

다섯째, 법교육은 무엇이며, 폭력에 관한 태도를 개선하는데 어떤 역할을 하는가?

즉, 폭력이 무엇인가를 통해서 폭력에 관한 태도를 설명하고 선행연구 등을 통해 폭력에 관한 태도를 고찰한 후, 그 유형들을 제시할 것이다. 그리고 법교육이 이 유형의 변화에 어떤 역할을 하는지 살펴보게 될 것이다.

2장 1절에서는 먼저 폭력의 개념과 원인을 고찰해 볼 것이다. 특히 폭력의 개념과 관련해서는 청소년의 폭력과 밀접한 관련성이 있는 학교폭력에 대한 개념도 살펴보게 될 것이다. 다음으로는 폭력에 관한 태도의 의미와 특성들을 설명할 것이다. 폭력에 관한 태도는 사회심리학의 태도 개념을 적용하여 재정의될 것이다. 재정의된 개념을 바탕으로 다양한 청소년들의 폭력에 관한 태도 유형을 제시하면서 특성을 설명할 것이다. 마지막으로 현재 청소년의 폭력 실태와 폭력에 대한 태도를 살펴보게 될 것이다.

2장 2절에서는 법교육이 청소년의 폭력문제를 해결하는데 어떤 역할을 할 것인지를 설명하기 위해 법교육의 의미와 역할을 살펴볼 것이다.

2장 3절에서는 청소년의 폭력과 폭력에 관한 태도에 대한 선행연구들을 검토하게 될 것이다. 선행연구의 검토를 통해서 청소년의 폭력과 폭력에 관한 태도에 어떤 요인들이 영향을 미치는지를 살펴보게 될 것이다.

2장 4절에서는 1절부터 3절까지의 내용들을 바탕으로 연구 분석 틀을 구성하게 될 것이다.

3장에서는 연구방법, 연구변인, 조사도구, 분석방법 등을 설명할 것이다.

4장에서는 우선 청소년의 폭력에 관한 태도가 어떻게 분포되어 있는지를 확인하게 될 것이다. 다음으로는 실험집단을 선정하여 법교육을 시행할 것이다. 법교육 시행 후에 실험집단의 폭력에 관한 태도가 어떻게 변화하였는지를 살펴보고, 이에 어떤 요인들이 영향을 미쳤는지를 확인하게 될 것이다.

마지막 5장에서는 본 연구의 결과들을 요약하고 이러한 결과들이 갖는 의의에 대해 논의해 볼 것이다.

# 3. 연구의 의의 및 한계

본 연구는 다음과 같은 이론적·실천적 의의를 지닌다.

첫째, 본 연구는 청소년들의 폭력에 관한 태도 개념을 체계적으로 제시하였다. 본 연구의 폭력에 관한 태도 개념은 사회심리학적 태도 개념을 적용하여 인지적·정서적·행동적 영역으로 정의되었다. 선행연구들의 '폭력태도' 개념은 그 의미가 불명확하여 연구마다 다양한 내용 요소들을 제시하고 있었다. 이로 인해 '폭력태도'

를 측정하는 방법도 다양하였다. 본 연구에서 제시하고 있는 '폭력에 관한 태도' 개념은 이 같은 문제를 해결하는데 도움이 될 것으로 기대된다.

둘째, 본 연구는 청소년들의 폭력에 관한 태도 유형을 제시하였다. 선행연구들에서는 폭력에 관한 태도를 획일적으로 설명하였다. 이로 인해 폭력을 직접 행사하지 않는 청소년들이 폭력에 대해서 어떤 생각들을 하고 있는지에 대해서는 정확하게 파악할 수가 없었다. 본 연구는 폭력에 관한 태도를 보다 심층적으로 연구하는데 이론적 기여를 할 수 있을 것이다.

셋째, 본 연구에서 제시한 청소년들의 폭력에 관한 태도 유형 분류는 앞으로 청소년 폭력문제 해결책을 수립하는데 기여할 것이다. 청소년들의 폭력에 관한 태도 유형 분류는 청소년 폭력문제 해결책을 마련하는데 기초 자료가 될 수 있다. 현재 청소년들 사이에 폭력에 관한 태도가 어떤 형태로 분포되어 있는지를 확인하는 것은 보다 적절한 대책을 수립하는데 중요하기 때문이다. 또한 청소년들의 폭력에 관한 태도 유형 분류는 청소년 폭력문제 해결을 위해 어떤 교육적 수단을 적용해야 하는지에 대한 기초 자료가 된다는 점에서 정책 및 교육프로그램 개발에 시사점을 제공할 것이다. 마지막으로 청소년의 폭력에 관한 태도 유형 분류는 정책이나 교육을 시행한 후 청소년들의 폭력에 관한 태도가 어떻게 변화하였는지를 통해 구체적인 효과 검증을 하는 데에도 유용할 것이다.

넷째, 본 연구에서는 법교육이 청소년의 폭력에 관한 태도를 개선하는데 효과가 있음을 확인하였다. 이 같은 결과는 법교육이 청소년 폭력 예방교육으로서의 적절성을 제시하였다는 점에서 시사점을 제공해 준다. 일반적으로 법교육을 법지식을 전달하는 규범교육으로 역할을 제한하여 인식하는 경우가 있다. 하지만 법교육은 단순한 규범교육이 아니라, 참여를 통해 문제해결능력과 사회적 기술들을 제공하는 중요한 교육이다. 본 연구는 법지식을 전달하는 것이 법교육이 아니라는 점을 분명하게 제시하고 있다는 점에서 의의가 있다.

한편 이 연구는 연구방법과 조사대상 측면에서 다음과 같은 한계와 과제를 지니고 있기도 하다.

첫째, 폭력에 관한 태도 유형 분포의 조사대상이 많지 않았다.

둘째, 장기간에 걸쳐 법교육을 실시했을 경우에 폭력에 관한 태도가 어떻게 변화하는지에 대해 검증해보지 못했다.

셋째, 일반교과로서의 법교육이 학교에서 실천되었을 때, 폭력에 관한 태도 변화에 어떤 영향을 미치는지를 살펴보지 못했다.

이상으로 본 연구의 한계점은 후속 연구의 필요성을 제기하는 문제제기의 성격도 있다. 따라서 조사대상을 더 넓게 선정하여 폭력에 관한 태도를 조사하고, 법교육을 장기간에 시행하여 효과를 검증하는 후속 연구들에 의해 본 연구의 결과가 보완되어야 할 것이다. 또한 폭력에 관한 태도를 개선하기 위한 다양한 프로그램의 개발 역시 후속 연구들을 통해 나타나게 될 것으로 기대한다.

# II

## 이론적 배경

1. 폭력에 관한 태도의 의미와 유형
2. 법교육의 의의와 역할
3. 선행연구 검토
4. 연구 분석틀의 구성

# 1. 폭력에 관한 태도의 의미와 유형

이 장에서는 우선 폭력의 개념과 원인을 확인할 것이다. 다음으로는 선행연구들을 고찰하면서 '폭력에 관한 태도'를 정의할 것이다. 이 정의를 바탕으로 '폭력에 관한 태도'가 어떻게 형성되어 다양한 형태로 나타나는지를 설명할 것이다.

## 1) 폭력의 개념과 원인

### (1) 폭력의 개념

우리는 일상적으로 폭력을 경험하고 또 폭력에 대해서 많은 이야기를 하기 때문에 그것이 무엇인지 잘 알고 있다고 생각한다. 하지만 사실은 그렇지 않다. 폭력 개념은 법학, 사회학, 심리학 등의 학문 영역에 따라 서로 다른 관점에서 다양하게 정의되고 있을 뿐만 아니라, 폭력행사의 주체나 대상, 폭력의 강도 여부, 폭력의 발생 장소 등에 따라 다양하게 사용되기 때문이다.

우선 폭력이라는 단어 자체를 분석해 보자. 폭력이라는 말은 두 개의 음절로 되어 있다. '폭(暴)'은 '사납다'는 뜻을 가지며, '력(力)'은 '힘'을 의미한다. 이 두 음절을 붙여서 뜻을 풀이해보면, 폭력은 '사나운 힘' 또는 '난폭한 힘'이다. '폭풍', '폭우', '폭주' 등은 '폭' 자가 접두어로 사용되는 단어들이다. 이 단어들에서 '폭'이라는 접두어는 '정도에서 벗어나 지나치다.'는 뜻이다. 이런 의미를 고려해 본다면 폭력은 '정도에서 벗어나 지나치게 사용되는 힘'이다. 따라서 폭력은 파괴를 수반하며 사람들에게 두려움을 준다. 사람들이 두려움을 느끼는 것은 신체적·물리적 폭력에 의한 것만은 아니다. 언어에 의해서도 가능하다. 즉, 인간에게 두려움과 고통을 주는 것이라면 무엇이나 폭력이 될 수 있다.

폭력으로 인한 두려움과 고통은 사람의 신체나 생명에 직접 물리력이 행사될 때에만 생기는 것이 아니다. 예를 들어 어른이 아이에게 겁을 주기 위해 옆에 있는 물건을 부수는 경우도 있다. 이 경우는 아이에게 직접 물리력이 행사된 것은 아니지만 아이는 겁을 먹고 울 수도 있다. 따라서 물건을 파괴하는 것도 인간에 대한 간접적 폭력이 되는 것이다.

사회학적인 측면에서 폭력은 사람의 신체나 생명에 위해를 가하는 모든 행동뿐 아니라 재산상의 손괴의 일부마저도 폭력의 개념 속에 포함시키고 있다(김준호, 1994:15). 심리학적 차원에서는 폭력을 '공격성'이나 '공격행위'로 다뤘다.

Berkowitz(1962)는 공격행동을 '어떤 대상에 대한 피해를 목적으로 하는 행위'로 정의하고 공격행동과 폭력을 구별하였다. 공격은

'의도적으로 타인에게 상처를 입히는 것'이다. 이 의미는 물리적 상해나 언어적 상해 등 모두를 포함하는 것이다. 반면 폭력은 공격으로 인한 피해의 정도가 매우 심각한 경우를 말하는 것이다. 공격 행동과 폭력을 구별하는 다른 하나의 기준은 윤리상의 가치(value)이다(윤진, 1991:16). 따라서 폭력은 가치판단과 분리되기 어려운 개념이라 할 수 있다.

일반적으로 폭력은 일탈이나 반사회적인 것으로 다뤄진다. 이것은 폭력이 사회적 맥락을 떠나서는 규정되기 어려움을 보여주는 것이다. 사회학자 Gergen(1984)은 '사회적 정의'라는 잣대를 사용하여 '공격적 행위'가 될 수 있는 기준을 제공하였다(고미영, 1998:53). 따라서 폭력은 '부당하다' 또는 '불법이다'와 같은 가치판단과 결부되어 있다. 우리는 모든 폭력을 폭력이라고 부르지 않는다. '정당성을 결여한 폭력'이나 '법규에 반하는 폭력'을 폭력이라고 부른다. '정당성을 결여한 폭력'에 관한 논의는 철학이나 정치학의 영역에서 주로 많이 이뤄졌다. '정당성을 결여한 폭력'으로 '국가나 제도에 의한 폭력'이 많이 거론되었고, 이에 대응하는 '저항폭력'도 폭력에 포함되었다. '불법'적인 폭력은 '법규'가 기준이다. 대표적인 법규는 형법이다. 이때 말하는 형법은 형식적 의미의 형법뿐만 아니라 실질적 의미의 형법 모두를 포함한 것이다. 형법에서 다루고 있는 폭력은 폭행이라는 개념부터 가장 극단적인 형태의 폭력인 살인, 정신적 폭력을 포함하는 협박이나 공갈죄, 성폭력 범죄, 조직폭력, 국가가 저지르는 폭력 등 다양하다. 형법에서는 다양한 폭력을 범죄로 규정하고 있다. 또한 형법의 적용을 받는 폭력범죄가 되기 위해서는 구성요건에 해당해야 하고, 위법성을 갖춰야 하고, 책임을 물을 수 있는 것이어야 한다. 폭력을 경험한 자가 어떤 행위를 폭력으로 인식하였다고 하더라도 만약 구성요건에 해당하지 않는다면 폭력 성립 여부는 조각된다. 따라서 죄형법정주의에 따라 폭력범죄를 식별하고 폭력범죄자를 처벌한다는 측면에서 형법적 폭력개념은 유용하다.

이상의 논의들을 대략 정리해 보면, 첫째, 폭력은 의도적인 행위이다. 둘째, 폭력은 사람의 신체나 정서에 해를 끼치는 행위이다. 셋째, 폭력은 인간이 행하는 것이다. 넷째, 폭력은 불법하고 부당한 것이다. 다섯째, 폭력은 물리적 방법뿐만 아니라 비물리적 방법에 의해서도 가능하다.

이 같은 폭력개념에 대한 결론은 인간이 행하는 폭력에 대해서는 설명하기 좋으나 인간이 만들어낸 것들의 폭력성에 대해서는 설명하기 어렵다는 문제가 있다. 경우에 따라서는 폭력이 폭력을 부르는 폭력의 악순환적 구조를 만들어내는 것이 인간이 아니라, 인간이 만들어낸 것들의 폭력성이라는 점을 생각해 본다면, 폭력의 외연을 넓힌 개념정의가 필요하다. 또한 폭력을 신체적·정신적·정서적인 상해 정도를 유발하는 행위로 규정하는 것에 머무르는 것 또한 극복할 필요가 있다. 폭력은 사람이나 물건을 파괴하는 것이지만 파괴의 결과는 상처 이상의 것을 야기하기 때문이다. 폭력은 사람의 평온을 깨고, 건강한 삶을 훼손함으로써 사람의 생명을 빼앗거나 치명적인 신체적·정신적 불구 상태를 야기한다. 또한 폭력은 개인의 자유로운 의사결정의 자유를 강요, 침해, 박탈하기도 한다. 결론적으로 폭력은 개인이 스스로 의사결정을 내리고 자유롭게 삶을 향유하고 발전시켜나가는 것을 파괴하는 불법 부당한 힘의 행사라고 정의내릴 수 있다. 이 같은 점에서 Galtung(1969)의 폭력 개념 정의는 유용할 것이다. Galtung(1969)은 폭력을 '인간의 기본적인 욕구를 모독하는 것'이라고 정의하면서 직접적이고 물리적인 폭력을 넘어서 구조적 폭력과 문화적 폭력이라는 개념을 제시하였다(이재봉, 1998:306 재인용). 구조적 폭력은 '될 수 있었을지도 모르는 잠재력과 실제의 차이를 제공하는 요인'이다(Galtung, 1969:168). 이에 덧붙여 차이를 넓히거나 좁히는 것을 방해하는 것도 구조적 폭력으로 간주된다. 문화적 폭력은 '직접적 폭력이나 구조적 폭력을 정당화하거나 합법화하는데 사용될 수 있는 문화의 측면'이라고 정의하였다(Galtung, 1990:291-295). 이에는 종교와 사상, 언어와 예술, 그리고 과학과 학문 등의 폭력성을 포함시키고 있다. 신체나 언어를 사용하는 등의 폭력은 구체적 행위자가 분명하게 드러날 뿐만 아니라, 불법부당하고 해롭다는 인식을 사람들에게 쉽게 줄수 있다. 하지만 구조적 폭력은 훨씬 심각한 폭력성을 내포해도 정적이기 때문에 잘 드러나지 않을 뿐만 아니라, 사회구조에 내재하기 때문에 당연한 것으로 간주된다(Galtung, 1969: 170-173).

이 같이 추상적이고 다양한 논의를 수반하는 폭력개념을 정의하는 것은 쉽지 않은 일이다. 따라서 본 연구에서는 한 가지의 관점보다는 다양한 관점을 고려하여 개념정의를 시도해 보고자 한다.

폭력은 '평온한 인간 삶의 지속과 발전을 파괴하는 부당하고 불법한 힘의 행사'라고 정의내릴 수 있을 것이다. 또한 다음과 같은 폭력의 몇 가지 특징들을 도출할 수 있다.

○ 폭력은 힘을 과도하게 사용하는 것이다.

○ 폭력은 파괴적 속성을 가지고 있다.

○ 폭력은 사람들에게 두려움을 야기한다.

○ 폭력의 주체는 인간과 인간이 만들어낸 것이다.

○ 폭력은 다양한 형태로 존재한다.

○ 폭력은 부당하고 불법한 것이라는 가치판단을 수반한다.

○ 폭력은 건강한 인간 삶의 성장과 유지를 방해하는 것이다.

이상에서 살펴본 특징들을 가지고 있는 폭력은 다양한 형태로 설명되고 분류되기도 한다. 폭력 개념 정의만큼 폭력의 유형도 쉽게 제시하기 어렵다. 폭력의 유형은 어떤 행위를 폭력으로 보느냐 하는 것이다. 이는 폭력의 발신자와 수신자, 법을 규정하는 주체, 시간과 장소 등에 따라 달라진다. 본 연구에서는 '청소년의 폭력에 관한 태도'를 주제로 한다는 점에서 청소년의 생활맥락을 고려한 폭력 유형을 중심으로 고찰해보고자 한다. 따라서 폭력의 유형에 대한 복잡한 논의는 생략하도록 하겠다.

청소년의 폭력과 관련된 선행연구들은 대체적으로 가정폭력경험, 학교폭력경험, 대중매체 폭력경험, 성폭력 및 이성 간 데이트 폭력경험, 사이버 폭력경험, 또래집단 폭력경험 등과 같은 경험들을 다뤘다.

청소년이 경험하는 가정폭력으로는 일반적으로 부모의 신체폭력, 부모의 언어폭력, 부부 간의 신체폭력, 부부 간의 언어폭력 등이 다뤄졌다(이인순, 2005:25). 강민지(2008)의 경우는 형제자매의 폭력을 다루기도 하였으며, 김태화(2008)는 가정폭력의 유형으로 언어적·정서적 학대, 신체적·물리적 학대, 심각한 학대, 방임 등을 제시하였다.

한국형사정책연구원(1997)은 학교폭력을 놀림 및 욕설, 위협이나 협박 등을 포함한 언어적·심리적 폭력, 따귀 등을 맞는 가벼운 폭행에서 상해 위험이 매우 큰 폭행을 포함한 신체적·물리적 폭력, 괴롭힘 등과 같은 증오적 폭력, 금품갈취 등의 도구적 폭력, 성희롱 및 성폭력으로 유형화하였다. 정보화 사회가 크게 진전되면서 온라인 공간에서의 폭력 또한 문제시되어 사이버 폭력을 이에 포함시키고 있다. '학교폭력예방및대책에관한법률' 제2조(정의)에서는 상해, 폭행, 감금, 협박, 약취·유인, 명예훼손·모욕, 강요 및 성폭력, 따돌림, 정보통신망을 이용한 음란·폭력 정보 등에 의하여 신체·정신 또는 재산상의 피해를 수반하는 행위를 학교폭력으로 규정하고 있다. 이 규정을 조금 더 간단하게 정리하자면 신체적·물리적 폭력, 언어적·정서적 폭력, 성폭력, 사이버폭력, 증오적 폭력으로 유형화할 수 있다. 한편 도현심 등(1999)은 교사폭력으로 신체적·언어적 폭력을 다루기도 하였다.

일반적으로 대중매체란 대량정보 전달 매체의 뜻을 지니며, 어떤 내용을 담은 기호를 기계적인 매체를 통해 대중에게 전달하는 과정을 의미하는 것이다. 과거에는 TV와 라디오가 대중매체의 주류를 차지했으나 오늘날에는 영화, 비디오, 만화, 잡지, 컴퓨터 게임으로 확대, 파급되고 있으며, 이들은 모두 청소년들이 폭력에 노출되는 것을 용이하게 해주고 있다. 대중매체의 폭력은 신문, 잡지, 방송, 영화, 비디오, 만화, 도서 등의 다양한 매체를 통해서 폭력적인 이미지를 이 매체들의 수용자들에게 전달하는 폭력이다(서영조·박철현, 2004:50). 실제로 청소년들은 대중매체를 통해 신체적·

물리적 폭력, 언어적·정서적 폭력, 구조적·제도적 폭력, 문화적 폭력 등을 간접 경험하게 되며 대중매체를 통해 폭력문화에 익숙해지기도 한다.

청소년의 성폭력 및 이성 간 데이트 폭력경험에 대한 연구는 가정폭력이나 학교폭력 연구들에 비해 적은 편이다. 그 이유는 성폭력의 경우에는 불법성이 명백하고 중대하기 때문에 폭력태도나 태도 연구에 어려움이 있기 때문인 것으로 추측된다. 박용순(2000)은 성폭력을 강간, 추행, 성적희롱, 성기노출, 어린이 성추행 등 모든 신체적·언어적·정신적 폭력을 포괄하는 광범위한 개념으로 정의하였다. 그리고 성폭력의 가해자가 주로 10대·20대가 가장 많고, 성폭력의 피해자도 역시 10대·20대가 가장 많은 것으로 제시하였다. 이는 청소년의 폭력에서 성폭력의 문제를 중요하게 다뤄야 된다는 점을 제공해 준다. 그밖에 양혜원·신혜섭(2006)은 '남녀 고교생의 이성교제 폭력실태'를 연구하였고, 정경희(2007)는 '친족성폭력'을 연구하였다.

정보화 사회의 급진전으로 최근에 많은 문제를 낳고 있는 것이 사이버 폭력이다. 한종욱(2001)은 사이버폭력으로 사이버스토킹, 음란폭력채팅, 음란폭력형 게임 등의 경험을 제시하였다. 또한 이성식(2005)은 온라인 폭력으로 게시판 댓글, 대화방이나 채팅 도중의 욕설이나 비방, 명예훼손 등의 사이버언어폭력, 사이버성폭력 등을 연구하였다.

본 연구에서는 명확한 실증적 연구를 위해서 청소년들의 생활맥락과 밀접한 관련성이 있는 학교폭력 유형으로 폭력유형을 대체하고자 한다.

학교폭력은 학교라는 공간적 개념과 평온한 인간 삶의 지속과 발전을 파괴하는 부당하고 불법한 힘의 행사로 정의되는 폭력이라는 개념이 결합된 것이다. 하지만 학교폭력에 대한 개념정의는 이 같은 학자들마다 다른 시각과 연구목적을 가지고 접근한다는 점에서 다양한 정의가 존재한다.

김준호(1997)는 학교폭력을 학생들이 학교 안과 밖에서 실제로 경험하게 되는 광의적 의미의 폭력으로 개념을 제시하였다. 심응철(1992)은 학교폭력의 개념에 학생들이 당한 모든 폭력, 즉, 학교 내 폭력뿐만 아니라 학생들에게 영향을 주는 아동학대와 가정폭력 등 모든 폭력을 포함시키고 있다. 김준호(1997)나 심응철(1992)이 적용의 범위를 고려한 학교폭력 개념을 정의였다면, 이상균(1999)은 학교환경을 중심으로 또래 간에 발생하는 폭력행위에 초점을 맞춰 정의하였는데, 이는 가해자와 피해자 간의 관계를 고려한 규정이다. 홍금자(1998)는 '학교폭력에 대한 개념이 가해자나 피해자 또는 발생 장소에 따라서 차이가 있으나, 이를 종합하면 학교와 관련하여 일어나는 폭력행위로, 이 행위의 가해자나 피해자는 주로 청소년이라는 특징을 공통적으로 포함하고 있다.'고 밝히고 있다.

따라서 학교폭력에 대한 합의된 개념을 찾는 것은 쉽지 않다. 이에 본 연구에서는 선행연구들에서 제시하고 있는 학교폭력 개념을 살펴봄으로써 학교폭력의 개념을 정의해 보고자 한다.

학교폭력이란 개념의 정의가 다양한 이유는 무엇일까? 학교폭력은 폭력이 발생하는 장소, 가해자 중심의 접근 또는 피해자 중심의 접근, 가해자와 피해자를 누구에게 한정시킬 것인가, 어떤 행위유형들을 학교폭력의 행위유형에 포함시킬 것인가 등에 따라서 개념

규정이 될 수 있기 때문이다. 이 같은 점을 고려하여 기존 연구들 중에서 학교폭력에 대한 개념규정이 비교적 분명하게 되어 있는 것들을 중심으로 살펴보고자 한다.

청소년폭력예방재단(1996)은 '학교폭력은 학교 내에서 청소년들이 당하는 폭행, 금품 갈취 등 신체적·물리적 폭력과 협박, 따돌림과 같은 정신적 폭력 및 성적인 폭력을 포함한다.'고 정의하였다. 이 같은 개념규정은 학교폭력이 발생하는 장소를 명확하게 제시하고, 학교폭력피해자를 중심으로 개념규정하고 있다고 볼 수 있다. 그런데 이 같은 피해자 중심의 규정은 학생들 간의 폭력뿐 아니라 학교주변에서 학생이 아닌 사람들에 의해서 발생하는 폭력과 교사의 학생에 대한 체벌도 학교폭력의 범주에 포함될 수 있다.

한국형사정책연구원(1997)은 '학교폭력을 학생이 학교 내외에서 일상적 생활과정에서 누군가(동료학생, 선배, 아는 사람 및 전혀 모르는 사람)로부터 당하는 유형 및 무형의 폭력을 말한다.'고 정의하고 있다. 이 같은 개념규정은 청소년폭력예방재단의 개념보다 학교폭력의 장소적 범위를 더욱 넓게 규정하고, 가해자와 피해자의 관계를 더욱 명료화했다.

청소년보호위원회(2002)는 '학교폭력이란 일반적으로 학교나 학교 주변에서 학생 상호 간에 발생하는 의도성을 가진 신체적·정서적 가해 행동을 말한다.'고 정의하였다. 2004년 1월 29일 공포되고 동년 6월 29일부터 시행되고 있는 '학교폭력예방및대책에관한법률' 제2조 제1항은 '학교폭력이라 함은 학교 내외에서 학생 간에 발생한 상해, 폭행, 협박, 감금, 협박, 약취·유인, 명예훼손·모욕, 공갈, 강요 및 성폭력, 따돌림, 정보통신망을 이용한 음란·폭력 정보 등에 의하여 신체·정신 또는 재산상의 피해를 수반하는 행위를 말한다.'라고 규정하고 있다. 이 같은 규정은 학교 내외라는 장소를 분명하게 하고, 가해자와 피해자의 관계를 학생 상호 간으로 규정했다는 점, 다양하면서 구체적인 폭력행위 유형을 제시하고 있다는 점에서 학교폭력을 다른 개념규정보다 비교적 분명하게 제시하고 있다. 하지만 학교폭력의 가해자와 피해자 모두를 학생으로 규정했다는 점에서 학생이 경험할 수 있는 학교폭력의 일부가 배제될 수 있다.

본 연구에서는 학교폭력 개념 정의와 관련되는 기존의 연구 성과들을 잘 반영하고 있는 '학교폭력예방및대책에관한법률' 제2조 제1항을 근간으로 하되 학교 내의 폭력의 경우에는 피해자와 가해자의 관계를 확대시켜 개념 규정을 제시하고자 한다. 따라서 학교폭력이란 '학교 내외에서 학생에게 가해지는 상해, 폭행, 협박, 감금, 약취·유인, 명예훼손·모욕, 공갈, 강요 및 성폭력, 따돌림, 정보통신망을 이용한 음란·폭력 정보 등에 의하여 신체·정신 또는 재산상의 피해를 수반하는 행위'이다.

이와 같은 학교폭력의 유형들을 간단히 살펴보도록 하겠다. 우선 '상해'란 고의로 사람의 건강을 훼손하는 것으로 육체적·정신적인 병적 상태가 발생하거나 증가되는 경우를 의미하는 것으로 '폭행'과 구별된다. 폭행은 유형력의 행사여부에 의해 행위성립이 결정된다면 상해는 어떤 행위로 인한 결과를 중심으로 행위성립 여부가 결정된다. 상해의 구체적인 예로는 팔과 다리가 부러지는 외상의 경우뿐만 아니라 외상없이 신체에 대한 폭행으로 보행불능, 수면장애, 스트레스 장애 등이 발생한 경우 등이 있다.

'폭행'은 사람의 신체에 대하여 직접적·간접적으로 유형력을 행사하는 것을 말한다. 이 같은 폭행은 아래의 <표 1>과 같이 네 가지 유형으로 분류될 수 있다.

<표 1> 폭행의 유형

| 의미 폭행 / 유형 | 개념 정의 |
|---|---|
| 최광의의 폭행 | 대상이 무엇인가를 묻지 아니하고 유형력을 행사하는 모든 경우를 포함한다. 대표적인 예로는 형법 제115조에서 규정하고 있는 소요죄, 동법 제116조의 다중불해산죄 등이 있다. |
| 광의의 폭행 | 사람에 대한 직접적·간접적 유형력의 행사를 말한다. 그것은 사람에 대한 유형력의 행사를 의미하지만 반드시 사람의 신체에 대하여 유형력이 가해질 것을 요하지 않고, 물건에 대한 것이라 할지라도 간접적으로 사람에 대한 것이라고 볼 수 있으면 족하다. 이 개념에 해당하는 범죄 유형으로는 형법 제136조 공무집행방해죄, 동법 제146조의 특수절도죄, 동법 제324조의 강요죄 등이 있다. |
| 협의의 폭행 | 사람의 신체에 대한 유형력의 행사를 말한다. 이 개념에 해당하는 예로는 형법 제260조의 폭행죄, 동법 제125조의 특수공무원폭행죄 등이다. |
| 최협의의 폭행 | 상대방의 반항을 불가능하게 하거나 현저히 곤란하게 할 정도의 가장 강력한 유형력의 행사를 말한다. 이 개념에는 형법 제297조와 동법 제333조에서 규정하고 있는 강도죄 등이 해당된다. |

\* 이재상, 2001:59-60

학교폭력 개념에서 폭행은 위의 네 가지 유형을 모두 포함하는 개념이 아니라, 사람에 대하여 물리력을 행사하는 것이라 할 수 있다. 신체적 폭력은 육체적 고통을 줄 뿐만 아니라 심한 경우에는 상해나 사망의 원인이 되기도 한다. 이 같은 신체적 폭력 피해를 입은 학생은 육체적인 고통과 상처 외에도 자존감 등에 손상을 주게 되어 지속적인 정서적 고통의 원인이 될 수도 있다. 따라서 신체적 폭력은 공포심이나 정서불안 등을 심각하게 야기할 경우 신경증이나 정신병으로 발전될 수도 있다는 점에서 중요한 폭력 유형이라고 할 수 있다.

'협박'이란 사람에게 해악을 고지하여 상대방에게 공포심을 일으키는 것을 말한다(이재상, 2001:110). 공포심을 일으키게 할 수 있는 해악을 고지하는 것을 말한다. 협박이 되기 위해서는 해악이 직접적·간접적으로 행위자에 의하여 발생할 수 있는 것이어야 하지만, 해악이 현실적으로 일어날 가능성이 있어야 한다거나 행위자가 이를 실현할 의사가 없어도 된다. 다만 협박이 되려면 적어도 발생 가능한 것으로 생각될 수 있는 정도의 구체적인 해악이어야 한다. 또한 해악을 알리는 방법에는 제한이 없다. 즉, 언어뿐만 아니라 행동에 의한 경우에도 가능하다.

학교에서 벌어지는 폭력의 유형 중 가장 많은 형태 중의 하나가 '따돌림'이다. 하지만 따돌림에 대한 용어 정의는 여러 각도에서 논의되어 왔다. 따돌림에 대해 설명하는 용어로는 'Mobbing', 'Bullying', 'Victimization', '이지메' 등이 있다.

Heinenmann(1973)은 집단의 일반적인 활동을 방해하는 한 개인을 집단이 공격하는 것이라는 'Mobbing'이라는 용어를 최초로 사용하였다. Olweus(1984)는 'Bullying'을 한 학생이 반복적이고 지속적으로 한 명 혹은 그 이상의 다른 학생들의 부정적인 행동에 노출될 때, 그 학생은 집단따돌림을 당하는 것이라고 하였다. 또한 'Victimization'은 또래희생양의 개념으로 'Bullying'과 동일한 현상으로 볼 수 있다(이영선, 2002:5). Schuster(1996)는 '학생들이 특정한 피해학생을 배제시키거나 괴롭히고, 신체적 공격을 가하는 행동을 의미하는 것으로 가해자와 피해자 사이의 힘의 불균형 상황에서 적어도 일주일에 한 번, 6개월 이상 지속되는 가혹행위를 말한다.'고 또래괴롭힘의 개념을 명확하게 정의하였다(나경옥, 2005:10 재인용). Roland(1988)는 '집단괴롭힘을 실제 상황에서 자신을 방어할 수 없는 개인에게 장기적이고 조직적인 정신적·신체적 폭력을 사용하는 것'이라고 정의하였다.

한국의 경우는 서구와는 달리 한국적 특성을 표시하는 '집단따돌림'이란 용어를 사용하고 있다. 나경옥(2005)은 '집단따돌림의 피해자와 가해자수, 가해의 지속성 및 의도성, 가해유형을 고려하여 집단따돌림이란 개인이나 소수가 개인이나 소수에게 지속적이고 고의적으로 신체적·언어적·물질적인 고통을 가하는 것'으로 정의하고 있다. 이상의 논의를 통해 집단따돌림의 몇 가지 특징을 파악할 수 있다.

첫째, 집단 따돌림은 단순히 따돌리는 행위가 아니라, 공격적인 행동을 하거나 고의적으로 해를 입히는 것이다.

둘째, 집단 따돌림은 상당기간 동안 반복적이고 지속적으로 이뤄진다.

셋째, 힘의 불균형을 특징으로 하는 대인관계에서 발생하는 상호작용이다.

넷째, 집단따돌림은 집단 맥락 안에서의 폭력이다(Pikas, 1975).

구체적으로 발생하는 집단따돌림의 유형으로는 여러 명의 학생이 한 학생에게 동시에 말을 안 하는 것뿐만 아니라, 사사건건 놀린다거나, 이유 없이 때리거나, 언어적 폭력을 하거나, 심부름을 시키는 것 등이 있다. 이 같은 집단따돌림은 학교에서 벌어지는 폭력의 유형 가운데 가장 많은 형태 중의 하나이다. 청소년폭력예방재단(2005)에 따르면 학교폭력 피해자 중 35.9%가 따돌림을 경험했으며, 이는 학교폭력 중 가장 높은 비율이라고 하였다. 이 같이 빈번하게 발생하는 집단따돌림은 매우 심각한 폭력 중의 하나이다. 집단따돌림은 피해학생에게 정신적 고통을 줄뿐만 아니라 자살충동을 야기하여 자살에까지 이르게 하기도 한다. 따라서 집단따돌림에 대해서는 세심한 이해와 적극적인 대처가 필요하다.

'감금'은 사람을 일정한 장소 밖으로 나가지 못하게 하여 신체활동의 자유를 장소적으로 제한하는 것을 말한다(이재상, 2001:118). 어떤 장소로부터 탈출이 불가능하게 만드는 것뿐만 아니라, 곤란하게 한 경우도 감금이 된다. 따라서 한정된 장소 내에서 어느 정도의 활동의 자유가 주어졌다고 해도 감금이 된다. 감금에 해당하는 구체적인 예로는 화장실에 가두고 나오지 못하게 하는 경우, 옷을 숨겨서 밖으로 나오지 못하게 하는 경우, 자동차에서 내려달라고 요구해도 내려주지 않는 경우 등이 있다.

'약취·유인'이란 사람을 보호받는 상태 내지 자유로운 생활관계로부터 자기 또는 제3자의 실력적 지배하에 옮기는 것을 말한다(이재상, 2001:128). 약취는 폭행·협박을 수단으로 사용하는 것이라면, 유인은 기망·유혹을 수단으로 한다. 기망이란 거짓말로 상대방을 착오에 빠지게 하는 것이라면, 유혹이란 거짓말로 상대방을 현혹하여 적당한 판단을 하지 못하게 하는 경우를 말한다. 구체적인 예로는 종교적 교리로 피해자를 가출하도록 하여 껌팔이 행상을 시키거나 부모에게 수면제를 먹이고 유아를 절취하는 경우 등이 있다.

'성폭력'은 상대방이 원하지 않는데 상대방에게 성적 수치심이나 정신적·육체적 피해를 주는 성적인 언어나 행동을 하는 것으로 성폭행, 성추행, 성희롱 등을 내용으로 한다(교육인적자원부, 2008:11). '성폭행'은 폭행·협박을 사용하여 성행위를 강제로 하는 것이다. '성추행'은 폭행·협박을 사용하여 신체적인 접촉을 하는 것을 말한다. '성희롱'은 성적인 말과 행동으로 상대방이 성적 굴욕감, 수치감을 느끼도록 하는 행위를 의미한다.

'명예훼손·모욕'은 어떤 특정사람에 관한 사실이나 거짓을 공공연히 알려 그 사람의 명예를 훼손하는 것을 말한다(교육인적자원부, 2008:14). '명예훼손'이란 공공연히 진실한 사실 또는 허위의 사실을 알려 사람의 명예를 훼손하는 경우를 말한다. 공공연히 알린다는 것은 불특정 또는 다수인이 인식할 수 있는 상태에서 알린다는 의미로, 특정인 또는 소수인의 경우에는 해당되지 않는다. 또한 허위사실을 알린 경우뿐만 아니라, 진실한 사실을 알린 경우에도 그 사람의 사회적 가치 내지 평가를 저하시킨 경우에는 명예훼손에 해당하게 된다는 점을 주의해야 한다. 다만 형법 제310조에서는 진실한 사실로서 오로지 공공의 이익에 관한 명예훼손의 경우에는 명예훼손죄로서 처벌하지 않는다고 규정하고 있다. 이는 개인의 권리와 표현의 자유의 조화를 도모하기 위함이다.

'모욕'이란 공연히 사실을 적시하지 않고 사람에 대한 경멸의 의사를 표시하는 것을 말한다. 모욕은 명예훼손의 경우처럼 구체적 사실을 적시하는 것이 아니라 인격에 대한 추상적인 표현을 사용하는 경우를 말한다. 모욕의 방법은 제한이 없으며 사람을 경멸하는 내용을 담고 있으면, 그것으로 충분하다. 모욕죄에 있어서는 명예훼손죄에서의 형법 제310조 같은 규정이 없기 때문에 공공의 이익을 위해 모욕을 했다고 하더라도 모욕죄로 처벌된다.

'공갈'이란 사람을 폭행 또는 협박하여 공포심을 일으키게 하고 이로써 재물을 받거나 재산상의 이익을 취하는 것을 말한다(이재상, 2001:347). 공갈에 있어서의 폭행 또는 협박은 사람의 의사 내지 자유를 제한하는 정도면 족하고, 반드시 상대방의 반항을 억압할 정도에 이를 것을 요하지는 않는다. 공갈은 학교에서 발생하는 '금품갈취'를 설명하는 핵심적 행위이다. 금품갈취는 공갈을 사용하여 재물의 교부를 받거나 이익을 취하는 경우를 말한다. 이와 같은 금품갈취는 약한 자를 위협하여 가진 것을 빼앗는 것을 말한다. 금품갈취는 최근 학교에서 다양한 형태로 증가하고 있는 폭력유형이다.

'강요'란 폭행 또는 협박으로 사람의 권리행사를 방해하거나 의무 없는 일을 하게 하는 것을 말한다(이재상, 2001:144). 강요는 피해자가 아닌 다른 사람에 대해 폭행·협박을 하는 경우에도 강요가 성립될 수 있다. 강요의 대표적인 예가 최근 사회적 물의를 일으켰던 '빵셔틀'이다.

정보통신망을 이용한 폭력으로는 '사이버모욕', '사이버명예훼손', '사이버성희롱' 등이 있다(교육인적자원부, 2008:17). '정보통신망'이란, 정보통신기본법 제2조 제2호에 따른 전기통신설비를 이용하거나 전기통신설비와 컴퓨터 및 컴퓨터의 이용기술을 활용하여 정보를 수집·가공·저장·검색·송신 또는 수신하는 정보통신체제를 말한다(정보통신망이용촉진및정보보호등에관한법률 제2조). 사이버모욕이란 특정인에 대한 비방이나 욕설 등을 인터넷 게시판에 올리거나 메모 또는 채팅 상에서 행하는 행위를 말한다. 사이버명예훼손이란 특정인에 대한 사실이거나 허위 사실을 인터넷 게시판 등에 올려 불특정 다수인에게 공개하는 행위 등을 말한다. 사이버 성희롱은 인터넷 상에서 음란한 대화하기를 강요하거나 성적 수치심을 주는 대화로 상대방에게 피해를 주는 행위를 말한다.

## (2) 폭력의 원인

여기에서는 앞서 논의한 폭력이 왜 발생하는지에 대해서 설명한 이론들을 고찰해 보고자 한다.

폭력의 원인에 관해 설명하는 이론들은 크게 심리학적 관점과 사회학적 관점으로 나눠 살펴볼 수 있다. 심리학적 관점은 좌절공격이론, 학습이론 등이 대표적이며, 사회학적 관점으로는 차별적접촉이론, 폭력하위문화이론, 사회통제이론, 기회구조이론, 아노미이론 등이 있다. 심리학적 이론들은 내적 긴장, 좌절, 학습관계, 감정, 인지 등의 개인적인 측면에 초점을 맞추고 있다. 반면에 사회학적 이론들은 계급갈등, 인구학적 특징들, 기회구조, 상황적 제약조건 등 구조적 요소와 더불어 문화적 특성들이 폭력을 어떻게 생산하는지에 관심을 둔다.

### ① 심리학적 접근

심리학적 접근은 생물학적 이론들의 영향을 많이 받았다. 생물학적 이론들은 폭력을 본능적인 행위로 보거나 유전적인 요인으로 호르몬의 영향, 신체적 특징 혹은 신경메커니즘의 문제나 내적인 욕구(Drives)가 표출된 것으로 본다.

Mcdougall(1908)은 사회적 행동을 본능으로 설명하면서 인간행동을 유형화하여 그에 상응하는 본능들을 개발하는 작업을 시도하였다. 인간의 행동을 본능적으로 설명하는 이론들은 외부에서 자극이 올 때 공격적인 반응을 보인다고 한다. 이 같은 반응은 영역수호 및 종족보존의 본능에 의한 것이라고 할 수 있다.

Lorenz(1966)는 본능적인 행동이론을 제시한 대표적인 학자이다. 그에 따르면 어떤 특정한 본능적 행위를 위한 에너지는 두뇌 속에 저장되어 있다가 외부 자극에 의해서 이 본능적 에너지가 분출된다. 에너지가 과잉으로 축적되었을 경우에는 외부의 자극 없이도 에너지가 분출되지만, 외부의 자극은 항상 존재하는 것이기 때문에 이와 같은 경우는 많지 않은 것으로 본다.

Freud는 인간의 폭력은 본능적 욕구에 의해 생산되는 것으로 보고 두 가지의 본능을 제시하였다(연성진, 2000:31 재인용). 그가 제시한 본능적 욕구가 에로스(Eros)와 타나토스(Thanatos)이다. 타나토스는 죽음의 본능이며 자기파괴를 산출하는데, 외부적으로는 폭력이나 사디즘(Sadism)으로 내부적으로는 자살이나 알코올 중독 혹은 자기 파괴적인 어떤 습관으로 표출될 수 있다고 본다(연성진, 2000:31). 그런데 이 이론의 문제점은 폭력이 외부의 영향을 전혀 받지 않는 본능에 의해서 생산된다고 보는 것이다. 즉, 폭력이 외부적으로 나타나기 위해서는 외부의 환경을 무시할 수 없다. 따라서 본능적이고 생래적인 에너지로 인해 폭력이 직접 표출된다고 생각하기는 매우 어렵다.

Freud이론과 Lorenz이론은 심리학자들에게 많은 영향을 주었다. 본능이론으로부터 많은 영향을 받은 이론이 좌절공격이론이다.

이 이론은 1939년 예일대의 심리학자들에 의해 발전되었다. 이 이론에 따르면 폭력은 항상 좌절의 결과이다.

좌절감이란 일련의 행위과정에서 외부로부터 목표달성을 할 수 없도록 위협을 받게 되었을 때의 반응을 의미한다. 이 같은 좌절감은 공격적 에너지를 축적하게끔 만들어 폭력행위를 촉발하는 것이다. 이 이론은 좌절을 가져오는 외부 요인들을 발견하고 유형화하였다는 점에서 본능이론의 문제점을 극복하였다고 볼 수 있다. 그런데 이 입장은 좌절감과 공격행위가 어떤 연관성이 있는가 하는 점은 제대로 밝혀내지 못했다. 좌절감으로 인한 반응은 다양하게 나타날 수 있다. 공격행위도 좌절감으로 인한 다양한 반응 중의 하나일 뿐 필연적인 관계가 아니다. 오히려 Buss(1961)의 지적처럼 공격행위를 유발하는 것은 개인의 좌절감이 아니라, 타인의 폭력 때문이라는 논의가 더 설득력을 얻을 수 있을 것 같다.

좌절공격설은 공격성이 외부조건에 의해서 유발된다는 점에서 본능설과 다를 뿐 공격성을 전제로 하고 있다는 점에서는 동일하다. 따라서 좌절공격설과 본능설 모두 내적인 특성이 폭력과 직접적인 관련성이 있다는 결론적인 증거들을 보여주지 못한다. 좌절-공격이론은 좌절과 외부로 표출되는 폭력을 설명하지 못함으로써 많은 비판을 받게 된다. 이와 같은 비판을 하면서 제기된 이론이 학습이론이다.

학습이론은 폭력을 학습되는 것으로 보고 폭력행위가 나타나는 구체적 메커니즘에 대한 설명에 관심을 기울였다. Buss(1961)는 공격행위는 보상과 처벌이라는 기제를 통해 다른 사회적 행위와 마찬가지로 학습된다고 본다. 따라서 그에 따르면 타인에게 폭력을 행사하는 것은 어떤 생래적인 기제에 의한 것이 아니다.

Bandura(1973)도 좌절-공격이론을 욕구이론(Drive theory)이라고 비판함과 동시에 개인에 따라 다르게 나타나는 좌절에 대한 반응에 주목하고 이는 학습의 경험에 따라 달라진다고 보았다.

학습이론에 따르면 폭력은 단순한 모방(Modeling)에 의해 이루어지는 경우가 있다. 다른 한편으로는 폭력행위에 대한 처벌(Punishment)로 인해 행위의 빈도가 줄어들게 되는 경우도 있다.

② 사회학적 이론

사회학적 이론으로는 아노미이론, 차별적교제이론, 기회구조이론, 폭력하위문화이론, 중화이론, 사회통제이론 등이 있다.

아노미이론은 Merton(1968)에 의해 정리된 이론으로 인간의 일탈행위는 본성이 아니라 사회체제에 근원을 두고 있다고 보는 입장이다. Merton(1968)의 일탈문제에 대한 접근은 한 사회에 있어서 문화적으로 정의된 그 사회의 목표와 목표에 접근하는 수단을 분배·규제하는 규범 간의 차이에서 출발한다. 목표란 한 사회가 그 사회의 전 구성원을 위하여 수립한 합법적인 가치 있는 목적이며 관심사이다. 이와 같은 목표는 사회가 정한 규범에 따라서 얻을 수 있는 것이다. 아노미란 성공목표에 대한 강력한 충동을 의식하면서 다른 한편으로는 거기에 도달하는 방법의 합법·비합법과 같은 전혀 의식할 수 없게 되어 수단과 방법을 가리지 않고 목표를 달성하려는 심리상태를 말한다. 이와 같은 이론을 폭력에 국한하여 말하게 되면, 폭력은 인간의 본성이 아니라 사회체제에 근원을 두고 있다. 즉, 목표를 달성하려고 하는데 합법적인 수단이 없을 때 폭력에 의해서 목표를 달성하게 된다는 것이다. 따라서 폭력이 발생하는 이유는 목표를 달성하려고 하나, 합법적인 수단을 가지지 못하기 때문이다.

Sutherland(1977)는 Merton과 다르게 설명한다. 그에 따르면 일탈은 사회화 과정에서 생겨나는 것으로 보아야 한다는 입장이다. 그는 규범에 반하는 일탈행동을 낳는 과정을 제시하고 있다. 그에 따르면 폭력은 상호작용을 통한 사회화 과정을 통해서 행해진다는 것이다. Sutherland의 차별적교제이론은 인간의 모든 행동은 학습된 것이라고 한다.

Cloward와 Ohlin(1956)은 Merton의 아노미이론과 Sutherland의 차별적교제이론을 절충한 비행이론이다. 이들에 따르면 청소년들이 그들의 성공목표를 달성하는 데에는 일련의 합법적 수단뿐만 아니라, 뚜렷하게 비합법적인 수단도 있다는 것이다. 인간은 처음에는 합법적인 기회에 접근하려 들지만 그의 사회적 배경으로 인하여 접근이 제약되면 비합법적인 기회에 호소하게 된다는 것이다. 특히 집단적으로 비합법적인 기회에 호소하게 되면, 그 결과 비행하위문화가 출현된다고 하였다.

우리 사회에서 폭력에 관한 사회학적 담론들은 폭력문화라는 개념으로 대표될 수 있다(연성진, 2000:37). 폭력문화에 대한 설명의 대표적인 이론이 폭력하위문화이론(Subculture of violence)이다. 이 이론은 Wolfgang과 Ferracuti(1967)에 의해 처음 시도되었다. 이들은 미국 남부의 폭력범죄에 대한 설명으로서 폭력을 용인하는 문화적 특성에 주의를 기울였다. 폭력하위문화이론에 따르면, 폭력은 문화적 환경 속에서 학습되고 공유되는 행위양식으로 파악된다. 폭력하위문화이론에서 강조하고 있는 바는 폭력이 불법적이거나 죄의식을 느낄만한 것이 아니라는 공감대를 사회성원들이 공유하고 있다고 하는 것이다. 폭력하위문화이론은 특정계층의 사람들 사이에서 폭력하위문화를 발견할 수 있다고 한다. 그런데 이 이론은 폭력이 상호작용에 따른 사회화의 과정에서 폭력이 발생하는 것을 설명하지 못한다. 또한 폭력에 대한 우호적인 태도를 인정한다고 해서 폭력이 발생하는 것을 설명하였다고 보기도 어렵다. 이 이론처럼 특정계층에서만 폭력이 발생한다고 보면, 일반 다른 계층에서 발견되는 폭력행위에는 이 이론을 적용하기 어렵다. 오히려 이 이론은 특정집단이나 계층을 사회적으로 차별을 만들어 내어 더 큰 폭력을 만들어 낼 가능성이 있다고 하겠다.

비행하위문화이론이나 폭력문화이론의 경우는 어떤 사회나 집단에서 폭력문화가 형성되면 그 사회나 집단의 구성원들은 비행이나 폭력을 불법적인 행동으로 보지 않는다고 한다. 이와는 달리 Matza(1957)는 비행청소년들도 인습적 가치의 대부분을 받아들인다고 주장한다. 다시 말하면 비행하위문화이론 등의 경우에는 폭력이 나쁘지 않다고 생각하지만, Matza는 비행청소년 역시 비행이 나쁜 것으로 인지하고 있다고 본다. 그는 비행청소년들이 비행이 나쁜지 알면서 행하는 이유는 비행을 저지르기 전에 비행을 합리화 혹은 중화했기 때문이라고 하였다.

사회통제이론은 개인의 사회에 대한 유대가 약해졌거나 끊어졌을 때 폭력행위가 발생한다고 보는 입장이다. 이 이론은 Hirschi(1969)에 의해 주장된 것으로 모든 사람의 규범 위반 가능성을 설명하고 있다. 즉, 인간은 누구나 규범을 어기고 싶어 하는 충동이 있는데, 사회통제와 유대를 갖고 있다면 어기지 못한다는 것이다. 규범을 위반하지 않는 경우를 설명하기 위해서 Hirschi(1969)는 사회연대의 요소로서 네 가지를 제시하였다(이윤호, 1999:192-193). 첫째, 애착(Attachment)이다. 애착은 Hirschi가 제시한 요소 중 가장 중요한 요소이다. 이것은 타인에 대한 감정과 애정을 말하는데, 특히 부모, 교사, 친구 등에 대한 애착이 비행통제에 큰 영향을 미친다고 주장한다. 예를 들면 친구들을 좋아하고 존경하는 마음이 클수록 그들의 기대에 민감해져서 그들에게 폭력을 행사하지 않게 될 것이다. 둘째, 수행(Commitment)이다. 이는 개인이 사회의 합법적인 목적과 수단을 수용하고 그것을 실행하기 위해 애쓴 나름의 노력을 의미한다. 즉, 지금까지 합법적인 수단을 사용해서 만들어 낸 사회적 업적으로, 비행을 범하는 경우에는 잃어야 하는 부담부분을 의미하는 것이다. 셋째, 참여(Involvement)이다. 참여는 일상적 행위에의 참여를 의미한다. 이것은 개인이 수행하는 학업, 운동, 취미 및 봉사활동, 가정생활에서의 임무실행 등을 의미하는 변수인데, 참여의 정도가 강할수록 폭력을 행사할 가능성은 적어진다고 볼 수 있다. 넷째, 믿음(Belief)이다. 이는 사회의 가치 및 규범체계에 의지하는 것을 의미한다. 법과 사회규범의 타당성에 대한 믿음이 강하면 강할수록 비행에 빠지지 않는다고 주장하는 것이다. 이 이론에 따르게 되면 폭력이 발생하는 가장 큰 이유는 폭력을 강요하는 신념보다는 사회와의 유대 결여로 인한 것이라는 점을 강조한다. 이 이론에 따르면, 어떤 특정 계층에 국한되지 않고 사회적 유대가 단절된 누구에게도 적용될 수 있다.

### ③ 청소년 폭력이론의 종합적 검토

이상에서 설명한 청소년 폭력의 원인에 관한 이론들은 많은 이론적·경험적 연구들을 파생시켰다. 그러나 두 가지 접근방식 모두 한계를 지니고 있었다.

심리학적 이론인 좌절-공격이론의 경우에는 어떤 조건에서 폭력으로 표출되는가 하는 것이 명백하지 않다(Gells & Straun, 1979:562). 학습이론은 좌절-공격이론을 뛰어 넘어 그 이론들에 있어서 다양한 학습기제들을 제시하고 있지만, 여전히 좌절이나 내적 에너지와 같은 개념을 전제로 하고 있었다(연성진, 2000:31). 심리학적 이론은 개인의 공격이나 폭력을 이해하는데 있어서 중요한 기여를 한 것은 분명한 사실이다. 하지만 심리학적 이론의 문제점은 개인의 심리적·기질적 특성을 중심으로 원인을 진단하다 보니 사회의 구조가 폭력에 어떤 영향을 미치는지를 자세하게 설명하지 못한다.

사회학적 이론의 경우에는 대체로 폭력이 유발되는 사회환경적 요인들에 관심을 두고 있었다. 아노미이론에 따르면 개인이 폭력과 같은 비합법적인 수단을 사용하는 이유는 합법적인 수단으로 문화적 목표를 달성할 수 없기 때문이다. 또한 문화적 목표를 달성하기 위해 비합법적인 수단을 선택하는 성향이나 태도는 사회화 때문이다. 하지만 아노미이론은 폭력과 같은 비합법적인 수단을 취하는 태도가 어떤 사회화과정을 통해서 형성되는지를 설명하지 못하는 문제점을 지닌다. 이에 대한 비판으로 나온 후속이론이 차별적교제이론이다. 차별적교제이론은 비행집단과의 교류를 통해 폭력과 같은 비합법적인 수단의 학습이 이뤄진다는 것을 밝힘과 동시에 법규범의 위반에 대해 우호적인 사람이 비행을 쉽게 하게 된다는 것을 설명하였다. 하지만 차별적교제이론의 경우에는 폭력과 같은 비합법적인 수단을 학습한 후에 어떤 조건과 기회에서 비행을 하게 되는지에 대해서 설명하지 못한다. 이 같은 문제점을 지적하면서 등장한 이론이 기회이론이다. 이 이론에 따르면 사람에게는 누구에게나 합법적 기회와 비합법적 기회가 주어진다고 하였다. 그리고 합법적 기회와 비합법적 기회의 접근 가능성의 차이 때문에 폭력과 같은 비합법적 행위를 한다고 하였다. 만약 집단적으로 비합법적 행위를 주장하면 하위문화가 형성된다. 폭력하위문화이론의 경우에는 폭력에 대한 합리화가 존재하는 사회를 설명하고 있다. 이이론에 따르면 폭력문화가 존재하는 사회에서 싸움은 폭력이라고 해석되어지지 않는다. Matza는 비행소년들이 문화로 인해 폭력과 같은 비합법적인 수단을 당연하게 여긴다는 것에 대해 다른 의견을 제시했다. 그는 비행청소년들도 비행이 규범에 위반된다는 사실을 잘 알고 있다고 했다. 사회통제이론은 모든 사람의 일탈 가능성을 제시함과 동시에 사회적 환경이 청소년 비행에 영향을 미치는 것을 종합적으로 제시하였다.

이상에서 살펴본 바와 같이 사회학적 이론들의 특징은 폭력의 학습과 폭력이 유발되는 사회적 상황들에 관심을 가지고 있다. 이 같은 이론들은 폭력을 행하는 개인적 특성이나 심리적 요인들을 충분히 고려하지 못한다는 문제점을 안고 있다. 따라서 심리학적 이론과 사회학적 이론을 종합하여 청소년의 폭력 원인에 대해 살펴보는 것이 필요하다.

인간의 사회적 행위와 태도는 사회적 경험을 통해 형성된다. 이렇게 형성된 태도는 행동을 결정하는 상위 개념이다. 행동 결정에 중요한 영향을 미치는 태도는 여러 가지 경험들로부터 영향을 받아 변화된다. 마찬가지로 청소년 폭력문제는 각각 다른 심리적 특성을 지닌 개인이 사회적 맥락과 영향을 통해 자신의 의식과 태도를 형성하고, 다시 이에 따라 사회 안에서 행동하는 순환적 과정을 통해 이뤄지는 것이다. 폭력에 대한 설명은 개인의 심리적인 특성과 형성, 그 특성과 형성에 영향을 미치는 사회적 요인들로 이뤄져야 할 것이다. 따라서 본 연구는 폭력을 종합적으로 설명할 수 있는 '폭력에 관한 태도'라는 개념을 중심으로 살펴보게 될 것이다.


## 2) 폭력에 관한 태도의 의미와 특성

### (1) 폭력에 관한 태도의 의미와 형성

'폭력에 관한 태도'는 폭력행동을 예견할 수 있는 중요한 개념이다. 그러나 일반적으로 사용되는 '폭력태도'는 그 개념과 구성요소가 모호하다. 따라서 본 연구에서는 사회심리학에서의 '태도(Attitude)' 개념을 적용하여 '폭력에 관한 태도'라는 개념을 재정의하고자 한다. 본 장에서는 기존의 '폭력태도' 개념이 지닌 문제점과 이에 대한 대안으로서 태도 개념이 적용된 '폭력에 관한 태도'의 개념 및 구성요소를 살펴본다. 또한 개인마다 폭력에 관한 태도가 어떻게 나타나는지 살펴보게 될 것이다.

청소년 폭력과 관련하여 '폭력의식'이나 '폭력태도'를 주제로 제시하여 직접 다루고 있는 선행연구는 많지 않았다. 대부분의 선행연구들은 '학교폭력행동'을 주요 주제로 해서 어떤 요인들이 영향을 미치는지,[1] 대책[2]은 무엇인지를 살펴보고 있었다. 또 다른 주제는 '학교폭력인식'을 다루고 있는 연구[3]들도 있었다. 하지만 '폭력의식'이나 '폭력태도'에 대한 선행 연구는 많이 부족했다.

'폭력의식'을 주제로 한 연구는 김종덕(1997), 이항수(1998), 이재순(1999), 형사정책연구원(2000) 등이다. 한편 '폭력태도'를 주요 주제로 하는 선행연구들은 김준호(1997), 최자은(1998), 윤화석(2002), 서애경(2007) 등이다. 이들 연구들은 '폭력의식'과 '폭력태도'로 구별하여 사용하고 있었으나 의미적으로 볼 때 큰 차이가 나지 않았다. 즉, '폭력의식'과 '폭력태도'라는 용어를 혼용하여 사용하고 있었다.

선행연구들에서 보여줬던 '폭력의식'과 '폭력태도'의 혼용은 당연한 일이라고 볼 수 있는 측면이 있다. 상식적 차원에서의 의식(意識)과 심리학에서 사용되는 용어인 'Consciousness'의 의미는 서로

---

1) 구송광(2006). "청소년들의 이종격투기 관람 정도가 폭력성에 미치는 영향", 연세대학교 대학원 석사학위논문, 최효진(2006). "청소년의 학교폭력 가해·피해 성향에 영향을 미치는 요인에 대한 연구", 동덕여자대학교 대학원 석사학위논문, 김혜경(1997). "가정폭력 및 대중매체가 청소년의 공격성에 미치는 영향, 인하대학교 대학원 석사학위논문, 유헌(2000). "청소년의 음주와 폭력성과의 관계에 관한 연구", 명지대학교 대학원 석사학위논문, 이명자(2009). "학교폭력 가해청소년의 배경 요인에 대한 질적 분석: 가정, 또래, 학교요인을 중심으로", 단국대학교 대학원 석사학위논문, 이한아(2009). "폭력영화 시청과 고등학생의 폭력성과의 관계", 대구가톨릭대학교 대학원 석사학위논문, 김성아(2006). "폭력성 온라인 게임 이용과 청소년의 학교폭력에 관한 연구: 사회적 문제해결능력과 부모-자녀 간 의사소통을 중심으로", 연세대학교 사회복지대학원 석사학위논문

2) 곽형식(1998). "아동·청소년 학교폭력 원인과 예방대책", 학생생활연구, Vol. 4, 김순자(2008). "청소년 범죄의 예방 및 재범 방지에 관한 연구: 경찰활동 중심으로", 강원대학교 대학원, 권이종(1996). "청소년 폭력의 교육적 대응", 한국인간관계학보, Vol. 1, No. 1

3) 한부자(2004). "청소년의 가정폭력경험과 학교폭력인지도에 관한 연구: 인천광역시 중학생을 대상으로", 인천대학교 행정대학원 석사학위논문, 최은정(2005). "청소년의 인터넷 게임중독이 학교폭력인식에 미치는 영향", 경기대학교 대학원 석사학위논문

다르기 때문이다.

일반적으로 상식적 차원에서 '의식(意識)'은 다음과 같은 의미로 사용된다.

- ○ 심적 생활을 다른 것과 구별하는 특징, 각성하여 정신이 든 상태에서 사물을 깨닫는 일체의 작용
- ○ 역사적·사회적으로 규정되는 사상·감정·이론·견해 등을 일 컫는 말
- ○ 자각의 뜻
- ○ 대상을 총괄하며 판단·분별하는 심적 작용

(민중서림편집국, 2001:1839)

한편, 심리학에서 사용되는 용어인 'Consciousness'는 인간이 가지고 있는 정신세계에서 드물게 나타나는 사고의 흐름을 의미하는 대단히 좁은 영역의 현상을 가리키는 용어로 사용되고 있다. James(1950)는 의식을 일관성이 있는 연속체로 보았다. 이봉건(2005)은 의식을 국소적인 것이며 매우 예외적인 현상으로 보고 있다. Jaynes(1990)는 의식은 수많은 지각현상에 관련성이 없는 것으로 우리의 행동에 많은 영향을 주지 않는 것으로 설명하고 있다. 이와 같이 학문적 영역에서 '의식'은 매우 예외적이거나 심지어 신비한 성격을 갖는 것으로 다루어지고 있다. 의식은 정신작용의 아주 작은 부분으로 특정한 순간이나 부분만을 지칭하는 것으로, 일상적인 사고의 구조가 아니라 주체의 의지에 따라 이루어지는 일종의 '각성'과 같은 것으로 여겨지는 것이다. 곽한영(2007)은 심리

학의 일부 분야에서는 의식을 종교적 깨달음이나 의지로 해석하는 연구경향도 나타나고 있으며 일반적인 사고의 방식을 '의식'의 차원에서 다루는 연구는 거의 찾아볼 수 없다고 하였다.

따라서 '폭력의식'을 다루는 선행연구들의 경우에는 '일반적인 사고방식'을 지칭하는 것으로서 '의식'을 사용하고 있었다고 볼 수 있다. 하지만 이는 사람들로 하여금 '의식'과 '태도'의 구분을 어렵게 한다는 점에서 바람직하지 않을 것이다. 선행연구들이 폭력에 관한 태도의 의미로 '폭력의식'이라는 용어를 폭력태도의 의미로 사용하고 있는 만큼 태도의 개념을 통해 '폭력의식'을 살펴보는 것이 필요할 것이다.

혼용되어 사용되고 있는 '폭력의식'이나 '폭력태도'에 대한 개념정의는 단순하게 제시되어 있었다. 선행연구에서 일반적이고 보편적인 정의는 다음과 같다.

폭력태도는 폭력행동의 상위개념으로 개인의 성향과 가치관의 문제이다. 즉, 외부의 경험과 내부의 상호작용에서 비롯되는 내적 성향으로 폭력행동에 선행하는 심리적인 태도를 말한다. 그러므로 폭력에 대한 태도가 긍정적이면 폭력행동도 폭력에 대하여 긍정적이며 폭력에 대한 태도가 부정적이면 폭력에 대한 행동 또한 부정적으로 나타난다 (윤화석, 2002:5).

위의 폭력태도에 대한 정의는 최자은(1998)의 '청소년의 폭력에 대한 태도와 행동에 영향을 미치는 요인에 관한 연구', 서애경(2007)의 '중학생의 폭력태도와 폭력행동에 관한 연구' 등에서 공통적으로 나타나는 정의들이다. 이와 같은 정의에 입각하여 '폭력태도'에 관한 내용 요소들은 <표 2>와 같이 제시하고 있다.

<표 2> 폭력태도의 내용

| 선행연구 | 내 용 |
|---|---|
| 김종덕(1997) | '폭력에 대한 인지', '폭력과 범죄로부터 불안의 정도', '폭력성에 대한 판단', '폭력행사의 허용도', '폭력에 대한 가치판단', '폭력에 대한 대응' |
| 최자은(1998) | '어떤 경우에도 폭력을 사용해서는 안 된다.', '아무리 결과가 좋아도 폭력의 사용은 합리화될 수 없다.', '폭력을 사용하면 또 다른 폭력을 불러올 뿐이다.', '폭력을 사용하면 일이 더욱 복잡해진다.', '폭력보다는 대화를 통해 문제를 해결해야 한다.' |
| 한국형사정책연구원 (2000) | '폭력에 대한 태도(폭력이 얼마나 효율적인가, 훈육적인 폭력은 얼마나 필요한 것인가, 폭력이 어느 정도 필요하다고 생각하는가, 훈육적인 폭력은 얼마나 필요한 것인가)', '폭력허용도', '폭력행위의 경험', '폭력행위의 가능성' |
| 윤화석(2002) | '어떤 경우에도 폭력을 사용해서는 안 된다.', '결과가 좋더라도 폭력의 사용은 일이 더욱 복잡해진다.', '폭력은 또 다른 폭력을 불러올 뿐이다.', '폭력보다는 대화를 통해 문제를 해결해야 한다.' |

사회심리학에서 태도의 개념은 인지적·정서적·행동적 영역의 세 가지로 구성된다. 그러나 <표 2>를 살펴보면, 기존의 연구들에서 '폭력태도'의 내용은 폭력과 관련되는 정서적인 것과 행동적인 것으로만 구성되어 있다. 폭력과 관련되는 인지적인 내용은 김종덕(1997)의 연구에서만 일부 제시되어 있으나 매우 낮은 비중으로 다루어지고 있다. 또한 이 연구는 청소년의 폭력에 관한 태도를 직접 다루고 있는 연구가 아니었다.

선행연구에서 제시하고 있는 폭력태도에 대한 개념과 내용요소들은 청소년의 폭력에 관한 태도를 다루기에는 한계를 지닌다. 이 같은 이유는 선행연구들이 폭력문제를 주관적인 영역으로만 고려하고 있을 뿐 객관적인 현상이라는 점을 간과했기 때문으로 볼 수 있다. 즉, 폭력을 수신자의 입장에서 객관적 현상으로 다루지 못하기 때문이다. 수신자의 입장에서 폭력은 객관적인 현상임과 동시에 주관적인 현상이 될 수도 있다. 예를 들어 다른 사람이 폭행당하고 있는 것을 보았을 때에는 폭력은 그냥 객관적인 현상일 뿐이다. 만약 피해자라면 폭력은 객관적인 현상을 주관적으로 체험하는 것이 된다. 따라서 폭력태도는 발신자와 수신자를 모두 고려하여 정서와 행동뿐만 아니라 인지도 포함하는 개념으로 정의되어져야 할 것이다.

따라서 본 연구는 사회심리학적 태도 개념을 적용하여 폭력의 발신자를 넘어 수신자까지 포함하는 폭력에 관한 태도개념을 달리 정의할 것이다.

사회심리학에서는 태도를 행동의 상위개념으로 행동의 원인이 되는 사고구조로서 오랫동안 다뤄왔다. 태도에 관한 초기의 정의는 Thomas와 Znaniecki(1918)가 말한 '한 개인의 마음의 상태'를 들 수 있다. 이 정의에서 특이한 점은 태도가 특정한 대상을 향한 것이라는 '지향성(Orientation)'을 가지고 있다는 점이다(곽한영, 2007:67). 따라서 태도는 모든 대상에 대한 인식이 아니라 특정대상에 대한 것이라는 점을 강조하고 있으며 이러한 점에서 이 정의는 '인지'에 관한 것으로 볼 수 있다.

그러나 이 정의는 '마음의 상태'가 무엇인지, 어떻게 그런 마음의 상태에 도달하는지에 대한 설명이 충분하지 않다. 이런 문제점을 보완하여 정의적 요소를 추가하여 제시한 사람이 Thurstone(1931)이다. Thurstone은 태도를 '어떤 심리적 대상에 대한 좋거나 싫은 정서'라고 하였다. 이는 '마음의 상태'를 긍정적 혹은 부정적인 감정이나 정서로 파악한 것이다(곽한영, 2007:67).

태도에 관한 가장 일반적인 정의는 Allport(1954)의 것이다. 그는 태도를 '어떤 사람(혹은 물건)에 대하여 특정한 방식으로 생각하고 느끼고 행동하려는 학습된 성향'이라고 정의하였다. 이 같은 정의는 여러 가지 중요한 의미를 가지고 있다.

첫째, '학습된'이라는 말은 태도가 사회적으로 형성되는 것임을 의미한다. 물론 일부 연구들에서는 태도의 습득에 생물학적으로 유전되는 성향이 영향을 준다고 제시하고 있지만, 경험이 태도의 궁극적 결정요인이라는 점은 일반적으로 인정되고 있다.

둘째, 태도는 특정대상을 접하기 이전에 미리 준비하고 있는 '성향(Predisposition)'으로 제시하였다는 점이다.

셋째, 이 정의의 핵심은 태도의 요소로 '행동'이라는 점을 추가하였다는 점이다. 따라서 태도를 인지적·정서적·행동적 영역으로 정의함으로써 사회심리학적으로 종합적인 연구를 할 수 있는 체계를 갖추게 되었다.

최근 연구에서는 행동을 결정하는 요인이 다양하기 때문에 Allport의 정의 중 행동의 차원을 태도와 분리하여야 한다는 주장이 제기되고 있다. 태도는 사고이고, 사고가 행동으로 바로 연결될 수는 없다. 왜냐하면 생각을 행동으로 옮기는 경우 다양한 환경적 요인들이 영향을 줄 수 있기 때문이다. 따라서 태도에서 행동에 이르는 과정은 별도로 연구되어야 한다는 것이다. 이러한 연구경향을 대표하는 학자로 Ajzen과 Fishbein을 들 수 있다. 이들은 태도의 세 요소에서 행동 대신 '행동의도'를 포함시켜 다양한 태도의 요소들은 행동의도의 형성으로 종합될 수 있다고 주장하였다(Ajzen & Fishbein, 1980). 이들의 주장은 태도의 세 가지 요소를 상세화한 것이 아니라 행동과 관련된 내용을 상세화한 것으로 이해될 수 있다. 따라서 인지적 요소, 정서적 요소, 행동적 요소 등 세 가지 요소가 태도의 주된 구성요소라는 점은 여전히 인정되고 있다.

이와 같이 태도의 기본 요소로서 공통적으로 강조되는 것이 '인지', '정서', '행동'의 세 가지 영역들이다. 이러한 접근은 태도의 고전적 모형, 삼자모형이라고 부르기도 하고 '태도의 ABC모형'(Affection, Behavior, Cognition)이라고도 한다. 따라서 '폭력에 관한 태도' 역시 이러한 세 가지 영역들을 중심으로 개념화 할 수 있을 것이다. 이를 위해 관련 연구에서 제시되고 있는 이 세 가지 영역들의 특징을 좀 더 자세히 살펴보도록 하자.

'인지(Cognition)'는 흔히 '지식(Knowledge)'과 혼동되는 일이 많다. 하지만 인지는 지식보다 더 포괄적인 개념이다. 즉, 특정 대상에 대해 가지고 있는 모든 상념과 지식 등을 통칭하는 것으로 이러한 범주에는 신념이나 지각방식, 지식 등이 모두 포함될 수 있다. 다시 말하면 특정대상과 관련되는 사실이나 지식을 어떻게 받아들일 것인지를 말하는 것이다. 예를 들어 '폭력'이라는 대상을 인지할 때 폭력 자체가 무엇인지 아는 것과 함께 '폭력은 범죄행위이다.'라고 파악하는 것도 지식의 특정 영역을 선택하는 일종의 지각방식으로 태도의 인지적 영역에 속하는 것으로 볼 수 있다. 또 아동들이 인종의 특징들을 파악하여 인종 간의 차이를 인식하는 것도 인지적인 것이다. 즉, 인지란 어떤 대상에 대한 총체적인 이미지를 가지고 있음을 말한다. 사회심리학적으로 인지는 '대상의 어떤 면들과 그 심리적 중요도 간의 지각된 관계'(Erwin, 2004:17)라고 정의되기도 한다. 즉, 폭력과 그로 인한 결과의 관계를 지각하는 수준이 '폭력'에 관한 태도에서 인지적 요소라는 것이다. 이 같은 인지적 태도가 갖는 특징은 그 복잡성(Cognitive complexity)과 수시로 변하는 변화성이다(한규석, 2008:211). 따라서 인지적 태도는 단순하게 대상에 대한 지식을 말하는 것이 아니라 대상에 대해 전반적인 것을 인식하는 수준을 말하는 것이며, 이 수준은 경험에 따라 수시로 변화하는 것이다.

'정서(Affection)'는 태도의 감정적인 영역으로 특정 대상에 대한 전반적인 평가를 내리는 것을 의미한다. 즉, 특정 대상에 대한 긍정적·부정적 평가를 내린다는 점에서 '평가 영역'으로 불리기도 한다. '폭력은 고통을 주는 것이다.', '지금의 폭력상황은 불법 부당한 것이다.' 등과 같이 평가하는 것은 폭력에 대한 정서적 태도라고 할 수 있다. 정서적 요소는 단순히 '좋다', '나쁘다'로만 표현되는 것이 아니라, '중요하다', '중요하지 않다'거나 '친근하다', '낯설다' 등 다양한 감정적 요소를 포함하고 있다(곽한영, 2007:69). 인지적 요소가 복잡성을 특성으로 한다면 그에 반해서 평가적 요소는 단순성을 특징으로 한다. 태도 대상에 대하여 알고 있는 인지적 요소는 좋은 면과 나쁜 면을 모두 포함하고 있지만, 그 복잡성에도 불구하고 사람들이 느끼는 호오의 감정은 한마디로 표현될 수 있다(한규석, 2008:211). 하지만 평가적 요소는 인지적 요소와 달리 지속성을 특징으로 한다(Anderson & Hubert, 1963). 따라서 인지요소가 망각되고 난 후에도 정서적 요소는 행동에 지속적인 영향력을 발휘한다.

'행동(Behaviour)'은 특정 대상과 관련하여 우호적으로 또는 배척하는 등의 행동 의향을 의미한다. 초기에는 단순히 가지고 있는 태도에 따라 행동하는 것을 의미했는데 태도가 행동을 반드시 결정하는 요인이 아니라는 점 때문에 최근의 이론가들은 행동적 요소를 행동 자체가 아니라, 어떠한 방식으로 행동하고자 하는 성향이나, 경향, 행위 의도로 보고 있다. 즉, 폭력에 대한 인지와 감정적 평가의 결과 '폭력을 하지 않겠다.'라고 하거나 '폭력을 근절하는 운동에 참여하겠다.'라는 행동 경향을 갖는 것이 행동적 요소라는 것이다.

태도를 구성하는 이 세 가지 요소는 각기 독립적인 것으로 일반적으로는 인지적 요소와 정서적 요소 간의 일관성이 높은 것으로 나타난다. 이 두 요소 간의 관계에 대해 인지적 요소가 먼저 갖추어지고 나서 이에 대한 정서적 요소가 순차적으로 발생한다는 생각을 할 수 있으나 오히려 어떤 대상에 대한 감정이나 평가가 먼저 생기고 이에 따라 인지가 추가적으로 발생한다는 견해도 있다. 즉, '인지 → 정서 → 행동'의 순차적인 진행과정으로 이해되는 태도는 실제로는 '(인지 ↔ 정서) → 행동'의 과정으로 이루어지게 된다는 것이다(곽한영, 2007:70). 또한 인지적 요소와 정서적 요소가 일치하는 수준이 높을수록 태도가 안정적이어서 잘 변화하지 않는다는 연구도 있다. 하지만 인지가 반드시 정서와 일치할 수 없으며 또한 인지와 정서가 일치한다고 하여도 행동과 일치할 수는 없다.

이상에서 살펴본 사회심리학 상의 '태도' 개념을 폭력의 문제에 적용하여 폭력에 관한 태도의 문제에 적용할 수 있을 것이다. 폭력에 관한 태도를 구성하는 요소 역시 태도의 구성요소와 마찬가지로 인지적(Cognitive), 정서적(Affective), 행동적(Behavioral) 영역의 세 가지 차원으로 구분될 수 있다.

'폭력에 관한 태도'의 인지적 차원은 폭력과 관련된 모든 상념과 지식 이상을 말한다. 즉, 폭력이라는 이미지를 총체적으로 인식하고 있는 태도이다. 이 영역은 크게 폭력의 사실적 측면과 가치·규범적 측면으로 나눌 수 있다. 이미 폭력의 개념에서 논의했듯이 폭력은 파괴적인 힘의 행사라는 사실적 측면을 가지고 있다. 문제는 '파괴적'이라는 판단은 가치·규범적인 차원과 사회적 맥락에서 고려될 수 있다는 것이다. 사회학자 Gergen은 공격성을 사회적 배경과 관련시켜서 개념을 새롭게 부각시키기 위해서 공격적 행위를 일곱 가지 기준에 의해 제시하고 있다. 이 기준은 사회적 정의라는 잣대를 사용하여 어떤 행위를 공격적 행위로 볼 수 있는가를 제시하고 있다. 그가 세운 일곱 가지 기준은 첫째, 공격적 행위는 살아 있는 존재를 대상으로 하고 있다. 둘째, 독립적인 것이 아니라, 쌍방이 관련되는 행위, 즉, 가해자와 피해자가 있는 것이다. 셋째, 피해자는 즐거움이 아니라, 고통을 받게 된다. 넷째, 이 고통은 그가 받을 이유가 없는 부당한 것이어야 한다. 다섯째, 공격적 행위는 의도적이어야 한다. 여섯째, 공격적 행위의 목적은 고통을 주기 위한 것이며, 마지막으로 이 행위는 부당한 것이어야 한다(Gergen, 1984). 이와 같은 분석은 여러 가지 중요한 의미를 지니고 있다.

첫째, 폭력은 폭력의 가해자와 피해자, 폭력 피해자의 고통 등과 같은 사실적 측면을 포함하고 있다. 일반적으로 폭력태도의 연구에서는 '폭력 가해자'를 중심으로 연구되어지고, '폭력 피해자' 부분은 소홀하게 다뤄지는 부분이 있었다. 그것은 폭력행위를 중심으로 객관적 연구를 주로 시도했기 때문이다. 하지만 폭력을 폭력으로 인지하는 것은 주로 가해자보다는 피해자가 더 민감하게 인지하기 때문에 '폭력의 피해자'와 '고통'은 중요한 연구대상이 된다.

둘째, 폭력은 '부당한 것'이라는 가치·규범적 판단의 대상이 된다.

셋째, 가치·규범적 판단은 사회적 맥락을 떠나서는 규정될 수 없을 것이다(고미영, 1998:53). 예를 들어 '성폭력' 중 '성희롱'이라는 것은 남성 중심의 사회에서 크게 문제가 되지 않았다. 사회가 근대화되고 개인의 자유와 평등 태도가 향상되면서 이 문제가 폭력으로 다뤄졌다는 것이다. 또한 '가부장적 사회구조'가 지배하는 사회에서는 '가정폭력'이 폭력으로서 문제가 되지 않았다. 그런데 사회적 맥락이 바뀌면서 '가정폭력'이 폭력으로서 인식되기 시작한 것이다.

따라서 폭력에 관한 태도의 인지적 영역은 무엇이 폭력이냐는 것을 단순하게 아는 것이 아니라 사회적 맥락에서 폭력을 식별할 수 있는 심리적 태도를 말한다. 폭력과 관련되는 모든 총체적인 상념을 의미하는 것이 폭력에 관한 태도의 인지적 영역이다.

폭력에 관한 태도의 정서적 영역은 폭력에 대한 전반적인 평가를 의미한다. 정서적 영역은 폭력은 '좋다'와 '나쁘다', 폭력은 '필요하다', 폭력은 '두려운 것이다', 폭력은 '고통이다' 등이 될 것이다. 이뿐만 아니라, 중요성에 대한 판단 여부도 정의적 영역에 포함된다는 점을 고려해 볼 때 불법부당함에 대한 판단도 포함된다고 할 것이다. 예를 들어 어떤 남성이 한 여성의 팔을 잡았을 때 그 여성이 기분 나빠하거나 불법부당하다고 평가내리는 것을 말한다. 규범적 평가와 관련해서는 인지적 영역에 포함시켜야 한다는 주장과 정서적 영역에 포함시켜야 한다는 주장으로 나눠져 있다. 하지만 인지적 발달 수준이 그리 높지 않은 청소년들과 관련해서는 규범적 평가를 정서적으로 판단할 수밖에 없다는 것이 일반적인 주장이다. 본 연구의 연구대상을 고려해서 규범적 평가를 정서적 영역에 포함시켜야 한다는 주장에 따르도록 하겠다.

폭력에 관한 태도의 정서적 영역도 폭력에 대한 직접적·간접적 경험에 의해서 만들어지는 것이다. 폭력에 대한 경험들은 폭력에 대한 익숙함으로 우호적인 태도를 보일 수도 있고, 적대적인 태도를 형성하게 될 것이다. 따라서 폭력에 관한 태도의 정서적 영역은 폭력에 대한 우호적인 감정적 영역과 폭력에 대한 비우호적인 감정 영역으로 나눌 수 있을 것이다. 이와 같은 폭력에 관한 태도의 정서적 영역은 지속성을 가지고 있어 폭력에 관한 태도의 인지요소가 망각된 경우에도 행동에 지속적인 영향을 발휘한다. 특히 정서적 영역은 사회적 정의나 법 위반에 대한 우호적인 감정과도 관련된다. 왜냐하면 폭력에 대한 긍정적 태도는 대체로 법 위반에 대한 우호적인 정의와 통하기 때문이다(김준호, 1992).

폭력에 관한 태도의 행동적 영역은 폭력에 대해 거부하거나 또는 허용하는 행동의사를 의미한다. 폭력에 관한 태도의 행동적 영역은 인지적 영역이나 정서적 영역과도 밀접한 관련성이 있다. 예를 들어 문제 청소년에게 폭력이 어떤 이익을 주는 행동인지, 어떻게 하는 것인지 알고 있을 때 행동을 하기 쉽다. 마찬가지로 폭력이 즐겁다고 단순하게 생각만 해도 폭력행동을 할 가능성이 높다. 일반적으로는 인지적 영역과 정서적 영역 간의 일관성이 높으며, 이 두 요소는 행동으로 진행된다(곽한영, 2007:70).

폭력에 관한 태도의 행동적 영역에는 폭력으로 나갈 행동의사 여부와 폭력으로 나가지 않을 행동의사 여부와 함께 사회적 정의나 규범에 반하여 행동할 의사가 있는지와 준수하여 행동할 의사가 있는지 여부 등이 포함된다고 할 것이다.

이와 같이 폭력에 관한 태도는 인지적·정서적·행동적 영역으로 구성되어 있다. 폭력에 관한 태도의 인지적 영역에는 폭력과 관련되는 전반적인 내용들이 모두 포함되며, 정서적 영역에는 폭력의 불법부당성, 폭력에 대한 우호적인 태도 등이 포함될 수 있다. 또한 폭력에 대한 관용감, 사용의사, 폭력불허의사 등은 폭력태도의 행동 요소 등으로 볼 수 있다. 이와 같은 정리를 통해 폭력에 관한 태도를 정의하면 '폭력에 관한 태도는 폭력에 관한 인지적·정서적·행동적 영역으로 구성되는 태도'라고 할 수 있을 것이다.

그렇다면 이와 같은 태도는 어떻게 형성되는 것일까? 태도는 선천적 본능이 아니라 경험의 반복, 직접·간접 학습, 체험 등이 바탕이 되어 후천적으로 형성되는 것이다. 따라서 폭력에 관한 태도는 선험적인 것이 아니라 생활맥락에서 형성되는 것으로 볼 수 있다. 또한 각자의 생활맥락이 다르기 때문에 서로 다른 폭력에 관한 태도를 가질 가능성도 높다. 그렇다면 이러한 폭력에 관한 태도는 어떤 과정을 통해 형성되며 여기에 영향을 주는 요소는 무엇일까? 이에 대한 사회 심리학적 설명은 학습이론이다. 폭력에 관한 태도의 형성과정을 사회심리학의 학습이론이라 할 수 있는 조건화이론을 중심으로 살펴보도록 하자.

'태도'는 '사회화'를 통해 형성된다. 물론 태도의 형성에 생득적인 성향이 일정부분 영향을 주지만 가장 중요한 태도 형성의 계기는 사회 속에서 후천적인 경험과 학습이다. 그러나 '태도'는 단편적인 사고나 느낌이 아니라 일정한 경향성을 가지는 것이다. 이를 위해서는 직접적·간접적인 경험의 반복이나 강렬한 인상을 주는 상황이 전달되어야 한다. 이러한 태도 형성의 과정을 설명하는 이론이 '조건화 이론'이다.

　태도 형성의 계기가 되는 조건화에는 도구적 조건화, 고전적 조건화, 관찰학습의 세 가지 종류가 있다(이광자 외, 2002:120). 먼저 '도구적 조건화'는 특정한 행동이나 태도가 사회적으로 보상을 받거나 처벌을 받는 경험이 반복되면서 '강화'되는 것을 말한다. 예를 들어 폭력을 행사했을 때 꾸지람이나 처벌을 받았다면 폭력에 대한 부정적 태도가 강화될 것이다. 반대로 폭력을 행사했을 때 칭찬과 인정이라는 보상을 받았다면 폭력에 대한 긍정적인 태도를 강화시킬 가능성이 크다. 이러한 '도구적 조건화'는 태도 형성에서 가장 일반적인 방식이다. 하지만 태도나 행동의 가치에 비해 보상이 너무 클 경우 자신이 태도를 갖는 이유를 태도 자체의 가치보다는 보상의 가치에 두어 태도가 형성되지 못할 수 있다. 예를 들어 폭력을 행사하지 않을 경우 아주 좋아하는 상을 받는다면 폭력을 행사하지 않는 것을 좋다고 생각하기보다는 자기가 원하는 상 때문에 폭력을 행사하지 않는 것이 된다. 반대로 상을 주지 않게 되면 폭력에 대하여 긍정적인 태도를 가질 수도 있다.

　다음으로 '고전적 조건화'는 자극(Stimulation)과 이 자극에 따른 반응(Reaction)을 조합하여 하나의 태도가 형성되는 것을 말한다(곽한영, 2007:75). 다시 말하면 반복적으로 중성자극과 특정 반응을 일으키는 무조건 자극이 반복적으로 결합되어 특정반응을 유발하게 하는 과정을 말한다. 예를 들어 먹을 것(무조건 자극)을 주면 얌전해지는 개가 있다. 이 개에게 먹을 것(무조건 자극)을 주면서 음악(중성 자극)을 함께 틀어주면 일정시간 이후에는 개의 태도에 변화가 온다는 것이다. 즉, 개는 음악만 틀어주어도 얌전해지는 경향을 보인다는 것이다. 이러한 태도 형성은 논리적 사고나 의사결정 과정이 결여된 상태에서 이루어지기 때문에 비교육적이라는 비판을 받기도 한다. 하지만 태도 형성의 초기 단계에서는 강화를 할 수 있는 기본적인 정보나 행동 원칙들을 모르기 때문에 '고전적 조건화'의 방법이 태도 형성에 필요하다고 여겨진다(곽한영, 2007:75).

'도구적 조건화'나 '고전적 조건화'는 특정한 단일 태도의 형성을 설명하는 데에는 효과적일 수 있다(곽한영, 2007:75). 하지만 복합적인, 그리고 다양한 태도의 형성을 폭넓게 설명할 수 는 없다. 즉, 보상과 강화, 자극과 반응이라는 것은 특정 행동을 반복하는 태도를 설명하기에는 유용하다고 볼 수 있다. 사람들의 태도들은 다양한 사람들 및 환경과의 상호작용의 과정에서 태도를 형성한다는 점을 생각해 볼 때 보상과 강화, 자극과 반응만으로 태도 형성을 설명할 수는 없다. 다만 부분적으로 태도를 설명할 수 있다고 볼 수 있다.

따라서 대부분의 태도들은 특히 초기 단계에서는 타인을 관찰하는 '관찰학습'에 의해 형성되었다고 설명하는 것이 좀 더 설득력을 가질 수 있다. 예를 들면 어린아이는 아버지의 머리스타일을 따라 하기도 한다. 또 텔레비전에 나오는 가수들의 흉내를 내면서 춤을 추기도 한다. 만화영화에 나오는 전쟁 장면을 보고 그것을 그대로 따라 하기도 한다. 또한 친구의 태도에 영향을 받기도 한다. 대중매체가 발달하면서 이러한 매체에서 등장하는 다양한 태도와 행동패턴, 이에 대한 보상들이 제시되면서 대중매체가 태도 형성에 미치는 영향력이 커지고 있다. 연예인은 대중매체의 발달과 중요한 역할모델(Role-model)이 되었다. 이 경우에는 매우 중요한 태도에서 매우 사소한 태도에 이르기까지 대단히 포괄적인 영향을 미치게 된다. 이러한 현상들 역시 '관찰학습'이라는 과정을 통해 태도의 변화가 일어나는 것으로 설명할 수 있을 것이다.

이상과 같은 태도 형성이론들은 폭력에 관한 태도의 형성에 대해서도 유용할 수 있다. 우선 '관찰학습'은 폭력에 관한 태도의 획득을 잘 설명할 수 있다. '모방 및 관찰학습'으로 폭력에 관한 태도 형성과정을 설명한 것이 Bandura(1973)이다. 그에 따르면 폭력적인 행위를 한 사람이 보상을 받는 장면을 지켜 본 아동들의 경우 지켜보지 않은 아동보다 훨씬 더 폭력적인 행동을 보인다고 했다. 즉, 모방 및 관찰학습이론은 타인의 행동을 관찰하고 모방함으로써 새로운 행동을 획득하게 된다는 것을 설명하는 이론이다. 이와 같은 모방효과는 아동이 타인이 하는 것을 실제로 보았을 때만 아니라 텔레비전을 통해 보았을 때도 나타난다. Bandura와 Walters는 텔레비전을 통해 나타난 행동을 아동들이 어떻게 모방하는가를 연구하였다. 그들에 따르면 모방행위는 다음의 세 과정을 거친다(김재화, 2002:28 재인용). 첫째, 아동들이나 청소년들은 새로운 행위와 성격을 되풀이해서 본다. 둘째, 그러한 행위와 성격을 학습 또는 습득한다. 셋째, 그러한 행위를 자신의 것으로 수용한다. 이 같은 설명은 폭력은 학습되는 것이며, 폭력을 관찰했을 때 아동들이나 청소년들의 태도 등에 영향을 미친다는 점을 시사한다는 점에서 의의가 있다. 이 과정에서 가장 중요한 기제는 관찰(모방)과 역할모델로 보았다(Bandura, 1973:44).

어린 아이들의 최초의 폭력에 관한 태도는 '관찰학습'에 의해서 획득되어진다고 볼 수 있다. 이때의 폭력에 관한 태도는 일단 모방을 통한 이해의 수준에 불과하다. 즉, '관찰학습'에 의해서 획득된 폭력에 관한 태도가 폭력행동에서 발견되었을 때 보상과 처벌, 자극과 반응을 경험함으로써 폭력에 관한 태도는 형성되는 것이다.

이렇게 형성된 폭력에 관한 태도는 사회화 과정에서 '관찰학습', '도구적 조건화', '고전적 조건화' 등을 반복적으로 경험하면서 변화를 거듭하게 되는 것이다. Bandure와 Michael에 따르면 아동이나 청소년들은 성장하면서 자신에게 있어 적합한 행동과 부적합한 행동에 대한 개념을 계속 발전시킨다고 한다(이재순, 1999:18). 즉, 아동과 청소년들은 부모로부터 직접 받은 상과 벌, 타인들이 어떤 상황에서 하는 여러 반응적 행동과 그 결과를 관찰하는 것, 교사, 부모, 또래집단 및 기타 다른 사회화 기제로부터 받은 언어적 지시 등으로부터 여러 가지 정보를 통합하여 반응- 결과의 유관성 규칙을 형성한다(David & Kay, 1989:28). 이 같은 유관성 규칙을 만들 때 규범적인 맥락이 폭력에 관한 태도에 영향을 미칠 수밖에 없다고 볼 수 있다. 이를 구체적으로 살펴보기 위해서는 사회화 과정을 좀 더 살펴 볼 필요가 있다.

Archer와 McDaniel(1995)은 사회화 과정에서 공격행위에 대해 어떤 태도를 보여주는지를 연구하였다. 가상적 갈등 상황을 제시하고 취하는 행동에 나타나는 폭력성에 대해 12개국을 대상으로 연구한 결과, 미국은 네 번째로 폭력성이 높은 것으로 나타났다(한규석, 2008:351). Lambert(1971)는 Whiting(1963)이 시행한 '아동의 사회화 과정에 대한 6개국 비교연구'를 분석한 결과, 부모가 아동이 보인 공격적 행위를 다루는 것에 상당한 차이가 있음을 보이고 있다고 하였다. 이 분석에 따르면, 멕시코의 부모들은 다투고 온 아이를 심하게 나무라는 반면, 미국의 부모들은 대수롭지 않게 여긴다는 것이다. 멕시코의 부모는 아동 상호 간에 화목하게 지내야 한다는 당위를 제시한 반면, 미국의 부모는 사이좋게 지낼 수 없다면 안 지내도 상관없다는 태도를 보였다(한규석, 2008:351). 멕시코의 부모들이 보여준 태도는 아동과 청소년들이 폭력에 대해서 불법부당함을 추론 및 판단하고 비우호적인 감정을 형성해 줌과 동시에 폭력행동을 자제할 수 있는 등과 같은 폭력태도를 형성하는데 기여하게 될 것이다. 이 같은 연구결과를 가정 내의 폭력에 관한 태도를 넘어 확장시키게 되면, 학교, 사회, 대중매체, 국가 등이 청소년의 사회화 과정에서 어떤 태도를 보여주느냐 하는 것이 청소년의 폭력에 관한 태도에 중요한 영향을 미칠 수 있다고 할 것이다. 결론적으로 폭력에 관한 태도는 학습의 결과물이며, 이는 상호작용에 의한 사회화의 과정에서 변화된다고 할 수 있을 것이다.

폭력에 관한 태도는 경험의 축적이나 사회적 영향으로 변화될 수 있는 신축성을 가지고 있다. 하지만 폭력에 대한 가치판단이나 선호가 포함되어 있는 것이 폭력에 관한 태도라는 점에서 일단 형성되면 변화하기 어렵고 고정성을 가지고 있다고 볼 수 있다. 따라서 폭력에 관한 태도는 아직까지 정체성이나 태도가 발달하지 못한 미성숙단계에서 건전하게 형성시키고 변화시킬 필요가 있다. 바람직한 폭력에 관한 태도의 형성과 변화는 폭력에 대한 처벌을 통해서 효과를 거두기는 어렵다(Wilson & Rogers, 1975). 처벌은 적절한 행동이 무엇인가를 가르치기보다는 처벌한 사람에 대한 증오심을 키워 나중에 보복을 정당화시키는 역할을 하게 된다. 학교 내에 '스쿨폴리스'를 만든다거나 CCTV를 설치하는 것은 겉으로 드러나는 폭력행동을 줄일 수 있는 방법은 될 수 있다. 하지만 폭력에 관한 태도의 변화를 가져올 수는 없다는 점에서 학교폭력의 근본적인 대책이 될 수 없다. 따라서 청소년 폭력의 근본적인 대책을 수립하기 위해서는 청소년들의 폭력에 관한 태도를 먼저 파악하고 이를 어떻게 개선할 것인지를 고민해야 할 것이다.

## (2) 폭력에 관한 태도의 유형과 특성

<표 3>은 미국의 청소년비행예방국(OJJDP, 2009)이 0세부터 17세까지 경험하는 폭력 유형을 제시한 것이다.

미국의 OJJDP에서 제시하고 있는 자료는 여러 가지 중요한 의미를 가지고 있다.

즉, 연령이 올라갈수록 아동과 청소년의 폭력 경험이 확장되고 있음을 보여준다. 이 같은 사실은 아동과 청소년의 폭력에 대한 태도가 달라질 수 있다는 점을 시사하고 있다. 또한 청소년들이 경험하는 폭력은 생활세계에서 아주 다양한 형태로 존재한다. 다양한 폭력 형태에 대한 청소년들의 경험은 청소년의 폭력에 관한 태도에 영향을 미치게 된다.

<표 3> 연령대별로 경험하는 폭력 유형

| 연령 \ 경험 | 폭력 경험 유형 |
|---|---|
| 0세 ~ 2세 미만 | ◦ 동기나 형제자매들의 공격<br>◦ 가족구성원들 간의 폭력 관찰<br>◦ 무기를 사용하지 않은 공격 또는 상해 |
| 2세 ~ 5세 이하 (걸음마 시기) | ◦ 동기나 형제자매들의 공격<br>◦ 가족 구성원들 간의 공격 행위 관찰<br>◦ 무기를 사용하지 않은 공격 또는 상해를 입히는 괴롭힘, 신체적 공격 |
| 6세 ~ 9세 이하 | ◦ 동기나 형제자매들의 공격<br>◦ 무기를 사용하지 않은 공격 또는 상해를 입히는 괴롭힘, 신체적 공격<br>◦ 정서적 괴롭힘과 놀림 |
| 10세 ~ 13세 이하 | ◦ 무기를 사용하는 공격<br>◦ 성적 괴롭힘(평균적으로 10세에서 17세까지 나타남.)<br>◦ 납치<br>◦ 가족구성원 간의 폭력<br>◦ 가정폭력 관찰 |
| 14세 ~ 17세 이하 | ◦ 상해<br>◦ 또래집단이나 친구 간 공격<br>◦ 성폭력<br>◦ 데이트 폭력<br>◦ 성적 공격<br>◦ 성적 괴롭힘<br>◦ 나체를 포함한 성적 노출<br>◦ 온라인상의 성적 유혹<br>◦ 다양한 형태의 학대<br>◦ 학교 폭파 위협이나 공격<br>◦ 육체적 학대 및 정신적 학대<br>◦ 정서적 학대<br>◦ 집단 폭력 관찰<br>◦ 총격 경험 |

* OJJDP, 2009

청소년의 폭력에 관한 태도는 사회적 학습을 통해 형성되는 내적인 특성으로 폭력에 영향을 미치는 중요한 심리적 변수이다. 이같은 폭력에 관한 태도는 폭력에 대한 경험들로부터 많은 영향을 받는 것으로 볼 수 있다. 즉, 폭력의 학습 및 상호작용에 의한 사회화의 과정이 폭력태도에 영향을 주는 것이다.

폭력에 관한 태도의 인지적 영역은 폭력의 직접적 · 간접적 경험을 통해서 폭력을 총체적으로 인식하는 영역이다. 폭력 이미지에 대한 포괄적 인식은 다양한 폭력의 경험을 통해서 형성된다. 인간은 생활 속에서 많은 다양한 폭력들을 경험한다. 가정에서는 부모로부터의 폭력, 형제자매들 간의 폭력, 부부 사이에 발생하는 폭력 등을 직접적 · 간접적으로 경험한다. 친구집단 내에서도 친구들 간의 싸움, 괴롭힘, 따돌림 등을 행하거나 간접경험하게 된다. 학교에서도 또래집단과 비슷한 경험 양상을 보이게 된다. 사이버 공간에서는 사이버명예훼손, 사이버성희롱 등의 직접적인 가해자나 피해자가 될 뿐만 아니라 게임, 영상, 이미지 등 다양한 매체와 기호를 통해서 폭력적인 경험을 하게 된다. 대중매체의 경우에도 폭력적이고 선정적인 장면들을 볼 수 있게 되고 이런 것들이 폭력의 이미지를 기억하게 하는 주요 경험들이 된다. 이상의 다양한 생활영역에서 경험하는 폭력은 구타, 폭행, 살인, 강요, 갈취, 흉기나 도구를 이용한 폭행, 언어적인 폭행, 국가 간의 전쟁, 영화나 드라마에서 볼 수 있는 국가에 의해서 이뤄지는 개인에 대한 폭력의 모습 등 너무도 다양하다. 이 같은 구체적이고 객관적으로 존재하는 현상으로서의 폭행은 개인에게 인식되면서 각자의 기준을 만들어 범주화하고 최종적으로 폭력이라는 개념을 만들어 인지하게 된다. 이와 같은 폭력에 대한 개념을 인식하는 인지의 과정은 개별적인 차이를 보이게 되며 다양한 요인들이 다양한 맥락에서 인지를 형성하는 중요한 요인이 될 것이다. 폭력에 관한 태도의 인지적 영역은 경험적인 맥락의 영향을 받아 개인이 폭력에 대한 정보를 정리하는 영역이 된다. 앞서 살펴본 바와 같이 폭력에 관한 태도의 인지적 영역이 형성되고 나서 정서적 영역이 만들어지는 것은 아니며 오히려 폭력에 관한 정서적 영역이 인지적 영역을 형성하는데 기여할 수도 있다.

폭력에 관한 태도의 정서적 영역은 폭력에 대한 감정과 평가적 영역으로 이 영역 또한 경험을 통해서 형성되는 영역이다. 예를 들어 똑같은 욕이라고 하더라도 그것을 경험하는 자에 따라서 폭력으로 느낄 수도 있고 그렇지 않을 수도 있다. 신체적인 폭력도 마찬가지로 경험자에 따라서 정서적인 영역이 개인의 폭력태도의 한 부분으로 자리매김하게 된다. 특히 폭력에 대해 아주 불쾌한 감정을 느끼거나 고통스러웠을 때 정서적 영역은 오랫동안 지속된다. 반대로 폭력을 행사하면서 강력한 즐거움을 느꼈다면 우호적인 정서적 태도가 상당기간 지속될 것이다. 폭력에 관한 태도의 정서적 영역은 폭력에 대한 두려움, 고통, 즐거움 등과 함께 부당성 등을 포함한다. 폭력을 인지하였다고 하더라도 폭력을 더욱 선명하게 폭력으로 인식하게끔 하는 것이 정서력의 평가영역이라고 할 수 있다. 예를 들어 사회화 과정에서 모든 폭력을 학습할 수 없다. 이것은 폭력이 너무도 다양하고 포괄적인 개념이기 때문이다. 따라서 폭력의 형태보다는 구체적인 폭력적 경험 상황에서 두렵거나 부당한 평가가 내려졌을 때 개인적으로 폭력에 대한 인식이 분명해진다. 실제로 어떤 친구가 다른 친구에게 욕설을 하고 있는 상황이 폭력의 수신자에 따라 폭력적 상황이라고 인식을 하지 않을 수 있다. 욕설을 하고 있는 상황을 지켜보거나 당하는 사람이 욕설이 폭력이며 불법부당한 것이라는 판단이 내려질 때 폭력으로 선명하게 인식할 수 있는 것이다. 이미 밝힌 대로 인지가 형성되면 정서판단이 이뤄진다는 순차적인 설명보다 인지와 정서의 상호작용에 의해서 폭력에 관한 태도가 형성된다는 것이 더욱 설득력이 있을 것이다.

폭력에 관한 태도의 정서적 영역은 폭력에 대한 두려움과 즐거움, 부당성을 포함하는 태도영역이라고 한다면 폭력에 관한 태도의 행동적 영역은 행동과 구별되는 행동할 의사여부를 의미한다. 즉, 폭력에 관한 태도의 행동적 영역은 폭력의 경험을 통해서 형성되는 행동의사 여부를 말하는 것이다. 이 같은 행동의사는 폭력에 관한 태도의 인지적 영역과 정서적 영역으로부터 많은 영향을 받아 폭력을 행사해도 될 것인지 여부를 결정할 뿐만 아니라 폭력의 악순환을 끊어내기 위해 폭력을 행사할 것인지, 하지 말아야 할 것인지 등을 포함한다. 예를 들어 폭력 유형을 알고 폭력에 대한 긍정적인 정서를 가지게 되는 경우 폭력에 대한 사용의사가 높을 것이다. 하지만 폭력 유형도 알고 있지만 폭력에 대한 부정적인 정서를 가지고 있다면 폭력 사용에 대해서 거부하거나 소극적일 수 있을 것이다. 그런데 폭력을 실제로 행동으로 옮기기 위해서는 다양한 조건과 상황들이 요구된다는 점에서 한 개인이 폭력을 행사할 의사를 가지고 있다고 해서 바로 행동으로 나설 수가 없기 때문에 폭력에 관한 태도의 행동적 영역은 폭력관용성 여부 및 폭력을 실행할 용기와 관련되는 것으로 보는 것이 타당하다. 따라서 폭력에 관한 태도의 행동적 영역은 폭력 사용의사와 거부의사, 폭력관용성 등이 해당된다.

폭력에 관한 태도의 내용 요소들은 다양한 형태로 결합되어 각 개인의 폭력에 관한 태도를 형성하게 된다. 폭력에 관한 태도를 형성하는 각 요소는 중첩되는 것이 아니라 각기 독립적이다. 때로는 일반적으로는 인지적 요소와 정서적 요소 간의 일관성이 높은 것으로 나타난다. 하지만 인지적 요소와 정서적 요소의 관계로 볼 때 개인에 따라서 정서적 요소가 강할 수도 있고, 인지적 요소가 강할 수도 있다.

폭력에 관한 태도의 유형을 제대로 파악하기 위해서는 세 가지 요소를 모두 고려해야 한다. 의견을 통해 그 사람의 태도를 간접적으로 알 수 있지만 행동적 요소를 고려하지 않았을 때 현실적 행동을 예측하기 어렵다. 정서적 내용요소가 강하고 개인에 따라 인지적 요소가 약한 경우에는 객관적인 지식과 정보의 경우에 왜곡되는 현상이 나타날 수 있다. 즉, 폭력에 대해 선호도가 높고, 특정행동이 폭력이라는 사실을 모르는 사람의 경우에는 폭력에 관한 태도를 개선하기 어렵다. 따라서 폭력에 관한 태도는 세 가지 요소의 결합을 통해서 확인할 수 있다. 이 같은 태도는 개인마다 경험이 다르기 때문에 다양한 형태의 폭력에 관한 태도로 나타날 수 있다. 개인마다 분포되어 있는 다양한 형태의 폭력에 관한 태도를 파악할 수 있을 때 학교폭력에 대한 적절한 대책을 마련할 수 있을 것이다.

다양한 생활 속 폭력의 경험들은 폭력에 관한 태도의 인지적·정서적·행동적 영역 모두에 영향을 미치는 것이다. 다시 말하면 인지적으로는 폭력과 관련되는 지식과 가치들의 의미를 포함하는 총체적인 이미지를, 정의적 영역에서는 고통·공포·역겨움·편안함·즐거움 등을 통해 가질 수 있는 호오와 불법부당성을, 행동적 측면에서는 폭력에 대한 사용의사를 보유하거나 거부하는 행동의사를 형성·유지·변화시켜 나가도록 한다. 이렇게 형성된 폭력에 관한 태도는 폭력행동에 영향을 미친다고 볼 수 있다.

　인지적·정서적·행동적 영역들로 구성되는 청소년의 폭력에 관한 태도는 다양한 경험들의 영향을 받아 복합적으로 구성되어 표출된다고 볼 수 있다. 이미 앞서 살펴본 바와 같이 인지적·정서적·행동적 영역은 중첩되는 것이 아니라 각각 독립적인 것이다. 이런 특징 때문에 폭력에 관한 태도는 인지적·정서적·행동적 영역들이 모순되거나 불일치하는 결합으로 결정될 수 있다. 예를 들어 청소년이 중요한 가치에 대해 학습을 하였다고 해서 무조건 감정이나 정서가 변하는 것은 아니다. 또한 청소년이 중요한 가치를 학습하였다고 해서 가치 있는 행동의사를 가지는 것도 아니다. 이와 같은 현상은 개인마다 인지의 정도, 정서의 정도, 행동의 정도가 모두 다르다는 것을 의미한다고 할 수 있다. 따라서 한 개인이 보유하고 있는 폭력에 관한 인지적·정서적·행동적 영역의 발달 수준이 고르지 않을 수도 있고, 대상에 대한 일관성을 가지지 않을 수도 있다. 또한 한 개인이 보유하고 있는 인지적 영역이 정서적 영역이나 행동적 영역과 호응하지 않는 다른 태도를 가지고 있을 수도 있다. 따라서 폭력에 관한 태도는 다양한 수준과 내용의 인지적·정서적·행동적 영역으로 구성된다고 할 것이다.

　그렇다면 눈에 보이지도 않고, 다양한 수준의 태도와 심적 영역들이 결합되어 나타나는 다양한 폭력에 관한 태도를 어떻게 설명할 것인지가 문제가 될 것이다.

　태도에 대한 측정은 보이지 않는 내면을 측정하는 것이기 때문에 불가능하다고 여겨졌다. 그러나 Thurstone(1931)이 태도를 측정하는 방법을 개념화하여 제시한 이후에 많은 변화가 나타났다. 태도를 측정할 때 가장 흔히 쓰이는 유형은 리커트 방식이다. 이 척도는 대상에 대한 유사진술문을 여러 가지로 제공하고 각 질문에 대하여 조사대상자가 동의 또는 반대하는 정도를 통상 5~11점으로 나눠 하나를 택하게 하는 것이다. 가장 잘 알려진 척도로 어떠한 대상에 대해서건 적용할 수 있는 '의미차별척도' (Osgood 외, 1957, 한규석, 2008:217 재인용)를 들 수 있다. 이 척도는 뜻이 상반되는 형용사를 양극에 놓고, 대상에 대하여 느끼는 감정의 정도를 문항별로 표시하는 것이다. 본 연구에서는 이와 같은 '의미차별척도'를 활용하여 폭력에 관한 태도의 인지적·정서적·행동적 영역의 수준을 정하고, 태도의 세 가지 영역을 결합하여 다양한 청소년의 폭력에 관한 태도 유형을 제시해 보고자 한다.

인지적 영역은 민감과 둔감, 정서적 영역은 긍정과 부정, 행동적 영역은 적극과 소극으로 수준을 정하였다. 이는 '의미차별척도'를 활용하여 상반되는 형용사를 양극에 놓고 폭력에 관한 태도의 각 영역의 수준을 범주화 한 것이다.

인지적 영역은 폭력에 대한 인지 발달 여부를 고려하여 '민감'과 '둔감'의 수준으로 나눴다. 인지는 폭력에 대한 지식과 모든 상념을 포함한 것이다. 즉, 어떤 폭력장면을 수신했을 때 폭력에 대한 전체적인 이미지와 그 이미지에 대한 느낌을 모두 포함해서 말하는 것이다. 따라서 인지에 대한 수준 구별은 '민감'하다는 것과 '둔감'하다는 것으로 나눌 수 있다. 이와 같은 수준 구별은 사회심리학의 일반적인 방식이다. 폭력에 관한 태도 중 인지가 '민감'하다는 것은 폭력을 둘러싸고 있는 모든 사실과 개인적·사회적 평가가 어떻게 내려졌는지 등을 잘 알고 있는 것을 말한다. 반면에 '둔감'하다는 것은 폭력과 관련된 상념들이 발달하지 못해 폭력을 잘 모르는 경우를 말한다.

정서적 영역은 폭력에 대해 느끼는 평가에 관한 부분으로 '긍정적', '부정적'으로 나눴다. '긍정적'이라 함은 폭력에 대한 우호적인 평가를 말한다. 폭력에 대해 우호적인 평가를 내리는 이유는 여러 가지이다. 폭력이 즐겁고 편하다는 생각이나 도움을 주는 것으로 폭력을 인지할 때의 느낌이라고 할 것이다. 하지만 앞서 밝힌 바와 같이 정서는 인지가 사라진 이후에도 남을 수 있고, 정서가 먼저 형성되어 인지에 영향을 줄 수 있다는 점도 고려해야 할 것이다. 이와 같이 폭력을 긍정적으로 느끼는 이들은 폭력에 대한 전반적인 평가를 몰라서 그럴 수도 있지만 알면서도 폭력을 좋아할 수도 있다. 다시 말하면, 폭력에 대해서 부정적인 평가를 내리고 있다는 사실을 알고 있다고 해서 폭력에 대해서 불법부당하다는 평가를 내리는 것은 아니라는 것이다. 반면에 '부정적'이라 함은 폭력에 대해 비우호적인 평가를 내리는 것을 의미하는 것이다. 즉, 폭력에 대해 '부정적'이라 함은 어떤 폭력행위가 불편하고 기분 나쁘다는 것이다. 이와 같은 감정은 폭력에 대한 지식과 전반적인 평가를 알고 있기 때문에 내려질 수도 있지만 강력한 경험을 통해서 느낄 수도 있다. 만약 폭력에 대한 인지적 영역이 발달되어 있다면 더욱 쉽게 폭력이 불법부당한 것이라는 것을 내릴 수 있을 것이다. 만약 그렇지 않다면 폭력은 감정적으로 싫고 귀찮은 일 또는 불편한 일 정도로 느끼게 될 것이다.

행동적 영역은 행동의사라는 점을 고려하여 '적극'과 '소극'으로 나눴다. 이 같은 행동의사는 폭력에 관한 인지적 영역 또는 정서적 영역의 영향을 받는다. 인지적 영역 또는 정서적 영역에 따라 나타날 수 있는 폭력에 관한 적극적인 행동의사나 소극적인 행동의사를 말한다. 따라서 폭력에 관한 적극적인 행동의사와 소극적인 행동의사는 여러 가지 의미로 설명될 수 있다. 만약 어떤 개인이 폭력에 대한 지식과 전반적인 평가를 모두 알고 있고, 폭력이 나쁜 것이라는 정서도 가지고 있을 때, 폭력적 상황을 해결하기 위해서 폭력을 사용할 수 있다. 이와 같은 경우는 대항폭력이 될 것이다. 하지만 본 연구는 청소년 폭력문제를 청소년들이 자율적으로 해결하는 교육적 방향을 염두에 두고 있다. 따라서 '적극'의 경우는 대항폭력의 의미는 포함시키지 않고, 규칙과 절차를 이용하여 적극적으로 해결하려는 청소년의 행동의사를 중심으로 논의하게 될 것이다.

한편 '소극'의 경우도 마찬가지다. 어떤 청소년에게 폭력이라는 사실과 그에 대한 전반적인 평가도 잘 알고 있고, 정서적으로도 폭력은 나쁜 것으로 평가된다. 하지만 폭력에 대해서 적극적으로 해결하려는 의지가 없다. 한편 또 다른 청소년의 경우에는 폭력에 대해서 우호적인 정서를 가지고 있음에도 폭력문제를 적극적으로 해결하려는 행동의도를 보이기도 한다. 이 같은 경우는 폭력이 무엇인지, 폭력을 어떻게 해결할 수 있는지 등을 모르는 청소년인 경우에 해당한다고 말할 수 있다.

폭력에 관한 태도의 각 영역의 수준을 설명하기 위해 설정한 형용사들의 의미들을 살펴보았다. 이를 바탕으로 여덟 가지의 폭력에 관한 태도 유형이 만들어진다. 무규범형, 표리부동형, 동조형, 관객형, 도피형, 우둔형, 혐오형, 수호자형이다.

무규범형은 인지적으로 둔감하고, 정서적으로 긍정적이고, 행동적으로 적극적인 유형을 말한다. 예를 들면 무규범형은 자신의 폭력행동이 문제가 되는 행동인지도 인식하지 못하고 폭력을 놀이처럼 즐기는 청소년을 말한다. 무규범형은 폭력과 관련되는 총체적인 상념들에는 둔감하며, 폭력에 대한 긍정적인 정서를 보유하고 있으며, 폭력을 적극적으로 사용할 의사를 지니고 있다. 무규범형은 폭력현상에 대해서 둔감하다. 또한 자신이 하는 폭력이 사회적으로 부정적인 평가를 받고 있는지에 대해서도 전혀 신경 쓰지 않는다. 무규범형의 인지적 특징은 정서와 행동에 영향을 줘서 아무 죄의식 없이 폭력을 행사하게 한다. 무규범형은 오로지 충동적이고 욕망에 충실한 폭력태도 유형이라 할 수 있다.

　표리부동형은 인지적으로 민감하고, 정서적으로 긍정적이고, 행동적으로 적극적인 유형을 말한다. 예를 들면 표리부동형은 친구들이나 하급생의 돈을 뺏은 후에 부모님들이나 친구들에게 절대로 알리지 않도록 협박을 하거나, 폭력을 행사하다가 교사나 경찰에게 붙잡히더라도 자신의 폭력적인 행동을 정당화시키는 청소년들을 말한다. 표리부동형은 폭력과 관련되는 총체적인 상념에는 민감하다. 그런데 표리부동형은 폭력에 대해 우호적인 정서적 반응을 보인다. 하지만 폭력적 상황에 대해서는 적극적으로 해결하기 위해 노력하는 유형이 표리부동형이다. 표리부동형은 폭력으로 인한 손익계산에 대한 판단이 정확한 유형이다. 따라서 자신에게 피해를 주는 폭력에 대해서는 규칙과 절차를 이용해서 해결하기 위해 행동하지만 자신의 이익을 위해서는 폭력을 합리적으로 사용할 줄 아는 유형이 표리부동형인 것이다.

폭력을 직접 행사하지는 않으나 폭력에 대한 방관자적 태도 중에서 가장 문제가 되는 것이 동조형이다. 동조형은 인지적으로 둔감하고, 정서적으로 긍정적이며, 행동적으로 소극적인 유형을 말한다. 예를 들면 동조형은 친구들이 싸우고 있는 장면을 보면서 박수를 치거나 응원하는 청소년, 아무 생각 없이 한 친구를 따돌리는데 소극적으로 참여하는 청소년 등이다. 또한 동조형 중에는 힘이 강한 친구들에게 자발적으로 복종하고 심부름 등을 해주는 청소년들도 포함된다. 동조형은 정서적으로 폭력에 대해서 지지하는 긍정적인 정서적 태도를 보유하고 있다. 이 같은 정서적 정향은 동조형으로 하여금 폭력을 재미있는 것으로 인지하게끔 한다. 하지만 폭력을 자기 스스로 행사할 수 있을 만큼의 능력이나 자신감은 없는 유형이 동조형이다. 또한 동조형은 폭력 그 자체를 동경하고 즐기는 유형이다.

폭력에 대한 방관자 중 또 다른 문제유형은 관객형이다. 관객형은 인지적으로 민감하고, 정서적으로 긍정적이며, 행동적으로 소극적인 유형이다. 예를 들면 현실에서 발생하는 폭력을 구경하는 것보다 가상의 폭력을 즐기는 유형이 관객형이다. 그렇다고 해서 관객형이 현실에서 발생하는 폭력적 상황을 거부하거나 해결할 의사를 가지고 있는 것도 아니다. 관객형은 폭력에 대한 총체적인 상념은 민감하다. 이 때문에 관객형은 폭력을 직접 행사할 생각은 없다. 다만 폭력적인 상황을 보는 것을 즐거워하는 것이 관객형이다. 폭력이 자신에게 즐거움을 준다는 것을 잘 알고 있는 것이 관객형이다. 다만 관객형은 폭력에 대한 총체적인 상념에 민감하기 때문에 폭력을 적극적으로 행사할 생각이 없을 뿐이다. 자신의 스트레스를 해소하는 차원에서 폭력을 간접적으로 즐기는 유형이 관객형이다. 그러나 관객형은 폭력에 대한 총체적인 상념에 민감하다는 점에서 폭력을 행사하지 않을 뿐 폭력에 대해서 긍정적인 정서적 태도를 취한다는 점에서 상황에 따라 폭력에 대해 적극적으로 지지하거나 행할 수 있는 위험성을 내포하고 있다.

도피형은 인지수준이 둔감하고, 정서적으로는 부정적이고, 행동은 소극적인 유형이다. 예를 들면 청소년 중에 학교활동에도 소극적이고 친구들과의 관계도 원만하지 못해 괴롭힘을 당하기도 하지만 적극적으로 대항할 의사도 없이 혼자 조용히 생활하는 유형이 도피형이다. 도피형은 폭력에 대해서 둔감하다. 하지만 폭력에 대해서 부정적인 정서를 가지고 있기 때문에 폭력에 대해서 소극적인 태도를 취하는 유형이 도피형이다. 도피형은 감정적으로 폭력이 싫을 뿐이다. 또한 도피형은 싫어하는 폭력을 경험하거나 상황에 놓였을 때 적극적으로 해결하고자 하는 행동의사도 없다. 즉, 도피형은 타인에게 폭력을 휘두를 의사도 없이 폭력을 귀찮고 불편하게 여기는 유형이다.

우둔형은 인지적으로 둔감하고, 정서적으로 부정적이며, 행동적으로 적극적인 유형이다. 예를 들어 우둔형은 평소에 폭력을 행사하는 친구들이나 폭력적 상황에 대해서는 관심이 별로 없다. 하지만 자신의 영역을 건드리는 일들에 대해서는 참지 못하고 폭력에 대응하는 유형이다. 우둔형은 도피형과 달리 폭력에 대해서 적극적인 태도를 취하는 유형이다. 우둔형은 폭력과 관련된 지식과 사회적 평가 등에 대해서는 둔감하다. 하지만 우둔형은 폭력에 관한 부정적인 정서적 태도에 따라 폭력을 적극적으로 해결하기 위해 행동하는 유형이다. 폭력의 전체적인 것에 대해서는 잘 알지 못하는 유형이 우둔형이다. 다만 우둔형은 주변사람들과 자신을 침해하는 행동들에 대해서는 단호한 태도를 취하는 유형이다. 우둔형은 법을 수호하고 사회 안정을 위해서 폭력에 대해 적극적으로 대응해야 한다는 생각은 없다. 다만 우둔형은 자신과 주변을 지키기 위해서 폭력에 대해 적극 대응하는 유형일 뿐이다.

혐오형은 인지적으로 민감하고, 정서적으로 부정적이고, 행동적으로 소극적인 유형이다. 예를 들면 폭력에 대한 혐오감을 표출하고 비판하지만 폭력을 적극적으로 해결하기 위해 대응하지 않는 유형이 혐오형이다. 혐오형은 폭력에 대한 풍부하고 바람직한 상념과 부정적인 정서를 보유하고 있다. 하지만 폭력에 대해서는 적극적으로 대처하지 않는 특징을 보여주고 있다. 혐오형은 폭력과 관련된 사회적 평가를 잘 알고 있다. 혐오형은 폭력에 대해서 잘 알고 있을 뿐만 아니라 폭력에 대해서도 불법부당하다는 평가를 보유하고 있다. 하지만 혐오형은 폭력을 어떤 경우에도 행사해서는 안 된다고 생각하여 폭력적인 상황에 대해서 적극적으로 대응하여 해결하려고 하지 않는다. 이 같은 점에서 혐오형은 폭력에 대해서도 비폭력만을 추구하는 유형으로 볼 수도 있다. 하지만 본 연구에서는 비폭력만을 지향하는 평화운동가의 모습을 혐오형에 포함시키지 않는다. 본 연구에서 다루고 있는 폭력에 관한 태도 유형 중에서 가장 바람직하다고 고려하고 있는 유형은 폭력에 대해서 민주적이고 합법적인 절차와 규칙을 적극적으로 이용해서 폭력을 적극적으로 해결하려고 하는 태도가 가장 긍정적인 형태이다.

수호자형은 폭력에 대해서 인지적으로 민감하고, 정서적으로는 폭력에 대한 부정적 평가를 보유하고, 행동적인 측면에서는 폭력에 대해 적극적으로 대처할 의사를 지니고 있다. 예를 들면 수호자형은 폭력이 벌어지고 있는 상황에 대해서 공식적인 절차나 제도를 활용해서 적극적으로 해결하려는 유형을 말한다. 이 같은 특징을 지니고 있는 수호자형은 폭력에 관한 것을 잘 알고 있다. 즉, 이 유형은 폭력을 쉽게 식별할 수 있고, 폭력이 규범에 반한다는 평가를 보유하고 있다. 이 같은 인지적·정서적 특징은 수호자형으로 하여금 폭력에 대해서 능동적으로 대처하도록 한다. 사회적 안정과 평화를 위해서 공식적인 절차를 지지하는 유형이 수호자형이다. 물론 수호자형을 대항폭력으로 볼 수 있다. 하지만 본 연구에서 제시하고 있는 수호자형은 대항폭력의 의미는 제외하여 정의한다. 이는 청소년 폭력을 주제로 다루고 있기 때문이다. 따라서 본 연구에서는 민주적인 사회적 질서와 규칙을 준수하기 위해 적극적으로 노력하는 유형을 수호자형으로 본다.

이상에서 논의한 바와 같이 청소년의 폭력에 관한 태도 유형은 여덟 가지로 나타났다.

여덟 가지의 폭력에 관한 태도 유형 중 가장 바람직한 것으로 교육적 목표가 될 수 있는 유형은 수호자형으로 볼 수 있다. 물론 혐오형이 수호자형보다 훨씬 더 바람직한 경우로 볼 수도 있지만, 그렇지 않은 이유에 대해서는 앞서 언급하였다. 폭력문제를 해결하기 위해 합법적인 절차와 규칙을 이용해서 적극적으로 행사하려는 행동적인 부분에서 개선을 필요로 하는 것이 혐오형이다.

나머지 여섯 가지 유형은 다양한 측면에서 개선이 필요한 유형들이다. 우둔형은 사회적 차원에서 폭력의 의미를 파악하고 행동하지는 않는다. 다만 자신의 주변 사람과 자신에게 피해주는 폭력상황이 싫어서 적극적으로 대응하는 것이 우둔형이다. 따라서 우둔형에게는 폭력과 관련되는 인지부분을 강화시킬 필요가 있다.

폭력으로 타인에게 피해를 주지도 않고 자신에게 닥친 폭력의 피해에 적극적으로 대처할 생각도 없는 유형이 도피형이다. 다만 도피형은 폭력이 싫고 두려워서 그 상황을 피하기 위해 애를 쓰는 유형이라고 말할 수 있다. 따라서 도피형에게는 폭력과 관련되는 인지부분을 강화시킴과 동시에 참여를 통해 사회적 규칙과 절차를 습득할 수 있는 법교육이 필요하다고 할 수 있다.

관객형은 폭력적 상황을 영화나 연극을 보듯 즐기지만 폭력에 대한 전체적인 상념 수준이 높아서 폭력을 적극적으로 행사할 의사는 없다. 관객형은 외형적으로는 크게 문제가 되지 않을 수도 있지만 순식간에 동조형이나 표리부동형으로 변할 수 있는 위험성을 내포하고 있다는 점에서 주의를 필요로 하는 유형이다. 따라서 관객형은 폭력에 대해 긍정적인 정서적 영역을 개선할 수 있는 법교육이 필요하다고 할 것이다.

교육적으로 제일 문제가 되는 유형들은 동조형, 표리부동형, 무규범형이다. 동조형과 관객형은 모두 폭력적 상황에 대해서 암묵적으로 지지하는 방관자적 태도를 취하고 있는 유형이다. 하지만 동조형은 폭력에 대한 상념 수준이 낮아서 폭력적 상황에 대한 적극적 지지를 보내는 유형이다. 이 유형은 단지 자신이 직접 폭력을 행사할 의사는 없다. 특히 이 같은 유형은 인지가 발달하지 못한 저학년에서 많이 나타날 수 있는 유형이다. 동조형에게는 인지적·정서적·행동적 영역을 모두 개선할 수 있는 법교육이 필요할 것이다. 표리부동형의 경우에는 폭력에 대한 상념수준은 무척 높은 편이다. 하지만 폭력이 유용하다고 생각하여 폭력을 지능적으로 이용하는 유형이다. 표리부동형의 경우에는 민주적이고 합법적인 규범에 대해 긍정적인 태도를 가질 수 있는 법교육이 필요할 것이다. 무규범형의 경우에는 폭력에 대한 상념수준이 무척이나 낮다. 오로지 폭력이 즐겁고 그 행사로 최대 만족을 얻을 수 있다고 생각하는 유형이 무규범형이다. 무규범형에게는 인지적·정서적·행동적 영역을 모두 개선할 수 있는 법교육이 필요할 것이다.

지금까지 논의한 청소년의 폭력에 관한 태도에 관한 유형을 정리하면 <표 4>와 같다.

<표 4> 폭력에 관한 태도의 유형

| 구 분 | | 인지 수준 | | | |
| --- | --- | --- | --- | --- | --- |
| | | 민감 | | 둔감 | |
| 행동 의도 | | 적극 | 소극 | 적극 | 소극 |
| 정서적 평가 | 긍정적 (폭력우호) | 표리부동형 | 관객형 | 무규범형 | 동조형 |
| | 부정적 (폭력반대) | 수호자형 | 혐오형 | 우둔형 | 도피형 |

<표 4>와 같이 폭력에 관한 태도의 유형에 대한 분류가 필요한 이유가 무엇인가? 폭력에 관한 태도는 폭력에 대한 개인의 생각과 태도를 말하는 것이다. 각 개인들은 폭력에 대한 경험이 다르고, 폭력에 대한 반응도 다르다. 또한 개인마다 정서적 반응도 다르고 행동하려는 생각도 서로 다르다. 다시 말하면 각 개인들의 폭력에 대한 학습과 사회화 과정이 다르다는 것이다. 이 같은 점을 전제로 할

때 폭력에 관한 태도를 유형화하는 것은 다음과 같은 의의가 있다.

첫째, 일반 청소년들 사이에 분포되어 있는 다양한 폭력에 관한 태도 유형을 파악할 수 있다. 이것을 파악한다는 것은 청소년의 폭력문제 해결을 위한 정책을 세우거나 교육프로그램을 개발하는데 있어서 기초 자료가 된다. 즉, 폭력에 관한 태도 유형별로 적합한 교육프로그램 개발을 가능하게 할 수 있다.

둘째, 폭력에 관한 태도 유형에서 가장 바람직한 유형으로 '수호자형'을 제시하였다. 이는 정책의 방향과 법교육의 목적을 설정해 줄 수 있다는 점에서 의의가 있다.

셋째, 폭력에 관한 태도 유형은 정책을 시행하고 난 후에 정책의 효과 검증을 통하여 정책을 평가하고 앞으로 개선점을 논의할 수 있게 한다.

결론적으로 폭력에 관한 태도의 유형을 분류하고 확인하는 것은 청소년 폭력문제를 근본적으로 해결해 줄 수 있는 대책을 마련하는데 유의미한 기초 자료가 될 것이다.

지금까지 청소년 폭력에 대한 근본적인 해결책을 모색하기 위해서 논의를 확장해왔다. 다음에서는 청소년 폭력에 대한 해결책에 대한 논의로 넘어가기 위해 현실적으로 청소년들이 폭력에 대해 어떤 생각들을 하고 있는지를 살펴보게 될 것이다.


## (3) 청소년의 폭력에 관한 태도

2010년 1월 교육과학기술부는 다음과 같이 학교폭력 유형별 발생 비율을 제시하였다.

<표 5> 학교폭력 유형별 발생 비율

| 학교폭력 유형 | 발생 비율(%) |
|---|---|
| 신체폭행 | 18 |
| 금품갈취 | 18 |
| 괴롭힘 | 21 |
| 집단따돌림 | 20 |
| 언어폭력 | 12 |
| 위협 및 협박 | 4 |
| 정보통신망을 이용한 폭력 | 1 |
| 성적추행 | 3 |
| 기타 | 3 |

* 교육과학기술부, 2010

<표 5>에 따르면 괴롭힘(21%)이 가장 빈번하게 발생하고, 다음으로는 집단따돌림(20%)이다. 다음은 금품갈취(18%)와 신체폭행(18%)이 동일한 비율을 보여주었으며, 언어폭력(12%), 성적추행(3%) 및 기타(3%), 정보통신망을 이용한 폭력(1%) 순이었다. <표 5>에서 나타난 결과는 사회적으로 물의를 빚고 있는 '빵셔틀'과 같은 이슈를 잘 반영하고 있다. 하지만 학교에서 빈번하게 발생하는 '빵셔틀'을 포함하여 폭력들에 대해서 '폭력'인지를 잘 모르고 있는 학생들이 많았다.

청소년폭력예방재단(2010)에 따르면 현재 심각하게 발생하고 있는 학교폭력에 대해 청소년들은 인지적으로 둔감하였다. 강요에 의한 학교폭력이 사회적 문제가 되고 있음에도 불구하고 청소년폭력예방재단(2010) '2009년도 학교폭력실태조사'에 따르면 빵셔틀의 경우 응답자 중 55.1%가 학교폭력임을 모른다고 답변을 하였다. 그 뒤를 이은 것은 괴롭힘으로 응답자 중 42%, 사이버폭력은 41.7%, 성폭력은 27.2%, 왕따는 16.9%가 학교폭력인지 모르는 것으로 나

타났다. 이와 같은 학생들의 인식 결과는 교육과학기술부(2010)의 학교폭력 유형의 조사결과를 반영해준다고 볼 수 있다.

학교폭력에 대한 정서적인 측면의 태도 역시 문제가 심각하다. 청소년폭력예방재단(2010)의 결과에 따르면 조사에 참여한 학생 중 32.8%가 학교폭력문제를 심각하게 생각하여 이는 2008년 28.6%에 비해 증가하였다고 하였다. 하지만 청소년이 학교폭력에 대해서 심각하다고 생각하는 비율은 여전히 과반수를 넘지 못하고 있다.

청소년폭력예방재단(2010)에서 발표한 <표 6>을 보면 청소년들의 폭력에 대한 정서와 행동의 심각성을 파악할 수 있을 것이다.

〈표 6〉 학교폭력 가해 이유

| 항목 | 응답율(%) |
|------|-----------|
| 이유 없음 | 20 |
| 장난 | 36 |
| 오해와 갈등 | 9 |
| 친구들이나 선배들이 시켜서 | 3 |
| 보복 | 3 |
| 화가 나서 | 8 |
| 상대학생이 잘못해서 | 17 |
| 스트레스 때문에 | 2 |
| 기타 | 2 |

* 청소년폭력예방재단, 2010

<표 6>에 따르면 학교폭력의 가해 이유에 대한 답변 중 장난이나 이유 없이 폭력을 행사한 경우가 56%로 나타났다. 청소년폭력예방재단(2010)에 따르면 이 같은 결과는 2008년 45.4%에 비해 크게 증가한 것이며, 특히 빵셔틀, 금품갈취, 위협이나 협박, 성추행 등을 장난이나 이유 없이 행한다고 하였다. 또한 이유 없이 때리는

폭력의 경우도 학년에 따라 그 발생 빈도가 크게 달라지는 양상을 보였다고 하였다. 구체적으로 제시해보면, 중1까지는 상대방의 잘못 등으로 폭력을 가한 경우가 약 20%, 이유 없음이 약 14%정도로 나타나고 있으나, 중2부터는 이유 없는 폭력이 약 25%, 상대방의 잘못으로 인한 경우가 12%로 나타났다.

이와 같이 학교폭력을 행사하는 정서적·행동적인 측면의 태도만 문제가 되는 것은 아니다. 청소년폭력예방재단(2010)의 조사에 따르면 학교폭력을 목격했을 때 모른척 한다는 답변이 56.8%였다. 학생들 상당수가 학교폭력에 대해 방관적인 태도를 취하고 있다는 것을 의미하는 것이다. 청소년들은 학교폭력을 심각하게 생각하지도 않을 뿐만 아니라 학교폭력문제를 자율적으로 해결하려는 의지가 없다는 것을 보여준다.

청소년은 다양한 이해갈등과 가치갈등이 존재하는 사회에서 자율적으로 법을 준수하고 문제를 해결해나가야 하는 미래의 민주시민이다. 따라서 청소년의 폭력에 대한 태도를 개선하는 것은 중요한 교육적 과제라고 할 것이다. 현재 청소년들의 폭력은 낮은 연령에서 더 심각하며, 여학생들의 폭력경험이 증가하고 있다(청소년폭력예방재단, 2010).

지금까지 많은 청소년 폭력 대책이 나왔다. 하지만 지금까지 나온 대책들은 겉으로 드러나는 우려스러운 점 등에 집중하여 심리치료, 처벌, 제도에 의한 통제 등에 치중하였다. 하지만 이런 방법들이 실질적으로 청소년의 폭력문제를 해결하기 어렵다는 것은 <표 7>에서 알 수 있다.

〈표 7〉 최근 1년간 학교폭력 가해행동을 하지 않게 된 이유

| 항목 | 응답률(%) |
|---|---|
| 기타 | 5 |
| 상급학년 진학, 학교졸업 | 10 |
| 외부기관의 특별교육이나 심리치료 등을 통해 생각이 변했다. | 2 |
| 학교폭력 예방교육을 받고 생각이 변했다. | 1 |
| 함께 때리고 괴롭히면 친구를 멀리했다. | 2 |
| 경찰서에 신고되어 조사를 받아 처분을 받았다. | 1 |
| 학교에서 처벌을 받았다. | 3 |
| 학교 담임선생님이 알게 되어 꾸지람을 들었다. | 5 |
| 피해학생 부모님이 연락을 해서 꾸지람을 들었다. | 3 |
| 스스로 나쁜 행동임을 알게 되어서 | 67 |

* 청소년폭력예방재단, 2010

<표 7>에서 보다시피 경찰의 처분이나 담임선생님의 꾸중 등과 같은 외적 통제는 청소년의 폭력을 줄이는데 크게 기여하지 못했다. 청소년의 폭력을 크게 줄인 이유는 '스스로 나쁜 행동임을 알게 되어서'라는 이유이다. 이는 청소년 스스로 자율적인 태도 변화가 청소년 폭력을 줄이는데 가장 큰 기여를 한다는 것을 말해주고 있다.

따라서 청소년의 폭력을 근본적으로 해결하기 위해서 현재 필요한 교육적 수단은 청소년 스스로 학교폭력이 나쁜 일이라는 것을 깨달아 그만두게 하는 교육적 수단이어야 할 것이다. 이와 같은 점에서 법교육은 폭력에 대한 규범적 평가를 내릴 수 있게 함과 동시에 자율적인 민주시민을 양성하는 것이 목표라는 점에서 적절한 교육적 수단이 될 수 있을 것이다.

## 2. 법교육의 의의와 역할

앞 장에서 살펴 본 청소년의 폭력에 관한 태도에는 법위반의 우호적인 태도를 포함하고 있다. 즉, 청소년의 폭력에 관한 태도가 긍정적이라는 것은 대체로 법에 대해 불일치한 태도를 가지고 있음을 의미한다. 따라서 위법에 대해 우호적인 청소년의 폭력에 관한 태도를 개선할 수 있는 방법으로는 청소년의 법에 대한 태도를 변화시킬 수 있는 교육적 방법이어야 할 것이다. 법 위반에 대해 우호적인 청소년의 폭력에 관한 태도를 개선할 수 있는 중요한 교육적 방법 중의 하나가 법교육이다.

본 장에서는 법교육이 청소년의 폭력에 관한 태도를 어떻게 변화시킬 수 있는지에 대해서 검토해 보고자 한다.

### 1) 법교육의 개념과 중요성

법교육이 청소년의 폭력에 관한 태도를 긍정적으로 변화시키는지를 밝히기 위해서는 먼저 법교육이 무엇인지 어떤 역할을 하는 것인지를 확인할 필요가 있다. 법교육은 국내에 비교적 최근에 소개된 학문영역이다. 이로 인해 기존의 법학교육과 개념상의 혼란을 겪는 경우가 많으며 그 역할에 대해서도 다양한 주장들이 제시되고 있다. 따라서 본 절에서는 법교육의 의미와 필요성을 확인해 본다.

## (1) 법교육의 개념

사회질서를 유지하고 공공복리를 증진시키는 법은 사회를 유지,
발전시켜나가기 위한 보편적인 행위 준칙이다. 이러한 법의 중요성
은 복잡하고 거대화되어 가는 현대사회에서 더욱 강조되고 있다.
민주사회는 시민들이 자발적으로 동의한 법에 의해 운영된다. 즉,
법은 자신의 생활을 스스로 규제해 나가는 자치규범적 성격을 지
니고 있다. 이와 같은 성격의 법은 타율적인 강제가 아닌 자신들의
필요와 의지에 따라 생활관계를 규율하는 수단인 것이다. 따라서
시민들은 자율적으로 법의 필요성과 의의를 인식하고 기본적인 법
적 소양을 갖추어 자발적인 복종과 참여하는 자질을 갖추어야 한
다. 이 같은 시민들의 자질을 함양하는 것은 올바른 민주시민 육성
을 위한 시민교육의 중요한 과제로 등장하고 있다. 이러한 과제와
가장 직접적으로 연관된 것이 법교육이라고 할 수 있을 것이다.

중요한 민주시민교육인 법교육에 대하여는 엇갈린 정의들이 있
다. 법교육에 대한 정의를 내리는데 있어서 가장 큰 문제는 법교육
(Law-Related Education)과 법학교육(Legal Education)을 동일한 것으
로 보거나 법교육을 법학교육의 연장선으로 보는 경향이라고 할
수 있다(곽한영, 2007:50). 일반적으로 '법교육'이라는 용어에서 떠
올리는 생각들은 법적인 분쟁에 직면했을 때 법조인의 도움을 받
지 않고 분쟁을 해결할 수 있는 능력을 갖춘 시민의 모습일 것이
다. 이와 같은 일반적인 인식으로 인해 법학교육과 법교육은 구분
되지 못하고, 고등학생 대상의 교과서나 일반인들을 위한 법률교양
서적들도 법학개론을 축소하거나 생활에 필요한 법률적 상식들을

전달하는 형식을 띠게 되었다. 하지만 이렇게 법교육을 법학교육의 축소판으로 인식하는 것은 적절하지 않다. 법교육이 법과 법제도에 대한 이해를 바탕으로 법적 신뢰감과 법제도의 활용과 참여를 갖도록 하는 시민교육이라면, 법학 교육은 법조인이나 법학자를 길러내기 위해 법적 사실과 지식을 중요시하는 직업교육적 성격이 강하다.

이 같은 법교육과 법학교육은 대상, 목표, 방법 등에서 큰 차이가 있다.

첫째, 법학 교육은 법학자나 법조인이 될 사람들을 대상으로 하며, 주로 대학에서 이뤄진다. 법교육은 시민교육의 차원에서 주로 초중등단계, 그리고 일반인을 대상으로 한다.

둘째, 법학 교육은 법학자나 법조인을 길러내는 것을 목표로 한다. 따라서 법학교육에서는 개별적인 법조문이나 법학적 지식들을 많이, 정확하게 알고 적용하는 능력을 키워주기 위해 법지식 측면이 강조된다. 또한 법조인을 길러내는 교육이라는 점에서 직업윤리를 함양하는데 목표를 두게 된다. 따라서 법학 교육은 직업적 전문성과 직업적 윤리를 함양하는데 초점을 둔다. 반면 법교육이 목표로 하는 시민은 법지식이 아주 풍부한 시민이 아니라 법에 대한 신뢰와 자부심을 가지고 법을 적극적으로 이용하여 자신과 타인의 권리를 보호하려는 가치와 태도를 가진 인간이다. 물론 이를 위해 기초적인 법적 지식이 바탕이 되어야 하겠지만 전문적인 법지식의 양이 법교육의 주된 관심사가 될 수는 없다.

셋째, 법학 교육은 직업적 전문성을 강조하기 때문에 직접적으로 법적분쟁을 해결하기 위해 지식의 정확성을 강조하고 지식 자체의 논리성을 정밀하게 검토하는 것을 중요시한다. 반면에 법교육은 법에 대해 신뢰하는 태도와 법적 문제를 해결하는 시스템에 대한 이해를 바탕으로 법적 해결의 필요성과 장점을 깊이 인식하는 사람을 기르는 것을 목표로 한다. 이 같은 목표를 달성하려면 일단 법에 익숙하고 친근해져야 하며, 전문적인 법적 지식보다 그런 법적 지식에 포함되어 있는 원리 등을 이해하는 것이 더욱 필요할 것이다. 이를 위해서 법교육은 자세한 설명과 함께 예시나 비교, 추론, 판단, 참여 등의 다양한 수업방식을 적극적으로 활용하게 된다. 물론 법학 교육의 경우에도 이런 방식들이 완전히 배제되는 것은 아니지만 중요한 것은 그 목표가 '법학자나 법조인'인지 아니면 '법에 기반한 논리적 사고력과 법제도에 대한 신뢰를 지닌 시민'을 지향하는 것인지의 문제가 될 것이다.

## (2) 법교육의 필요성

법교육은 청소년 또는 일반인을 대상으로 법의 형성과정, 법제도와 그 기초에 대한 지식과 기능을 제공하는 교육을 의미한다. 미국에서 1978년 제정된 법교육법(Law-Related Education Act)에서는 법교육을 다음과 같이 정의하고 있다.

법교육은 일반인들에게 법적 지식과 기술, 법적 절차, 법체계, 이들의 바탕에 깔려 있는 기초적인 원칙과 지식들을 가르치는 것이다.

(Law-Related Education Act, 1978)

또한 전미변호사협회(American Bar Association)는 법교육의 확산과 대중화를 위해 특별위원회를 설치하고 다양한 활동을 벌이고 있다. 이 협회는 법교육을 '법, 권력, 정의, 자유, 평등 등의 민주주의의 기본 개념들과 개념들 간의 관계를 가르치고 우리 사회가 필요로 하는 적극적 시민들을 길러내기 위해 지식, 기술, 가치를 전달하기 위해 노력하는 것'(ABA, 1995)으로 정의하고 있다.

대다수의 법교육자들은 법교육(Law-Related Education)의 의미를 '복잡하고 가변적인 현대 사회에서 법과 법적 쟁점에 대해서 효과적으로 대응하는데 필요한 기초 지식, 가치관과 태도 등을 개발할 기회를 제공하는 학습 경험'으로 보고 있다(Gelach & Lamprecht, 1975:4-5 ; 박성혁, 1998:59 재인용). 한국의 법교육 관련 교육자들도 이와 유사한 맥락에서 법교육의 성격을 파악하고 있다. 초·중등학교에서 학생들을 대상으로 하는 법교육은 학생들에게 복잡한 현대 사회에서 발생하는 다양한 법과 법적 쟁점에 효과적으로 대응하는데 필요한 기초적인 지식뿐만 아니라 태도, 가치관 등을 개발할 교육적 기회를 조직적으로 제공하여 긍정적인 법태도를 기르는 한편 공동체 생활에의 능동적인 참여를 유도하는데 근본적인 목적이 있다고 본다(이승종 외, 1992:409). 따라서 법교육은 통상 시민들에게 법적 지식들과 이해를 제공하여 시민들의 법적 사고력과 문제해결력을 촉진하고자 하는 교육적 의도로 이해될 수 있다. 그러나 이와 같은 논의들은 시민교육의 일반적인 목표들을 모두 망라하고 있을 뿐 아니라 능력의 측면을 강조하여 지식과 기능을 중시하는 법교육으로 이끌어 갈 우려가 있다. 앞서 법학 교육과의 차이점을 살펴본 것에서도 알 수 있듯이 법교육은 법적 생활을 영위하기 위한 전문적인 지식과 능력보다는 능동적 참여와 합의를 통해 공동체를 유지해 나가기 위한 법체계와 절차에 대한 긍정적인 태도와 가치를 내면화하여 습관화하는 것에 좀 더 무게 중심을 두고 있다. 따라서 지식, 능력 등의 습득을 통해 법교육이 궁극적으로 지향하는 바는 공동체 생활에 주인의식을 가지고 능동적으로 참여하며 합리적 과정을 통해 사회를 유지, 변화시켜나갈 수 있는 건전한 법의식을 내면화한 시민을 길러내는 것으로 봐야 할 것이다.

이러한 법교육의 목표에 대해서는 법교육 학자들도 일반적으로 동의하고 있지만 구체적으로 이를 실현하기 위한 법교육의 방법과 성격에 대해서는 여러 시각이 존재하고 있다. 법교육의 성격에 대해 접근하는 시각을 크게 나누어보자면 법에 대한 지식과 이해를 강조하는 시각과 법에 대한 태도와 활용 능력을 강조하는 시각으로 구분할 수 있다(최윤진 외, 1995:21-33).

우선 법교육을 법에 대한 지식과 이해를 증진시키는 것을 목적으로 하는 교육으로 이해하는 시각이 있다. 이 같은 시각은 교육하는 법지식이 무엇이냐에 따라서 나뉜다. 우선 법교육이 자유, 정의, 평등, 재산, 권력, 권위, 책임 등과 같은 기초 개념들을 가르쳐야 한다고 주장하는 입장이 있다. 다른 견해는 법교육에서 가르쳐야 하는 법지식은 생활법과 같은 생활규범이어야 한다는 것을 강조한다. 또 다른 견해로는 법적 절차나 법적 과정에 대한 참여와 관련된 지식을 강조하는 입장이 있다. 여기서는 법교육을 입법과정 및 사법절차에 시민들이 참여하는 방법을 가르치는 것으로 보고 있다.

한편 법교육을 법률적 분쟁에 대해 효과적으로 대처하는 능력과 태도를 기르는 교육으로 보는 시각도 있다. 법교육은 단순한 법지식을 전달하는 것이 아니라 사회적으로 빈번하게 발생하는 법률적 분쟁 혹은 사회 문제에 대해 효과적으로 대처하는 문제해결능력과 태도를 길러주는 것이라는 주장이다. 즉, 법교육을 통하여 학생들이 사회적 논쟁문제들에 적극적인 관심을 갖고 공정하고 비판적으로 사고하고 판단할 수 있는 능력을 신장할 수 있다는 점을 강조하고 있다(박성혁 외, 2005:15-17). 또한 법교육을 통해 법과 공동체에 대한 긍정적인 인식과 적극적 태도를 기르는 것으로 보는 입장도 있다. 공동체 유지를 위한 기반이 되는 법에 대해 정서적 지지와 참여의식을 길러주는 것이 법교육의 중요한 교육내용이 되어야 한다는 것이다.

이상에서 살펴 본 법적 지식을 강조하는 시각과 법적 태도를 강조하는 두 가지 시각은 대립되는 것이 아니라 서로 다른 강조점을 가지고 있다는 점에서 상호 보완하는 관계로 이해하는 것이 타당할 것이다(곽한영, 2007:55). 법적 태도와 활용능력을 기르기 위해서는 법적 지식과 소양이 필요하며 반대로 시민교육으로서의 목적이 없는 지식의 전달은 무의미한 생활상식 교육이 되어 버릴 것이기 때문이다. 따라서 법교육과 관련된 두 가지 시각은 법교육이 법적 지식과 소양을 익혀 문제를 해결할 수 있는 능력의 신장과 법의식의 향상이라는 목표를 지향하는 것으로 종합하여 이해될 수 있다.

Pereira(1988)는 법적사실과 지식을 전달하여 법적 소양, 문제해결능력, 건전한 법의식 향상 등을 목표로 하는 법교육의 중요성에 대하여 다음과 같이 밝히고 있다. 첫째, 법교육은 민주사회에서 교양 있고 책임감 있는 참여를 위해 필요한 지식, 기능, 태도 등을 전달함으로써 학생들이 자신의 권리와 책임에 대해 분명하게 알 수 있도록 한다. 또한 참여의식, 사고능력, 문제해결능력 등의 기능을 향상시켜 준다. 둘째, 적절한 법교육은 책임감 있는 시민의 태도를 향상시켜 비행동료들과 적게 어울리고, 갈등을 해결하기 위한 수단으로 폭력 사용을 자제하도록 한다. 또한 학생들이 당국에 범죄를 신고하는데 망설이지 않도록 한다. 셋째, 법교육은 주로 실생활의 문제를 다룬다. 따라서 법교육의 교수학습활동은 학생들과 다양한 상호작용 방법으로 진행된다. 이 같은 방법은 학생들의 학습 흥미를 증가시킨다. 넷째, 법적 지식들은 역사, 정치, 경제 등을 학습하는 데에도 도움이 된다.

따라서 법교육은 실용적인 법지식의 습득이나 법적 쟁점을 다루면서 해결책을 모색하는 학습과정을 통해 사회유지와 발전을 위해서 필요한 바람직한 가치와 법의식을 기르는 시민교육이라는 점에서 중요하다고 할 것이다.

## 2) 청소년 폭력문제에서 법교육의 역할

살펴본 바와 같이 청소년의 비행 문제 중 가장 중요하게 다뤄지는 유형 중 하나인 폭력 문제의 원인은 주로 심리학적 접근과 사회학적 접근으로 나눠진다. 이 두 가지 접근 모두 서로 다른 측면에서 청소년 폭력문제를 이해하는데 도움을 줬었다. 그러나 앞서 밝힌 바와 같이 실제로 청소년의 폭력은 두 가지 측면이 분리되어 나타나는 것이 아니라 밀접하게 상호작용을 하면서 발생하는 것이다.

즉, 개인이 가지고 있는 개별적인 심리적 특성은 사회환경과 맞물리면서 변화하게 되고, 이러한 의식 변화가 다시 사회적 상황에서의 폭력행위로 나타나며 이에 대한 사회의 반응이나 제재가 다시 개인의 변화로 이어지는 순환구조를 가지고 있는 것이다. 따라서 본 연구는 이 두 가지 양상을 모두 고려하여 '폭력에 관한 태도'에 대한 논의들을 하였다. 마찬가지로 청소년 폭력을 근본적으로 해결하기 위한 대책의 경우에도 개인의 심리적 차원과 사회적 차원의 논의를 아우를 수 있어야 할 것이다. 개인의 심리적 요인들만을 중심으로 하는 교육적 논의나 반대로 사회환경의 개선만을 주장하는 제도적 논의들은 문제의 한쪽 측면만을 강조한다는 점에서 한계를 가지고 있다. 각각의 측면에 대한 심도 있는 논의가 진행되는 것과 함께 두 측면을 통합적으로 다룰 수 있는 접근 방식에 대한 고민이 필요한 것이다.

이러한 접근 방식의 하나로 법교육이 고려될 수 있다. 법교육은 사회규범의 문제를 개인의 의식으로 내면화하려는 목표를 지니고 있다. 따라서 개인의 의식을 사회와 연결시키고 반대로 사회적 합의로 개인에게 전달하는 통로로서 역할을 할 수 있을 것이다(곽한영, 2007:39).

사회화의 과정에서 형성되고 변화하는 폭력에 관한 태도는 폭력에 대한 인지적·정서적·행동적 영역으로 구성되는 것으로 폭력행위의 상위 개념이다. 즉, 폭력에 관한 태도는 외부의 경험과 내부의 상호작용에서 비롯되는 내적 성향으로 폭력행동에 선행하는 심리적인 태도를 말한다. 따라서 폭력에 관한 태도는 개인적인 성향과 가치관의 문제이다. 이 같은 폭력에 관한 태도가 폭력에 대해서 긍정적이면 법위반에 대해서도 긍정적이며, 폭력에 관한 태도가 폭력에 대해서 부정적이면 법 위반에 대해서도 부정적이다. 하지만 폭력에 관한 태도가 폭력에 대해서 긍정적이라고 해서 반드시 폭력 행동으로 나타나는 것은 아니다. 일단 태도가 형성되었더라도 그것이 행동으로 이어지는 데는 많은 현실적인 변수들이 개입되기 때문이다. 따라서 일부 학자들은 '행동'과 '행동의도'를 분리하여 태도는 직접적으로 행동의도를 형성하는 역할을 한다고 주장하기도 한다(Fishbein & Ajzen, 1975). 하지만 이와 같은 주장은 계획적이거나 의도적인 행위를 설명하는 데는 적합하지만 습관적이고 충동적인 행동은 설명할 수 없다는 비판을 받기도 한다. 더구나 태도가 먼저 형성되고 행동이 뒤따른다는 일반적인 생각과 달리 실제로는 행동에 의해 태도를 지각하는 일도 많으므로 태도를 통한 행동의 결정 혹은 예측은 더욱 어려워지고 있다. 이 같은 행동예측의 어려움이 있지만 폭력에 대한 태도는 폭력의 전이를 설명할 수 있는 것으로 볼 수 있다. 최근 이지연과 오경자(2008)는 임상실험을 통해 폭력전이에 있어 분노조절과 폭력에 관한 태도가 중요한 역할을 담당한다는 것을 검증하였다. 따라서 폭력에 관한 태도는 여전히 행동을 결정하는데 있어 중요한 개념이라고 볼 수 있다.

폭력에 관한 태도는 폭력에 대한 상위 개념으로 폭력에 영향을 주는 요인이다. 불법 내지는 부당한 폭력은 법규범에 대한 태도와 불일치를 내포하고 있다고 볼 수 있다(김준호, 1992:30-33). 즉, 폭력에 대해 긍정적 태도는 대체로 법위반에 대한 우호적인 정의와 통한다고 볼 수 있으며 이는 불법 내지는 부당한 행동으로 이끌어가는 주요한 심성으로 평가될 수 있다. 차별접촉이론은 준법이 행동규칙으로 되어 있는 사람은 비행에 침전될 가능성이 극히 희박한 반면 법규범의 위반에 대해 긍정적일 경우에는 비행을 하게 될 가능성이 농후하다고 한다(김준호, 1997:51-53). 즉, 폭력에 대한 긍정적, 허용적 태도는 '법규범 위반의 태도'라는 점에서 폭력을 야기할 수 있다. 이 같은 점에서 폭력에 관한 태도는 넓은 의미의 법의식의 한 단면으로 볼 수 있다. 따라서 법에 대한 태도를 개선한다는 것은 청소년의 폭력에 관한 태도를 개선하는데 도움을 주게될 것이다.

법은 여러 가지 사회적 기능을 갖는다. 법인류학자인 Hoebel(1954)은 법의 기능을 네 가지 측면에서 논의하고 있다.

첫째, 법은 사회구성원들 간에 해야 할 일, 하지 말아야 할 일 그리고 적절한 행위 양식 등을 명확하게 규정하는 '관계설정(To define relationship)'의 기능을 한다. 둘째, 법은 강제적이고 물리적인 힘을 행사할 권위를 배분하는 '질서유지(The maintenance of order)'의 기능을 한다. 셋째, 법은 사회생활에서 일어난 여러 가지 사건들을 처리하고 불법행위를 억제하는 '분쟁해결(The disposition of trouble cases)'의 기능이 있다. 넷째, 법은 사회변동에 따라서 개인 및 집단 간의 '관계 재정립(To redefine relations)'이라는 기능을 한다. 법은 이렇게 사회의 유지와 발전을 위해 중요한 역할을 하게 된다.

그러나 법이 이러한 기능들을 성공적으로 수행하기 위해서는 사회구성원들이 법을 자발적으로 지키려고 하는 마음의 자세가 중요할 것이다. 이러한 '법에 대해 사람들이 가지고 있는 일반적인 마음의 자세나 정신'을 '법의식'이라고 통칭한다. 따라서 구성원들의 건전한 법의식은 민주사회에서 법의 실효성을 보장해주고, 시민들의 자발적 법질서 형성과 유지, 발전에 핵심적인 역할을 하는 중요한 요소이다. 이와 같은 법의식은 여러 연구자들의 논의를 통해 계속 발전하고 있다. 법의식이 무엇이냐에 대해서 Rehbinder(1984)는 인간이 법에 대하여 갖는 의식을 법의식이라고 하여 총괄적으로 제시하였으며, 임희섭(1994)은 법의식을 법의 타당성에 대한 인식으로 보았다. 한편 이수성(1984)은 법의식을 현저하게 법적인 현상에 대한 인지적, 평가적 및 감정적인 심리상황으로 보았으며, 곽한영(2007)은 법에 대해 사람들이 가지고 있는 마음의 자세나 정신으로 보았다. 이와 같은 법의식에 대한 논의는 사회심리학적 개념을 활용하여 상당히 진보된 형태로 발전되었다. 곽한영은 사회심리학적 개념을 적용한 법의식을 인지적·정서적·행동적 영역으로 구성하고 각각의 영역에 해당하는 내용들을 설명하고 있다. 그에 따르면 법의식의 인지적 영역에는 법적 지식, 법에 대한 인식, 법의 필요성에 대한 자각, 법적 추론 단계 등이 포함될 수 있으며 정서적 영역에는 법적 동일시감, 친근감, 신뢰감, 중화기제, 법위반에 대한 우호적 태도 등의 요소들이 포함될 수 있다. 또한 법적 효능감, 법 사용의사, 법적 관용성 등은 법의식의 행동적 요소들로 볼 수 있다(곽한영, 2007:73). 이와 같은 법의식을 함양하는 것은 청소년의 폭력을 포함한 문제행동의 근본적인 해결에 도움이 될 것이다.

특히 폭력에 선행하는 폭력에 관한 태도에 강한 영향을 주는 요인은 준법성이라 할 수 있다(연성진 외, 2008:18). 즉, 준법의식이 약할수록 폭력에 대한 태도가 호의적이다. 따라서 폭력에 대한 호의적인 태도를 개선하기 위해서 준법의식을 함양하고 자율적으로 법생활을 영위할 수 있는 교육적 방법이 필요하다. 이 같은 필요성에 대응할 수 있는 적절한 교육방법이 법교육이다. 건전한 법의식을 함양하는데 효과적인 법교육은 청소년의 폭력에 관한 태도를 긍정적으로 변화시킬 수 있는 적절한 대책이라 할 수 있을 것이다.

Hawkins(1992)는 비행청소년들의 문제를 해결하기 위해서는 사회적 유대(Social bondage)를 강화해야 한다고 주장하였다. 이를 위해서는 기회(Opportunties), 기술(Skills), 인정(Recognition)의 세 가지 요소가 필요하며 법교육은 이 세 가지 요소를 강화하는데 효과적인 교육방식이라고 주장했다. 기회(Opportunities)는 청소년들이 가정이나 학교 그리고 사회에 참여하고 기여하는 가운데 연대감을 가질 수 있는 기회를 부여받아야 한다는 것을 말한다. 기술(Skills)은 문제해결능력, 사회적 능력, 자율성을 의미한다. 인정(Recognition)은 능동적인 참여에 대한 칭찬과 같은 것이다.

Pereira(1996)는 청소년 폭력을 줄일 수 있는 개인적 자질을 제시하고 폭력예방교육으로서 법교육을 설명하고 있다. 그가 제시한 개인적 자질은 문제해결능력과 이성적 추론 기술들(Problem-solving and reasoning skills), 사회적 능력들(Social capacities), 합리성과 자율성(A productive sense of purpose, independence, and power)을 제시하고 있다. 첫째, 문제해결능력과 이성적 추론 기술들(Problem-solving and reasoning skills)이 있다면 폭력적인 상황을 피할 수 있을 것이다. 둘째, 사회적 능력(Social capacities)은 공감대, 효과적인 대화, 인간애, 비폭력적인 사람과 집단들에 대한 애착 등과 같은 기술, 태도, 지위를 포괄하는 것이다. 셋째, 합리성과 자율성(A productive sense of purpose, independence, and power)은 그들 자신에 대한 미래에 대해서 긍정적이고 목표가 있는 청소년들이 갈등을 비폭력적으로 해결하는 것을 의미한다.

또한 Pereira(1996)는 법교육이 청소년들의 지식, 기술, 타인에 대한 사랑과 같은 요소들을 발전시키도록 구성되었다고 하였다. 만약 청소년들이 이 같은 요소들을 자질로서 가진다면 생산적이고 책임감 있는 역할을 수행할 수 있기 때문에 폭력과 같은 행동은 하지 않을 것이라고 하였다. 또한 그는 법교육 프로그램들은 학생들이 다원적 민주주의 사회에서 건설적인 참여자로서 역할을 준비하도록 되어 있다고 하였다. 뿐만 아니라 법교육이 폭력을 줄일 수 있는 기술, 태도, 행동유형 들을 기르는 학습환경을 만들 수 있다고 하였다. 그는 법교육이 청소년의 폭력문제를 해결하기 위해서 구체적으로 어떻게 실천되는지에 대해서 다음과 같이 설명하고 있다.

첫째, 법교육은 학생들의 문제해결능력과 이성적 추론 기술들을 발달시키기 위해서 대법원 판례 분석, 사법경찰관의 역할놀이, 모의법정, 입법청문 등과 같은 풍부한 교육적 기회를 제공한다고 하였다. 또한 주의 깊은 관찰과 신중한 의사결정을 통해 다양한 답변을 할 수 있는 복잡한 질문들을 개발한다고 하였다. 둘째, 법교육은 학생들이 경찰관, 검사, 변호사, 기타 지역사회의 중요 인물들과의 상호작용 경험을 통해 사회적 능력을 기를 수 있도록 한다고 하였다. 셋째, 법교육은 학생들이 사법기관의 참관 학습 등을 통해서 사법의 목적과 사법의 절차 등을 이해할 수 있도록 한다고 하였다. 이와 같은 사법제도에 대한 이해는 사회질서 속에서 개인의 합리적인 자율적 행동을 강화시켜 줄 것이라고 하였다. 넷째, 법교육은 모든 학생들을 위한 것으로 어렵고 복잡한 학문적 기술이나 재능을 요구하는 것이 아니라고 하였다. 다섯째, 법교육은 현재 국가의 법규범에 바탕을 두고 폭력 없이 충돌과 갈등을 해결할 수 있는 다양한 방법들을 전달하고 있다고 하였다. 여섯째, 법교육은 학생들이 직접 경험할 수 있는 시사적인 문제들에 대해 조사와 토론 등을 통해 유의미한 학습참여기회를 가질 수 있도록 한다고 하였다. 일곱째, 인정(Recognition)은 법교육의 한 부분이라고 하였다. 법교육은 가족이나 선생님들, 자원봉사로 참여하는 경찰, 판사, 검사, 지역인사들이 학생들에게 유용한 제도와 그 시스템을 전달해준다고 하였다.

실제로 폭력예방으로서의 법교육의 효과는 미국에서 이미 입증된 바도 있다. 대표적인 것이 고등학생을 대상으로 하는 학교 단위의 정신건강 교육과정이었던 VPCA(Violence Prevention Curriculum for Adolescents)라는 것이다(최상진 외, 2003:34). 이 프로그램은 폭력관련 지식이나 규범에 관한 교육을 시도해서 성공한 사례로 평가받고 있다. 프린스 프로젝트(Project Prince)는 법교육을 통해 학생들의 비행을 줄이고 준법행동과 태도를 함양하기 위해 시행되었다. 이 프로젝트에 대한 평가에 따르면 법교육 수업을 받은 학생들은 법교육 수업을 받지 않은 학교의 다른 학생들보다 향상된 법의식을 보인 것으로 확인되었다(곽한영, 2007:41). 이 같이 법교육의 효과를 확인할 수 있는 프로그램들로 1976년부터 시행된 리갈 프로젝트(Project Legal)도 있다. 미국의 정부차원에서 전국적인 규모로 장시간에 걸쳐 시행된 '전미 법교육프로그램 평가 프로젝트(National Law-Related Education Evaluation Project, NLREEP)'이다. 이 프로그램은 청소년비행예방국(OJJDP)의 법교육프로그램의 지원을 받아 1979년부터 1984년까지 시행된 후 그 성과가 평가되었다. 이 프로그램에 대해 평가한 Hunter와 Davies(1984)의 보고에 의하면 법교육이 적절하게 시행될 경우 청소년들의 범죄행위와 규칙위반 행동을 현저히 감소시키는 것으로 나타났다. 이는 학생들의 법적 권위체와 학교활동에 대해 긍정적 법의식을 발전시켰다는 것을 확인한 것이다. 학생들의 긍정적인 법의식 변화는 폭력에 대하여 부정적인 태도를 취하는데 효과가 있을 것으로 예상된다. 또한 넥서스 프로젝트(Project NEXUS)에 대한 연구와 스트릿 로(Street Law) 과정에 대한 연구에서도 학생들에게 긍정적인 영향을 준 것으로 평가를 받는다.

건전한 준법의식과 바람직한 사회적 태도를 함양하는데 효과가 입증된 법교육은 청소년 폭력예방프로그램으로서 많이 활용되고 있다. 몇 가지만 예를 든다면, 켄터키(Kentucky) 주의 최고법원에서는 1990년부터 실시하였으며, 시민교육센터(The Center for Civic Education)에서는 1999년부터 폭력예방교육으로서 법교육을 활용하고 있다. 또한 청소년비행예방국(OJJDP)에서는 학교폭력예방프로그램(School Violence Prevention Demonstration Program)으로서 법교육을 활용하고 있다. 대표적으로 청소년비행예방국(OJJDP)에서 했던 유명한 프로그램은 1995년부터 시행된 'Youth Summits'이다. 이 프로그램은 미국의 ABA에 의해 1995년부터 2000년까지 온라인으로 시행되기도 하였다.

법교육은 청소년들의 사회적 유대와 능력들을 향상시키고 건전한 법의식을 함양하여 폭력에 관한 태도를 긍정적으로 변화시킬 것으로 예상된다. 본 연구는 실제로 법교육이 폭력에 관한 태도를 어떻게 변화시킬 것인지에 대해 살펴보게 될 것이다.

# 3. 선행연구 검토

이 절에서는 본 연구의 목적을 달성하기 위해 청소년의 폭력 원인과 그 대책에 대한 것에 대한 선행연구들을 살펴볼 것이다. 본 연구는 청소년 폭력의 근본적인 원인과 그 해결책으로 법교육의 효과를 살펴보는 것을 목적으로 한다. 이 같은 목적을 달성하기 위해 청소년의 폭력에 관한 태도에 영향을 미치는 원인은 무엇인지, 청소년의 폭력에 대한 해결책으로 어떤 방안들이 있었는지를 검토한 후에 본 연구의 분석틀을 마련해 보고자 한다.

청소년 폭력행동의 요인들을 살펴보는 것은 어려운 일이다. 이는 폭력에 영향을 미치는 요인들이 너무도 다양하게 거론되기 때문이다. 다수의 선행연구들에서 제시하고 있는 청소년 폭력의 주요 요인들은 심리적 요인, 연령과 성별, 가정적 요인, 또래관계, 교사의 체벌적 훈육, 학교폭력, 학교성적, 대중매체, 사이버 공간, 폭력에 관한 태도 등이다.

심리적 요인에 따르면 폭력행동의 원인은 청소년들의 공격적 성격장애이다. 공격적 성향이 강한 청소년들은 사회질서나 규범을 고려하지 않고 자기중심적이고 감정적으로 행동하는 경우가 많으며 정서불안의 특성을 보인다. 청소년들은 정서적으로 불안해서 욕구가 충족되지 못하면 욕구불만과 좌절에 빠져들어 학교생활에 대해 의욕상실을 느끼고 충동적으로 행동한다는 것이다. 송명자(1998)는 학교폭력은 일반청소년에 비해 무력감과 단절태도, 누적된 공격성, 자기 통제력의 결여에서 온다고 설명하였고, 민유기(2000)도 내·외적 과도기에 있는 청소년들은 혼란스러운 가치관 또는 미숙한 대응방식 때문에 좌절, 욕구 불만 등의 부적응으로 인해 직접적인 공격이나 폭력으로 표출된다는 것을 밝혔다. 즉, 청소년 폭력을 심리적 요인에 의한 것으로 보고 있는 선행연구들은 공격성을 청소년 폭력의 요인으로 들고 있다[4].

또한 심리적 요인으로 들고 있는 것은 청소년들의 공감(Empathy)의 능력이다. 공감(Empathy)의 능력은 타인의 감정과 심리상태 혹은 경험을 자신의 경험처럼 느끼는 것을 말하는데, 이것은 다른 사람의 내적 경험을 그 순간에 함께 느끼고 인지하는 능력에 기초를 두는 정신 내적 현상이다. 타인의 감정에 공감하는 능력은 인간관계 형성의 기초가 되고 대인관계를 발전시키며 특히 상대방의 문제를 소유한 경우에 상대방을 도와주도록 기능하기 때문에 갈등해소에 유용하다. Rotenberg(1974)는 비행청소년들이 인지적인 역할수용(Cognitive role taking)에서 부족하지 않으나 정서적인 공감 면에서는 의미 있게 낮은 수준을 보인다고 하였다(김혜진, 2002:19 재인용). 이희경(2001)은 학교폭력의 한 유형인 집단따돌림에 관한 연구에서 공감수준이 낮은 사람들은 타인의 의견에 쉽게 동조하여 따돌림 시키는 아이를 지지하며, 공감수준이 높은 쪽은 따돌림을 당한 아이를 지지한다고 주장하였다. 공감은 학교폭력의 피해자와 가해자 모두에게 공감능력의 부족이 큰 특징으로 나타났다. Feshbach (1983)도 공감적 반응은 공격적인 행동을 억제할 수 있다고 주장하

---

4) 도기봉(1999). "학교폭력실태와 대처방안에 관한 연구", 대구대학교 대학원 석사학위논문, 정지민 (1998). "학교폭력 피해-가해유형에 따른 청소년의 학교적응 및 공격성에 관한 연구", 숙명여자대학교 대학원 석사학위논문, 박기민(2000). "우리나라 학교폭력에 관한 연구", 경희대학교 행정대학원 석사학위논문, 이은미(2000). "청소년 학교폭력의 요인 연구", 가톨릭대학교 사회복지대학원 석사학위논문.

였다(김혜진, 2002:19 재인용).

연령과 학년이 청소년폭력에 미치는 영향을 살펴본 연구에 따르면, 학교폭력이나 괴롭힘 경험 비율은 연령과 학년이 증가함에 따라 감소하는 경향을 보인다고 하였다(김영순, 2006:16). 하지만 Olweus (1994)에 따르면, 연령이 증가할수록 사회적 고립이나 따돌림과 같은 교묘한 방법의 괴롭힘은 더욱 증가한다고 하였다.

성별 요인을 분석한 연구들에 따르면, 여학생보다 남학생의 폭력 행동이 많이 발생한다고 하였다. 오형만(2001)의 연구에 따르면 학교폭력의 65%가 남학생에 의해, 15%가 여학생에 의해, 19%가 남녀 공동으로 가해진다고 하였다. 이 연구결과에 따르면, 여자들보다는 남자 사이에서 학교폭력이 많이 발생한다. 또 남자가해학생들이 여자가해학생들보다 신체적 상해를 입힐 확률이 높으며, 여학생들은 언어적 폭력이나 정신적 폭력 등의 비율이 높은 것으로 나타났다. 하지만 청소년폭력예방재단(2010)의 조사에 따르면, 남학생과 여학생의 폭력행동이 크게 차이가 나지 않는 것으로 나타났다.

청소년 폭력에 대한 가정적 접근을 잘 표현하는 말로는 '문제학생은 문제 가정에서 나온다.'는 것이다. 가정은 사회의 가장 기본적인 공동체로서 아동의 성장을 1차적으로 담당하는 주요 기관이다. 따라서 가정은 아동의 인격발달에 중요한 의미를 지니고 있다.

이 같은 가정적 요인에 관한 선행연구들은 부모의 양육태도, 가족구조의 결손, 가정 내의 폭력 등을 다루고 있었다. Farrigton(1978)은 강압적인 부모의 양육을 받은 청소년들이 14세에 난폭한 행동을 저지르는데 8~10세 때 보인 공격성향과 밀접한 관련이 있음을 밝혀 아동기의 경험이 청소년기에 비행청소년이 될 가능성이 높음을 증명하였다. Olweus(1980)는 어머니의 무관심, 냉대, 폭력에 대한 허용적인 태도, 체벌, 협박, 분노표출을 보이는 훈육방법 등이 자녀의 폭력행동을 촉발하는 주요인이 될 수 있다고 지적하였다. 김경숙(2000)도 부모의 양육태도에 있어서 일반집단에 비해 집단따돌림 가해집단이 아버지의 거부적 양육태도와 지배적 양육태도를 부정적으로 인식한다고 밝혔다. 또한 Kinard(1980)는 부모로부터 학대를 받은 자녀의 경우에는 친구관계에서 공격성이 학대를 받지 않은 아동보다 높다고 하였다. 김준호(1992)는 부모의 일관성 없는 처벌적 양육태도가 자녀의 폭력에 대한 태도의 형성에 영향을 미친다고 설명하였다. Nashiyama(1996)는 이지메의 가해학생과 피해학생들이 문제가정의 자녀라는 점을 강조하였다. 그러나 김준호(1997)의 연구에 의하면 부모의 결손과 같은 가족의 구조적 배경은 학교폭력의 피해자와 가해자 모두에게 뚜렷한 상관성을 보여주지 않는다고 한다. 빈곤가정은 가정의 기능적 결손으로 볼 수 있다. 다수의 사회학자들은 빈곤가정일 경우, 그 자녀가 비행을 저지를 가능성이 높다고 지적한다. 하지만 청소년 폭력의 경우 반드시 밀접한 관련성이 있는 것으로 보기 어렵다. 이금주(2002)는 빈곤가정이나 가족 결손 자체가 비행의 필요적 조건은 되지만 절대적 조건이 아님을 밝히고 있다.

가정 내의 불화와 갈등은 가족 구성원들 모두에 나쁜 영향을 미치게 되는데 그 중에서도 특히 부모 간의 갈등은 자녀의 성격형성과 행동에 결정적 영향을 끼친다(서미경, 2007:18). 가정폭력을 목격한 자녀는 다양한 신체적인 문제 및 심리적 사회적 적응에 어려움을 나타내는데 두통, 복통, 천식, 위궤양, 말더듬, 야뇨증, 불면증, 우울증, 자살소동, 정신병, 공포, 수면거부 등 심리적 증상과 등교

거부, 성적저하, 공격적·파괴적 행동, 폭행 등 행동장애가 두드러지게 나타난다(Markward, 1997). 또한 부부 간 폭행을 경험한 청소년들의 경우 부부 간 폭행을 경험할 확률이 높고, 자라서 부부 간 폭력의 가해자가 될 확률이 높다(김정옥 외, 1999:10-11). 따라서 부부 간 폭력을 목격하거나 양육과정에서의 청소년의 폭력경험은 청소년기의 폭력과 관련성이 높다고 할 것이다(Jaffe & Wolfe, 1991).

자아정체감이 형성되는 아동기와 청소년기에는 건전하고 바람직한 성장에 도움을 줄 수 있는 또래관계가 중요하다. 현재 청소년들의 상황은 학교에서 또래들과 보내는 시간이 많은 만큼 또래의 영향이 커지는 중요한 시기이다. 청소년기에 친구집단은 신뢰와 친밀감을 형성하는 것으로 청소년 개인에게 강력한 동조 압력이나 높은 집단 정체성을 행사한다. 만약 친구집단의 가치규범이 잘못 설정될 경우 높은 비행과 접촉하게 하는 통로가 될 수 있다. 이은미(2000)는 비행친구와의 접촉을 통해 폭력에 대한 가치와 태도를 형성하여 또래들과의 음주경험 여부가 폭력행동과 관련이 있다고 하였다. 김준호(1997)는 가정에서의 체벌이 아동에게 미치는 의미가 교육현장인 학교에서도 동일하게 적용될 수 있음을 지적하였다. 즉 부모의 경우와 마찬가지로 교사에 의해 이루어지는 폭력적 훈육은 문제해결에 있어 폭력이 효과적인 방법임을 학습시키는 중요한 모델이 되는 것이라고 볼 수 있다.

유선희(2003)는 청소년들이 학교성적이 낮을 때 학교생활에 대한 적응도도 낮아 그 결과 학교생활에 대한 흥미를 잃고 소외되며 비슷한 입장에 있는 학생들과 어울리면서 폭력 등의 비행을 저지르게 된다고 하였다. 이는 학업성적에서의 실패가 학교에서의 부적응을 가져오고 학교에서의 성적은 폭력과 상당히 강한 관계를 가지고 있음을 의미한다고 할 것이다. 또한 김준호·김선애(1999)의 연구에서도 청소년들이 학교성적이 낮을수록 가해를 하기 쉽다고 하였다.

청소년과 가장 밀접한 사회적 환경으로는 대중매체를 들 수 있다. 최근의 대중매체는 전파뿐만 아니라 인터넷을 통해서 청소년들에게 전달되고 있다. 폭력적인 대중매체에 과다 노출된 청소년은 실제 생활에서 일어나는 폭력에 대한 반응을 둔화시키며 분노상태에서 폭력을 행사하려는 동기를 조장하여 공격행동을 야기할 수 있다(표갑수, 1998:40-43). 최근 대중매체는 상업주의와 결합되어 흥미나 쾌락 등의 감정을 유발하기 쉽다. 이와 같이 상업주의적 폭력이나 쾌락이 여과 없이 청소년들에게 수용되어 청소년 폭력행동에 영향을 주게 된다. 최자은(1998) 연구에서도 청소년의 폭력이 대중매체로부터 영향을 받을 수 있음을 밝히고 있다.

사이버 공간의 경우도 폭력행동의 유발요인이 됨을 밝히는 선행연구들이 있다. 문태화(2000)에 따르면 청소년들이 컴퓨터를 이용하여 폭력적인 사이트에 접촉함으로 폭력에 대해 둔감해진다는 점을 지적하고 있다. 이성식(2005)은 사이버 공간이 가지고 있는 익명성이 청소년의 언어폭력에 영향을 미친다고 하였다. 한편 장윤지(2005)는 학교폭력 가해집단의 경우 인터넷 중독수준이 높게 나타났다고 하였다.

한편 폭력행동과 폭력태도의 관계를 직접 다루고 있는 선행연구들은 많지 않았다. 최자은(1997)은 '폭력'과 '폭력태도'가 사회학습을 통해서 형성된다는 점을 제시하였다. 그리고 가정, 학교, 친구집단, 대중매체를 통한 폭력의 학습을 분석하고 있다. 분석한 결과 청소년이 부모, 교사, 친구집단, 대중매체를 통해 폭력을 경험한 정도가 높을수록 폭력에 대해 긍정적인 태도를 지닌다고 하였다. 서애경(2007)도 교사에 의한 언어적 피해, 가정에서의 신체적 피해, 대중매체의 폭력장면 등이 폭력태도에 의미 있는 영향을 주는 것으로 설명하고 있다. 구체적으로 살펴보면, 가정에서의 언어적 폭력이 폭력태도와 깊은 관계가 있는 것으로 나타났으며, 교사에 의한 언어적 폭력이 폭력태도에 유의미한 영향을 준다고 하였다. 또한 친구에 의한 언어적 폭력과 대중매체의 폭력장면이 폭력태도에 유의미한 영향을 준다고 하였다. 또한 문태화(2000)는 폭력사이트의 접촉경험이, 장윤지(2005)는 인터넷 중독이 폭력적인 태도에 영향을 미칠 수 있음을 제시하고 있다. 이와 같이 폭력태도에 대해 어떤 요인들이 영향을 미치는지에 대한 연구들의 결과를 살펴보면, 폭력에 대해 어떤 요인들이 영향을 미치는지에 대한 연구들과 큰 차이가 없다. 이는 폭력과 폭력태도가 동일하게 사회적으로 학습되는 것으로 취급되고 있다는 점 때문으로 볼 수 있다. 따라서 본 연구에서는 선행연구를 참고함과 동시에 청소년들의 생활 맥락을 고려해서 폭력에 관한 태도에 어떤 요인들이 영향을 미치는지를 제시할 것이다.

청소년의 폭력에 관한 태도는 사회적 학습을 통해 형성되는 내적인 특성으로 폭력에 영향을 미치는 중요한 심리적 변수로 폭력에 대한 경험들로부터 많은 영향을 받는 것으로 볼 수 있다. 즉, 폭력의 학습 및 상호작용에 의한 사회화의 과정이 폭력에 관한 태도에 영향을 주는 것이다. 청소년들이 경험하는 폭력은 생활세계에서 아주 다양하게 존재한다. 이 같은 점을 고려하여 폭력에 관한 태도에 영향을 미치는 요인들을 연구한 선행연구들을 살펴보고자 한다.

현대사회에서 가정은 핵가족화와 맞벌이, 가족해체 등으로 인해 중요한 교육적 역할을 하지 못하고 있지만 여전히 아동과 청소년의 성장과정에서 많은 영향을 미치는 사회적 기제이다. 따라서 가정 요인들은 청소년의 폭력에 관한 태도에 영향을 줄 것으로 예상된다.

가정 요인들에 포함되는 구체적인 요인들은 부모의 양육태도, 가족구조, 소득수준 등이다. 이 중 가장 중요한 요인은 부모의 양육태도이다. 가정의 사회화 과정에서 폭행이나 학대를 경험한 아동의 경우 다른 아동에 비해 공감능력이 부족하며 충동적으로 행동하고 비합리적인 신념을 갖고 있으며 또한 반사회적 행위를 표출하는 경향이 많다(김준호, 1995:30). 부모의 적절하지 못한 훈육은 자녀의 문제행동을 통제하지 못하고 오히려 촉진하게 되는데 그 이유는 여러 가지가 있다. 첫째, 처벌은 공격적인 행동의 모델이 될 수 있는 것으로 자녀는 부모의 행동을 모방함으로써 이를 학습할 가능성이 있다. 실제로 공격적인 아동의 부모는 일관성 없이 심하게 자녀를 자주 처벌하며 부부 간의 싸움이 잦고 폭력에 관련된 범죄를 지은 경우가 많다는 연구결과들이 있다(이재순, 1999:22). 그리고 Gelles와 Straus (1979)는 가정을 중심으로 체벌이 폭력의 사회화에서 지니는 의미와 효과에 대해 분석하였는데 분석 결과 가정은 폭력을 훈련시키는 장으로서 부모가 적절한 양육태도나 부부로서의 역할을 보여주지 못하면 그러한 모습들이 자녀에게 적용될 가능성이 높으며 또 다른 폭력을 조장하거나 촉진시키는 기제로서 작용한다고 하였다. 즉, 부모가 자녀에게 신체적 처벌을 사용하거나 부부가 서로에게 신체적 힘을 사용할 때 자녀들은 이를 경험, 관찰하는 등 폭력의 사회화 과정을 거치게 된다는 것이다. 이 같은 폭력의 사회화 결과로는 다음과 같은 것들이 있다(김준호, 1997:30-31). 첫째, 자녀는 사랑과 폭력을 같은 범주 안에 넣고 연결시킴으로써 자기를 사랑하는 사람들은 자신을 때릴 수 있다고 생각하게 된다. 둘째, 자녀는 어떤 경우에는 폭력이 사용될 수 있고 혹은 폭력을 사용해야만 한다고 생각할 수 있다. 셋째, 이러한 생각은 자녀의 성격이나 세계관에 작용하여 결국 자녀는 어린 시절의 신체적 처벌의 경험을 통해 모든 형태의 폭력을 정당화하는 규범을 갖게 된다. 앞서 살펴본 바와 같이 가족구조의 결손과 학교폭력의 관계에 대해서는 상반되는 의견들이 존재하였다.

현대에 와서는 가정이 담당하였던 사회화의 기능이 학교로 많이 이전되었다. 청소년들은 많은 시간을 학교에서 보내면서 필요한 지식과 기능을 습득하기 때문에 오늘날의 학교는 청소년의 중심적인 생활의 장이 되었고, 청소년들이 학교에서 경험하는 내용은 청소년의 성장과 발달에 있어서 중요한 역할을 수행한다. 이같이 중요한 역할을 수행하는 학교에서 청소년에게 직접적인 영향을 끼치는 역할모델은 교사일 것이다. 따라서 교사의 훈육적인 태도 특히 처벌에 관련된 부분은 청소년의 폭력의 학습에 많은 영향을 끼치게 될 것이다. 가정 내의 체벌이 폭력의 사회화에 중요한 의미를 지니고 있는 것처럼 교육현장인 학교에도 마찬가지로 적용될 수 있을 것이다(김준호, 1997:185). 즉, 교사에 의해 이루어지는 폭력적 훈육은 의도하지 않았다고 하더라도 중요한 모델이 되는 것이다. 다시 말하면, 교사에 의해 사용되는 폭력적인 처벌은 청소년들을 폭력적으로 훈련시키는데 중요한 바탕이 되고 이는 다시 폭력사용을 정당화하는 인성 및 태도를 확립하도록 할 것이다. 또한 체벌을 받은 학생의 경우 불안, 공포, 불쾌 등의 정서적 반응이 나타날 수 있을 뿐 아니라, 표면적으로는 순종하지만 내면적으로는 적개심이나 증오심을 갖게 된다(황응연, 1974:45). 이 같은 적개심은 오히려 학생들의 폭력을 부추기는 결과를 야기할 수 있다. 학교에서 경험하는 또 다른 폭력은 학생 간의 폭력, 학교기물파괴, 폭력상황을 관찰하는 경우가 포함될 것이다. 이 같은 폭력현상도 학생들의 폭력에 관한 태도에 영향을 미치는 중요한 폭력경험이 될 것이다.

청소년기에 또래집단은 청소년 개인에게 가장 영향력이 있는 집단이다. 청소년의 비행은 주로 친구들과 함께 저질러지고, 비행을 경험한 청소년은 그렇지 않은 청소년에 비해 비행에 대해 호의적인 감정을 가지게 된다고 한다(김준호, 1993:11). 따라서 비행을 하는 친구들을 가진 청소년 역시 비행경험을 하게 된다는 결론을 도출할 수 있을 것이다. 이 같은 결론은 또래집단에서 비행에 필요한 기술과 가치관을 습득하는 사회화 과정을 거치게 된다는 것을 의미한다.

Craven(1997)의 연구에 따르면 비행친구와의 연대가 비행에 선행하게 되는데 이는 비행의 기술과 가치관을 습득하는 사회화 과정의 중요성을 보여주고 있는 것이라고 할 수 있다. 또한 또래집단에서는 집단 동조압력이 문제가 될 수 있다(송명자, 1995:26). 청소년기에 바람직한 가치규범에 동조하는 것은 긍정적인 가치를 마련하는데 도움을 주지만 집단의 바람직하지 못한 규범에 동조할 때는 문제행동을 유발할 수 있다는 것이다. 즉, 집단의 가치규범이 잘못 설정될 경우 높은 집단 정체성과 동조압력은 비행집단을 형성하는 가장 빠른 통로가 될 수 있다. 이와 같은 측면에서 본다면 한 집단 내에서 폭력이 하나의 문화 양식이 된 경우 청소년의 폭력에 관한 태도는 부정적인 형태로 존재한다고 할 것이다. 청소년들은 이 같은 문화양식에 동조하면서 폭력에 관한 태도가 발전 및 강화될 수 있다.

현재 청소년 문화에 가장 큰 영향을 주는 요소는 대중매체이다. 대중매체의 폭력 학습효과에 대해서는 이미 많은 논의가 있어 왔고 그 영향력에 대해서도 대체적으로 입증되었다. 대중매체를 통해 이루어지는 사회적 학습은 대중매체에서 제시하는 모델로부터의 모방, 동일시, 역할학습을 통해서 이뤄진다.

Blake와 Haroldsn(1975)은 TV가 이전에 가정이 담당했던 기능을 대신하면서 아동들이 대중매체를 통해 모방, 시행착오 등을 거치며 사회화된다고 했다. 사회학습이론에서는 대중매체의 폭력이나 부적절한 가치가 사회적 학습과정을 통해 모방학습 또는 충동, 유발된다고 설명하고 있는데 대중매체에 의한 폭력행동의 학습은 Liebert와 Baron(1972)의 연구결과와 Parke(1977)의 연구에서도 나타났다. 폭력영화를 본 아동들이 운동경기 장면을 본 아동들보다 더 많은 폭력행동을 보였으며, 폭력영화의 효과에 대한 연구도 같은 결과를 보여주고 있다. 이와 같은 연구결과는 사회학습이론에 근거하여 볼 때 관찰된 행위가 관찰자들에게 그와 유사한 상황에 처할 경우 어떤 행동이 적절한 행동인지를 가르쳐 준다고 볼 수 있음을 보여준다. 또한 대중매체의 폭력물은 청소년들에게 폭력기술을 제공하고, 폭력을 정당화시키는 역할을 하며, 폭력을 증가시키고, 폭력에 대한 감각을 무디게 만든다. 따라서 대중매체의 폭력물이 청소년의 폭력에 관한 태도에 영향을 미친다는 점을 쉽게 파악할 수 있다.

컴퓨터의 발달로 인한 빠른 변화의 물결은 모든 인류의 생활 문화 전반에 걸쳐 지대한 영향을 주었는데 특히 감수성이 예민한 청소년기의 활동양식, 사고방식, 가치관, 청소년문화 등에 놀라운 변화를 가져오고 있다. 현재 사이버 공간은 청소년들에게 중요한 공간적 의미를 지닌다. 청소년들에게 사이버 공간은 의사소통과 정보교환의 새로운 공간으로, 이들은 다른 세대에 비해 그 이용률이 높고 이용 능력도 비교적 뛰어나다고 할 수 있다. 그러나 사이버 공간의 기술적 발전이 비약적인 속도로 이루어지는데 반해 이를 사용하는 청소년들의 성장은 느린 속도로 이루어지는 것 같다. 빠르고 광범위한 정보의 교환과 세계화로 인한 넓은 시야 등 사이버 공간이 가져다 준 많은 긍정적인 측면 반대편에는 여러 가지 사이버 공간의 한계점이 있다. 즉, 다른 사람을 배려하거나 관대함을 베풀기보다는 자신만을 생각하는 이기주의의 팽배, 책을 뒤지는 대신 컴퓨터에 앉아서 간단히 자료만 뽑을 수 있는 편리성으로 인한 사고능력의 저하, 인터넷 중독증, 사이버 폭력, 성과 관련된 유해정보 문제 등 여러 부작용도 속출하고 있다. 이 같은 역기능들 중 하나가 사이버폭력의 문제이다. 정보통신윤리위원회(2005)는 '사이버폭력은 정보통신망을 통해 부호, 문언, 음향, 화상 등을 이용하여 타인의 명예 또는 권익을 침해하는 행위이다.'고 정의하였다. 정보통신위원회(2005)가 제시한 사이버 폭력의 종류는 다섯 가지로 분류할 수 있다. 언어폭력, 명예훼손, 사이버스토킹, 사이버성폭력, 사이버음란물 등이다. 이 같은 사이버 공간에서의 폭력경험은 청소년들의 폭력에 관한 태도에 영향을 주는 주요 요인이다. 정윤실(1998)

에 따르게 되면 전자오락과 청소년의 공격성에 관한 연구에서 전자오락을 많이 하는 집단은 적게 하는 집단에 비해 유의미하게 높은 공격적인 태도를 보였다고 밝히고 있다. 또한 문태화(2000)는 폭력사이트의 접촉경험이, 장윤지(2005)는 인터넷 중독이 폭력적인 태도에 영향을 미칠 수 있음을 제시하고 있다.

지금까지 살펴본 바와 같이 청소년의 폭력과 폭력태도에 영향을 미치는 요인들은 광범위할 뿐만 아니라 매우 다양하다. 본 연구는 폭력에 영향을 미치는 요인과 폭력에 관한 태도에 영향을 미치는 요인들을 설명하고 있는 선행연구들을 종합적으로 정리하여 청소년의 폭력에 관한 태도에 영향을 미치는 요인들을 제시해 보고자 한다.

폭력에 관한 태도는 폭력과 마찬가지로 사회적 학습에 의해서 형성되는 것으로 보고 있음을 앞서 확인하였다. 따라서 폭력에 영향을 미치는 요인과 폭력에 관한 태도에 영향을 미치는 요인은 겹치게 된다. 예를 들어 가정양육태도는 폭력뿐만 아니라 폭력에 관한 태도에 영향을 모두 줄 수 있다. 다만 가정양육태도와 폭력의 관계수준과 가정양육태도와 폭력에 관한 태도의 관계수준은 차이가 있을 것이다. 최자은(1998) 등의 선행연구에서도 본 연구와 유사한 입장을 취하고 있다.

따라서 본 연구는 폭력에 영향을 미치는 요인과 폭력에 관한 태도에 영향을 미치는 요인들을 제시한 선행연구들을 토대로 해서 '청소년의 폭력에 관한 태도'에 영향을 미치는 요인들을 정리할 것이다. 다만 선험적인 공격성은 폭력에 관한 태도에 영향을 미치는 요인에 포함될 수 없다. 선험적인 공격성은 실증적으로 확인하기 어려울 뿐만 아니라 폭력에 관한 태도는 선험적인 것이 아니라 학습을 통해서 형성되는 것이라는 본 연구의 주장과도 부합하지 않는다.

이상의 논의를 토대로 선행연구에서 제시하고 있는 청소년의 폭력에 관한 태도에 영향을 주는 요인들을 정리해 보면, 가정양육태도, 학교폭력경험, 또래집단 폭력성, 대중매체 폭력경험, 사이버 폭력경험, 연령, 성별, 학교성적, 가정형편, 가족구조 등이다. 이렇게 나열한 요인들 중 가족구조, 가정형편과 관련해서는 논란이 있다. 따라서 가족구조와 가정형편을 제외한 나머지 요인들이 청소년의 폭력태도에 어떤 영향을 미치는지를 살펴보게 될 것이다.

폭력과 관련되는 다양한 사회적 경험들로부터 영향을 받는 청소년의 폭력에 관한 태도를 어떻게 개선할 것인가? 청소년의 폭력에 대한 대책에 관한 선행연구들은 대체로 청소년 폭력의 원인들을 근거로 대책들을 제시하고 있다.

우선 폭력문제 원인을 개인적인 것으로 접근하는 관점들의 경우에는 청소년 폭력의 개인적 특징을 공격성, 공감 능력의 부족 등으로 보았다. 개인적 특징을 공격성으로 보는 시각에서는 분노조절훈련,[5] 심성계발훈련[6] 등을 제시하고 있다. 한편 공감의 부족으로 보는 시각에서는 청소년들에게 사회기술훈련이나 공감훈련을 제공해야 한다고 주장하였다(김혜진, 2002:19).

청소년 폭력의 환경적 요인에 초점을 맞추고 있는 입장에서는

---

5) 임태숙(1992). "분노통제훈련이 비행청소년의 분노 및 공격성 감소에 미치는 효과", 계명대학교 교육대학원 석사학위논문, 강신덕(1997). "비행청소년 분노조절 교육프로그램 개발 및 효과연구", 서울대학교 대학원 박사학위논문, 김성혜(1999). "분노조절 프로그램이 청소년의 공격성 감소에 미치는 효과", 계명대학교 대학원 석사학위논문, 임소영(2000). "비행청소년을 위한 분노조절 프로그램의 효과성 연구", 연세대학교 대학원 석사학위논문.

6) 김희순(2000). "심성계발훈련이 폭력학생의 자아개념 및 공격성 변화에 미치는 영향", 강원대학교 교육대학원 석사학위논문, 김주섭(2000). "문제해결기술과 심성수련훈련의 효과비교", 연세대학교 대학원 석사학위논문.

외부적인 현상적 문제들을 우려하고 분석하면서 폭력을 통제하기 위한 제도마련에 초점을 맞추고 있다. 이 같은 경향은 최근 교육과학기술부(2010)에서 발표한 '학교폭력 예방 및 대책 5개년 기본 계획'에 잘 나타나 있다.

〈표 8〉학교폭력 예방 정책 과제 및 주요 추진 내용

| 학교폭력 예방 정책 과제 | 주요 추진 내용 |
|---|---|
| 학교 폭력 안전 인프라 확충 | ◦ 학생보호 인프라 확충<br>◦ 조기 발견 및 신고체제 강화<br>◦ 지역사회 연계망 구축 |
| 맞춤형 예방교육 강화 | ◦ 학교급별 맞춤형 예방교육<br>◦ 전 교원의 대응역량 강화<br>◦ 학교폭력 추세에 맞춘 선제대응<br>◦ 가정의 예방기능 강화 |
| 단위학교의 대응능력 및 책무성 제고 | ◦ 학교폭력대책자치위원회 활성화<br>◦ 학교상담망 확충<br>◦ 자치위원회 심의·조정 역량 강화<br>◦ 정보공시 상세화 등 단위학교 책무성 제고 |
| 가해자 선도·피해자 치유 시스템 질 제고 | ◦ 전문 진단·상담 시스템 구축<br>◦ 고위험 가해학생 통합적 위기관리<br>◦ 피해학생 보호·지원체제 구축<br>◦ 선도·치유 기관 확충과 특성화 |
| 존중과 배려의 학교문화 조성 | ◦ 규칙과 질서 존중 학교 시스템 구축<br>◦ 배려와 나눔의 인성교육 강화<br>◦ 언어폭력 없는 학교문화 조성<br>◦ 또래상담 기능 강화 |
| 지역사회와 함께하는 학교안전망 구축 | ◦ 지역단위 대응역량 강화<br>◦ 범사회적 폭력근절 문화 조성<br>◦ 청소년 유해환경 정화 |

* 교육과학기술부, 2010

청소년 폭력을 해결하기 위한 개인적 접근은 환경을 고려하지 않는 대책을 제시한다는 점, 환경적 접근은 개인의 생각과 마음을 고려하지 않고 외부적인 통제와 억제를 강조한다는 점 등에서 해결책으로서 한계가 있다. 폭력의 원인에 대한 접근이 개인적 요인과 환경적 요인을 모두 고려할 수 있는 것이어야 한다면 폭력에 대한 해결책의 접근도 마찬가지일 것이다. 이미 앞서 밝힌 바와 같이 개인과 사회를 연계하여 청소년 폭력문제를 해결할 수 있는 적절한 대책은 법교육이었다. 이 같이 법교육을 강화하자는 입장은 청소년의 법의식을 개선하여 폭력을 포함하는 비행행동을 개선해 보자는 것이다. 이 같은 입장은 청소년의 법의식의 부족과 미발달을 비행의 원인으로 본다. 따라서 이 입장에서 도덕교육이나 법교육의 강화를 대책으로 강조하는 것은 당연하다 할 것이다(김준호, 2004:16). 그런데 곽한영(2007)의 연구처럼 청소년 비행과 법교육의 강화에 대한 연구들은 있었으나 청소년의 폭력에 관한 태도와 법교육을 직접 다루고 있는 연구는 찾아보기 어렵다. 따라서 청소년의 폭력문제를 해결하기 위한 시민교육으로서의 책임을 법교육이 부담해야 한다는 점을 제시했다는 점에서 본 연구의 의의가 있다.

청소년의 폭력에 대한 근본적인 원인과 해결책은 개인과 환경을 모두 고려할 수 있는 것이어야 한다. 물론 개인적 접근이나 환경적 접근의 전문적인 연구들도 필요하다. 하지만 부분적으로 깊이 있는 학문적 결과물보다 현실적인 원인규명과 대책이 필요한 청소년 폭력문제의 경우에는 개인과 환경을 모두 고려할 수 있는 시각이 필요하다. 따라서 폭력에 관한 태도와 법교육은 개인적인 접근과 환경적인 접근을 결합한 청소년 폭력의 주요 원인과 대책으로 볼 수 있다. 폭력에 관한 태도는 청소년의 사회적 상호작용에 따른 산물이다. 법교육은 학생들에게 기본적 소양과 참여의 장을 열어줌으로써 건전한 법의식 함양과 더불어 사회적 유대와 지지를 강화시켜 폭력에 대한 마음을 스스로 통제하게 할 수 있게 하는 중요한 교육적 수단이다.

이상의 논의들을 정리해 보았을 때 폭력에 관한 태도에 주요한 영향을 미치는 요인으로는 가정양육태도, 학교폭력경험, 또래집단 폭력성, 대중매체 폭력경험, 사이버 폭력경험, 연령, 성별, 학교성적 등이다. 또한 청소년의 폭력에 관한 태도가 규범과 관련되는 태도라는 점을 고려하여 '법교육'도 주요한 변인이 될 것이다. 하지만 본 연구에서는 '법교육'이 폭력에 관한 태도에 어떤 영향을 미치는지를 별도로 확인하게 될 것이다.

본 연구는 이상의 폭력의 원인과 해결책에 관한 선행연구들을 고려하여 연구목적을 달성하기 위한 연구 분석틀을 구성하게 될 것이다.


## 4. 연구 분석틀의 구성


지금까지 폭력의 의미 및 유형, 폭력에 관한 태도 개념과 유형, 폭력에 관한 태도를 긍정적으로 개선할 수 있는 방법 중 하나로 법교육을 살펴보았다. 그리고 폭력의 원인과 그 대책에 대한 선행연구들을 검토하였다. 본 연구가 이와 같이 논의를 확장해 온 이유는 폭력에 관한 태도가 청소년들 사이에 어떻게 분포되어 있는지를 확인해보고, 법교육이 어떻게 폭력에 관한 태도를 변화시킬 수 있는지를 검증하기 위한 연구목적 때문이다. 이 같은 연구목적을 달성하기 위해 지금까지의 논의를 바탕으로 연구 분석틀을 구성해보고자 한다.

본 연구에서는 선행연구들과는 달리 사회심리학적 개념을 적용하여 폭력에 관한 태도를 정의하였다. 본 연구에서 정의한 폭력에 관한 태도는 '폭력에 대한 인지, 정서, 행동의사로 구성되는 마음'을 말한다. 이 같은 폭력에 관한 태도는 개인적인 것이라는 점에서 인지적·정서적·행동적 영역의 결합에 따라 다양한 형태로 나타나게 된다. 이 같은 폭력에 관한 태도의 유형이 무규범형, 표리부동형, 동조형, 관객형, 도피형, 우둔형, 혐오형, 수호자형이다. 이 같은 다양한 폭력에 관한 태도는 개인의 사회적 경험에 따라 형성되고 변화되어 간다.

선행연구에서 이미 살펴본 바와 같이 청소년들의 폭력에 관한 태도에는 다양한 요인들이 영향을 주고 있었다. 선행연구에서는 가정양육태도, 학교폭력경험, 또래집단 폭력성, 대중매체 폭력경험, 사이버 폭력경험, 연령, 성별, 학교성적, 가정형편, 가족구조 등이 폭력에 관한 태도에 영향을 미친다고 하였다. 이렇게 나열된 요인들 중 가족구조, 가정형편의 경우에는 청소년의 폭력에 관한 태도에 영향을 준다는 것에 논란이 있다. 따라서 본 연구는 가족구조요인[7]과 가정형편은 제외한 나머지 요인들이 청소년의 폭력에 관한 태도와 어떤 관계가 있는지 살펴보게 될 것이다.

다양한 청소년 폭력태도를 어떻게 변화시킬 수 있을까? 선행연구에 의하면 법교육을 통해 건전한 법태도를 함양하는 경우 청소년 폭력을 줄일 수 있을 것으로 예상된다. 따라서 본 연구에서는 청소년들의 폭력에 관한 태도에 영향을 미치는 요인으로 가정양육

---

7) 가족구조의 경우에는 Ⅳ. 결과분석 및 논의에서 연구대상의 특성을 파악하는 차원에서 분석하게 될 것이다.

태도, 학교폭력경험, 또래집단 폭력성, 대중매체 폭력경험, 사이버 폭력경험, 연령,[8] 성별, 학교성적, 법교육을 선정하였다.

본 연구에서는 선행연구들에 대한 검토를 바탕으로 <그림 1>과 같은 연구 분석틀을 구성하였다.

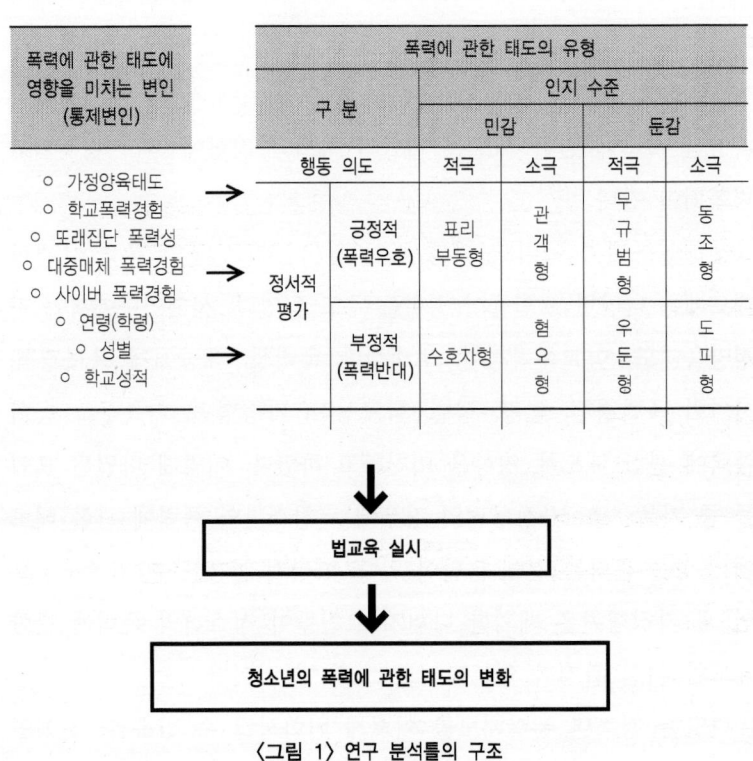

<그림 1> 연구 분석틀의 구조

---

8) 본 연구에서는 연구의 편의상 생물학적인 연령보다는 학년을 기준으로 하는 학령을 기준으로 조사하게 될 것이다.

폭력에 관한 태도는 개인에 따라 다르게 나타나는 폭력에 대한 심적 자세이다. 따라서 청소년들을 대상으로 폭력에 관한 태도를 조사했을 때 다양한 형태의 폭력에 관한 태도가 발견될 것으로 기대된다. 특히 폭력에 관한 태도의 유형 발견은 청소년들이 폭력에 대해서 어떤 생각과 마음을 가지고 있는지에 대해서 보다 구체적으로 확인할 수 있을 것으로 예상된다. 또한 어떤 요인들이 청소년들의 폭력에 관한 태도에 영향을 주는지 살펴보게 될 것이다.

법교육은 생활 속 문제와 관련된 법적 내용들과 지식을 통해 기본적 소양과 참여 경험을 제공하여 청소년들의 폭력에 관한 태도를 긍정적으로 변화시킬 것으로 기대된다. 청소년들의 폭력에 관한 태도는 법에 대한 반우호적인 태도를 의미하는 것이다. 따라서 법교육은 법에 대한 긍정적인 법의식을 함양하는데 효과적인 교육이라는 점에서 청소년의 폭력에 대한 태도를 변화시켜 폭력을 억제할 수 있을 것으로 예상된다. 본 연구결과에서 법교육이 청소년의 폭력에 관한 태도를 크게 변화시키는 것으로 검증된다면 법교육이 의미 있는 교육적 경험을 제공한다고 말할 수 있을 것이다. 이를 위해 본 연구에서는 법교육을 통해 청소년들의 폭력에 대한 태도가 어떻게 변화하는지 확인해보는 것을 목표로 설정하였다.

이를 위해 폭력에 관한 태도 유형을 조사한 대상자들 1,328명 중 87명을 대상으로 법교육 실시 전과 후에 폭력에 관한 태도가 어떻게 변화하였는지를 상호 비교하여 법교육이 청소년의 폭력에 관한 태도에 미치는 영향을 확인하려 한다. 다음 장에서는 이와 같은 연구 분석틀에 기반하여 구체적으로 연구를 수행하기 위한 방법과 대상의 특징 등을 살펴보기로 하겠다.

# III

## 연구설계

1. 연구방법
2. 연구변인
3. 조사도구
4. 분석방법

# 1. 연구방법

## 1) 연구대상

본 연구는 청소년들의 폭력태도가 어떻게 분포되어 있는지를 확인하고 법교육이 폭력에 관한 태도를 어떻게 변화시키는지를 측정하는 것을 목표로 하고 있다.

연구대상은 부산, 울산, 김해, 양산, 청주, 충남 서산 대산읍, 전남 신안군에 소재하고 있는 중학교 1학년부터 고등학교 3학년에 재학 중인 학생들이다. 8개의 중학교(남학교 2개, 여학교 2개, 남녀공학 4개)와 6개의 고등학교(남학교 2개, 여학교 2개, 남녀공학 2개)를 선정하였다. 선정된 14개의 학교에서 학년 당 1학급씩을 조사대상으로 하였다. 선정된 14개의 학교에 질문지 1,420부를 배포하여 1,328부를 회수하였다(회수율 93.5%). 따라서 연구에 참여한 학생들은 총 1,328명이다. 현실적으로 1,328명을 대상으로 법교육의 효과를 검증할 수는 없다. 따라서 1,328명 중 법교육 프로그램에 참여한 87명을 대상으로 법교육이 청소년의 폭력태도를 어떻게 변화시켰는지를 실험하였다. 실험집단 87명은 '솔로몬 로 파크 (Solomon Law Park)'의 법교육 프로그램에 참여한 학생들이다.

현실적으로 법교육이 학교에서 활성화되지 않은 상황이고, 또 특정 학년에서 법과 관련되는 내용들을 배우고 있는 상황이라 전 학년을 대상으로 법교육의 효과를 검증하기란 현실적으로 불가능하다. 또한 다양한 변수들을 통제해야 하는 실험연구의 특성상 전국에 있는 학교를 상대로 동일한 실험연구를 실시하는 것은 매우 어렵다. 따라서 폭력에 관한 태도에 영향을 미치는 다양한 변수들을 통제하여 법교육의 효과를 알아볼 수 있는 적합한 곳으로 '대전 솔로몬 로 파크'를 선정하였다. '대전 솔로몬 로 파크'에서는 학생들이 기숙생활을 하면서 '법교육 프로그램'에 참여하는 기관이다. '솔로몬 로 파크(Solomon Law Park)'의 '법교육 프로그램의 경우' 학생들의 참여를 통해 유대감을 높이고, 법의식 및 사회적 능력을 키우기에 적합한 프로그램을 운영하고 있다. 따라서 연구에 개입될 수 있는 다양한 변수들을 효과적으로 통제함과 동시에 법교육의 효과를 살펴보기에 적합한 표본을 얻을 수 있었다.

연구대상자의 성별 분포를 보면, 총 응답자 중 남학생이 681명 (51.3%), 여학생이 644명(48.5%)으로 남학생이 좀 더 많은 수를 차지하고 있으나, 비교적 남학생과 여학생이 고르게 연구에 참여하였다고 볼 수 있다.

연구대상자의 연령(학령) 분포를 살펴보면, 중학교 1학년이 195 명(14.7%), 중학교 2학년이 268명(20.2%), 중학교 3학년이 237명 (17.8%), 고등학교 1학년이 209명(15.8%), 고등학교 2학년이 207명 (15.6%), 고등학교 3학년이 210명(15.8%)으로 나타났다.

    연구대상자의 학교성적의 경우는, 1등~7등, 8등~14등, 15등~21등, 22등~28등, 29등~35등으로 구분하여 청소년들이 어디에 해당하는지 여부를 질문하였다. 조사에 응한 청소년들은 1등~7등까지 341명(25.7%), 8등~14등까지 317명(23.9%), 15등~21등 322명(24.%), 22등~28등 201명(15.1%), 29등 ~35등 121명(9.1%)으로 나눠졌다. 학생들의 등수가 중간 이상에 많이 몰려 있고, 중간 이하에는 상대적으로 적게 나타났다. 이는 학생들이 자신의 등수에 관해 상당수가 주관적으로 답변한 것으로 볼 수 있다.

    연구대상자가 재학 중인 학교형태를 살펴보면, 남학교에 재학 중인 경우가 414명(31.2%), 여학교에 재학 중인 경우가 416명(31.3%), 남녀공학에 재학 중인 경우가 496명(37.3%)으로 나타났다. 이는 요즘 남녀공학의 학교 형태가 많아지는 추세를 보여주고 있다.

    연구대상자들에게 '법내용법교육'이나 '학교폭력예방법교육'을 받은 적이 있는지를 질문했다. '법내용법교육'은 학교 또는 다른 교육기관이 학생들에게 법과 관련되는 다양한 지식을 전달하는 것을 말한다. '학교폭력예방법교육'은 학교 또는 다른 교육기관이 학교폭력예방과 관련되는 법적 내용들을 다루는 것을 말한다. '법내용법교육'을 한 번도 받아 본 적이 없는 청소년들은 803명(60.5%), 1회~2회 정도를 받았다고 응답한 청소년들은 394명(29.7%), 3회~4회를 받아 본 적이 있다고 응답한 청소년들은 73명(5.5%), 5회 이상 받은 경험이 있다고 답한 학생이 38명(2.9%)으로 나타났다. 절대 다수의 청소년들이 '법내용법교육'을 받은 적이 없다고 응답했다. '학교폭력예방법교육'을 한 번도 받아 본 적이 없는 청소년들은 425명(32.0%), 1회~2회 정도 받은 적이 있다고 응답한 청소년들은 566명(42.6%), 3회~4회 정도 받은 적이 있다고 응답한 청소년들은 229명(17.2%), 5회 이상 받은 적이 있다고 응답한 청소년들은 92명(7.0%)로 나타났다. 청소년들은 '학교폭력예방법교육'의 경험을 자주 못하고 있는 것으로 나타났다.

<표 9> 조사 대상 청소년들의 특성

| 성별 | | | | | |
|---|---|---|---|---|---|
| 남학생 | | | 여학생 | | |
| 681명(51.3%) | | | 644명(48.5%) | | |
| **연령(학령)** | | | | | |
| 중1 | 중2 | 중3 | 고1 | 고2 | 고3 |
| 195명 (14.7%) | 268명 (20.2%) | 237명 (17.8%) | 209명 (15.8%) | 207명 (15.6%) | 210명 (15.8%) |
| **학교성적** | | | | | |
| 1등~7등 | 8등~14등 | | 15등~21등 | 22등~28등 | 29등~35등 |
| 341명 (25.7%) | 317명 (23.9%) | | 322명 (24.2%) | 201명 (15.1%) | 121명 (9.1%) |
| **학교형태** | | | | | |
| 남학교 | | 여학교 | | 남녀공학 | |
| 414명(31.2%) | | 416명(31.3%) | | 496명(37.3%) | |
| **법내용 법교육을 받은 경험** | | | | | |
| 0회 | 1회~2회 | | 3회~4회 | | 5회 이상 |
| 803명(60.5%) | 394명(29.7%) | | 73명(5.5%) | | 38명(2.9%) |
| **학교폭력예방법교육을 받은 경험** | | | | | |
| 0회 | 1회~2회 | | 3회~4회 | | 5회 이상 |
| 425명(32.0%) | 566명(42.6%) | | 229명(17.2%) | | 92명(7.0%) |
| **가족구조** | | | | | |
| 결손가정 | | | 결손이 아닌 가정 | | |
| 125명(9.4%) | | | 1,166명(87.8%) | | |
| **가정형편** | | | | | |
| 경제적으로 매우 여유가 있다 | | 경제적으로 약간 여유가 있다 | | 경제적으로 약간 어려운 편이다 | 경제적으로 매우 어려운 편이다 |
| 91명(6.9%) | | 766명(57.7%) | | 402명(30.3%) | 50명(3.8%) |

연구대상자의 가족적인 특성은 '결손가정'과 '결손이 아닌 가정'으로 구분하여 조사하였다. '결손가정'으로 답한 청소년들은 125명(9.4%)이고, '결손이 아닌 가정'으로 답한 청소년들은 1,166명(87.8%)이었다. '결손가정'에서 생활하고 있는 청소년들은 아주 적게 나타났다. 이상에서 언급한 연구대상자들의 특성은 <표 9>와 같다.


## 2) 연구절차


본 연구의 주제는 2009년 1월부터 폭력에 대한 기본적인 문헌과 선행 연구들을 검토한 결과 2009년 9월에 선정되었다. 2009년 1월부터 선행 연구들과 각종 문헌들을 검토하면서 폭력이란 무엇인가에 대해서 살펴보았고, 2009년 9월경에 폭력에 관한 태도라는 개념을 정의하고, 이에 따른 유형들을 만들었다. 이론적 틀의 타당성을 2009년 12월에 법교육학회 발표를 통해서 확인하였다. 2009년 12월경부터 연구에 필요한 설문도구를 선행연구들에서 찾아보았으나, 본 연구에 적합한 것을 찾기 어려웠다. 이에 따라 설문도구 작성을 계획하고, 2010년 2월경에 질문지 작성을 시작하였다.

설문도구를 만드는 과정에서 여러 번의 수정작업이 진행되었다. 처음에는 하나의 사례를 구성해서 폭력에 관한 태도의 인지적·정서적·행동적 영역과 관련되는 질문들을 일괄적으로 물어보는 방식을 취하였다. 하지만 이와 같은 사례의 질문지는 질문을 읽는 사람에 따라 다양한 상황을 전제하고 답변할 수 있다는 문제점이 발견되었다. 이런 문제점을 최소화하고 청소년들의 맥락을 고려해서 폭력태도의 각 영역 요소를 드러나게 하는 질문지가 필요했다. 이 같은 필요성을 감안하여 청소년 법태도 지표 개발 연구(2007)에서 활용하고 있는 '어의구분법'을 참고해서 질문지를 구성하기로 하였다. 어의구분법은 <표 10>과 같은 질문 방식이다(김해성, 2007:51).

**〈표 10〉 어의구분법**

| '어머니'라는 단어를 들을 때 떠오르는 느낌과 가까운 쪽에 표시하시오. | | | | | | | | | |
|---|---|---|---|---|---|---|---|---|---|
| 기쁘다 | 1 | — | 2 | — | 3 | — | 4 | — | 5 | 슬프다 |
| 행복하다 | 1 | — | 2 | — | 3 | — | 4 | — | 5 | 괴롭다 |
| 좋다 | 1 | — | 2 | — | 3 | — | 4 | — | 5 | 나쁘다 |
| 밝다 | 1 | — | 2 | — | 3 | — | 4 | — | 5 | 어둡다 |

<표 10>에서 활용하고 있는 어의구분법은 폭력에 관한 태도의 인지적·정의적·행동적 영역을 대비되는 형용사로 기준을 정하여 나눴던 본 연구와 부합하는 것이었다.

본 연구의 폭력에 관한 태도와 관련된 질문은 다양한 답들이 나올 수 있는 상황과 맥락을 최대한 통제한 사례를 만들고 어의구분법을 적용하여 2010년 3월경에 만들어졌다. 완성된 질문지가 나오기 전에 광주 소재 여중생 152명을 상대로 질문지를 배포하여 질문에 대해 어느 정도 이해하는지를 검증하였다. 이후에 여러 전문가들에게 질문지를 보여주고 안면타당도 검사를 받아 완성하였다.

완성된 질문지를 가지고 2010년 4월에 부산, 울산, 김해, 양산, 청주, 충남 서산 대산읍, 전남 신안군에 소재하고 있는 중학교와 고등학교 총 14개의 학생들을 대상으로 조사를 실시하였다. 선정된 14개의 학교에서 학년당 1학급씩을 조사대상으로 하였으며, 총 1,420부를 배포하여 1,328부를 회수하였다(회수율 93.5%). 회수한 질문지를 바탕으로 폭력에 관한 태도 유형의 분포를 확인하였다.

다음으로 법교육의 효과를 확인하기 위해 조사대상 중 87명을 선정하여 '법교육 프로그램' 실행 후에 폭력에 관한 태도가 어떻게 변화하였는지를 살펴보았다. 실험집단 87명은 '솔로몬 로 파크(Solomon Law Park)'에서 실시한 2박 3일간의 '법교육 프로그램'에 참여하였으며, 참여 전과 참여 후에 각각 설문조사에 참여하였다. 법교육 실시 전과 후에 시행된 설문조사를 바탕으로 폭력에 관한 태도에 어떤 요인들이 영향을 미치고 있는지를 살펴보고, 법교육이 실험집단의 폭력에 관한 태도 변화에 어떤 영향을 주었는지를 확인하였다.

이상의 조사결과를 토대로 폭력에 관한 태도의 유형들이 청소년들 사이에 어떻게 분포되어 있는지를 확인한 후, '법교육 프로그램' 실행 전과 후에 폭력에 관한 태도가 어떻게 변화되었는지를 분석함으로써 전체 연구과정을 마무리하였다.

## 2. 연구변인

### 1) 종속변인

본 연구에서 살펴보고자 하는 폭력에 관한 태도의 세 가지 영역은 인지적·정서적·행동적 영역이다. 인지적 영역은 폭력에 대한 지식과 규범적인 평가가 내려지고 있다는 사실을 포함하는 상념이며, 정서적 영역은 개인적인 폭력에 대한 평가를 말한다. 행동적 영역은 폭력에 대처 여부를 결정하는 의사를 말한다. 폭력에 관한 태도의 세 가지 영역들이 결합하여 다양한 형태의 폭력에 대한 태도를 구성한다. 이를 실증적으로 측정하기 위해서는 폭력의 유형을 정해야 한다. 하지만 폭력의 유형을 모두 다룬다는 것은 불가능하다. 따라서 실증연구와 연구목적을 고려했을 때 청소년의 생활맥락을 반영해주는 '학교폭력 유형'이 가장 적절할 것으로 생각된다. 즉, 폭력에 관한 태도와 관련하는 질문들은 학교폭력 유형을 기준으로 제시했다. 학교폭력의 유형은 '학교폭력예방및대책에관한법률'에서 제시하고 있는 유형들을 기본으로 하고, 여기에 교사의 신체적 폭력과 언어적 폭력을 추가하였다.

폭력에 관한 태도의 인지적(Cognitive) 영역은 일반적으로 '지식'을 가리키는 것으로 이해되고 있으나, 보다 정확하게는 '자신의 인지체계 내에서 특정 대상을 어떻게 인식하는가.'와 관련된 포괄적인 영역으로 볼 수 있다. '폭력에 대한 인지'는 폭력에 대한 전체적인 인식 및 태도 형성에서 기반을 이룬다. 폭력이 어떤 것인지 기본적인 의미를 알지 못한 상태에서는 특정한 태도를 형성할 수 없을 뿐 아니라, 혹 이미 태도를 가지고 있다 하더라도 잘못된 지식이나 단편적인 인상을 통해 만들어졌을 가능성이 높기 때문이다. 폭력에 대한 인지는 다양한 통로를 통해서 구성될 수 있다. 즉, 폭력경험만으로 구성되는 것이 아니라, 규범교육을 통해서도 가능하다. 일반적으로 폭력에 대한 인지는 폭력에 대한 반응으로 측정가능하다고 할 것이다. 인지될 수 있는 폭력의 유형이 너무 넓고 광범위하기 때문이다. 폭력의 유형이 너무 넓고 광범위하다는 이유로 폭력에 대한 일반적인 질문만을 하는 경우에는 청소년들의 생활맥락을 반영하지 못하는 문제가 있다. 이 같은 문제를 극복하기 위해서 본 연구는 '학교폭력예방및대책에관한법률'에서 제시하고 있는 폭력유형과 교사의 언어적·신체적 폭력을 선정하였다. 즉, 청소년들의 인지적 영역과 관련된 문항들은 싸움, 상해, 언어폭력, 감금, 강요, 따돌림, 갈취, 협박, 사이버폭력, 성희롱, 교사의 언어적 폭력, 교사의 신체적 폭력 등에 관한 12개로 되어 있다. 이 같은 12개의 질문을 통하여 청소년들의 폭력에 대한 인지적 태도를 측정하였다.

폭력에 관한 태도의 정서적 영역은 폭력에 대한 감정 혹은 평가를 내리고 있는 것을 말한다. 태도에 대한 초기의 연구들에서는 인지적 영역이 정서적 영역에 선행하는 것으로 이해하여, 먼저 알고 난 후 이에 대한 감정이나 평가가 이루어진다고 보았다. 그러나 경험적 연구가 축적되면서 아는 것과 이에 대한 정서적 반응은 거의 동시에 이루어지거나 오히려 정서적 반응에 따라 인지가 달라진다는 결과들도 발표되고 있다. 태도에서 인지적 영역과 정서적 영역은 서로 깊은 연관을 가지며 한 영역이 변화할 경우 다른 영역도 따라 변화하게 된다.

폭력에 관한 태도의 정서적인 영역은 폭력에 대해 싫은 것과 좋은 것, 불편한 것과 편한 것, 옳은 것과 옳지 않은 것 등으로 구성되어 있다. 따라서 폭력에 대한 정서적인 영역은 단순히 폭력에 대한 선호 여부에 국한되어 설명될 수 없는 것으로 규범적 판단도 포함되는 것이다. 폭력의 정서적인 영역은 폭력과 관련된 가치로 볼 수 있다. 이와 같은 가치를 알아보기 위해서 인지적 영역과 동일한 폭력적인 사례를 제시하여 정서적인 영역을 측정하였다. 이것은 이후에 설명할 행동적인 영역을 측정하는 경우에도 마찬가지로 동일한 폭력 사례를 사용하였다. 폭력에 관한 태도는 특정한 폭력적 상황에 대한 인지적·정서적·행동적 영역이 결합되는 것이기 때문에 동일한 사례를 중심으로 각각이 측정되는 것이 타당하다. 따라서 정서적인 영역도 인지를 확인했던 동일한 사례를 가지고 어의구분법을 적용한 질문으로 측정되었다.

폭력에 관한 태도의 행동적 영역은 인지적 영역과 정서적 영역의 종합적 성격을 띤다. 즉, 폭력적인 행동을 할 수 있다는 용기를 가지도록 하거나, 폭력을 적극적으로 사용하여 특정한 행동을 하려는 의도를 갖는 것이다. 주의할 것은 폭력에 관한 태도의 영역에서 행동적 영역은 행동 자체를 의미하는 것이 아니라는 점이다. 폭력에 관한 태도가 실제 행동으로 이어지는 데는 다양한 외부 변인들이 개입되게 된다. 따라서 폭력에 관한 태도의 인지적, 정서적 영역에서 변화가 있다 할지라도 행동적 영역은 변화하지 않을 수 있다. 폭력에 관한 태도에 대한 행동적 영역 역시 어의구분법을 적용하여 인지적, 정서적 영역과 동일한 사례를 가지고 측정하였다.


2) 독립변인


본 연구에서는 폭력에 관한 태도에 영향을 줄 수 있는 변인들로 법교육 수업과 청소년들의 가정양육태도, 학교폭력경험, 또래집단

폭력성, 대중매체 폭력경험, 사이버 폭력경험, 성별, 연령(학령), 학
교성적 등을 선정하였다. 이 중 연구를 통해 영향력을 측정하려는
주된 독립변인은 법교육 수업이며, 나머지 변인들은 청소년들의 폭
력에 관한 태도에 어떤 영향을 미치고 있는 변인들로 여겨져서 통
제되었다. 각 독립변인은 다음과 같이 선정되고 측정되었다.

## (1) 법교육 프로그램

본 연구의 주 독립변인인 법교육 수업은 '솔로몬 로 파크(Solomon
Law Park)'의 '법치 세상 리더십 아카데미'라는 프로그램이다. 이
수업은 2박 3일 동안 합숙을 하면서 집중적으로 실시되는 법교육
프로그램이다.

<그림 2>는 '법치 세상 리더십 아카데미' 프로그램의 목표를
도식화한 것이다.

---

**"청소년을 위한 법치 시민 육성 프로그램"**

○ 법의 필요성과 기본원리를 알려줍니다.
○ 법에 대한 기본적 지식을 습득하고 생활 속의 문제에 대한 비판적 사고와 문제 해결능력을 키워줍니다.
○ 법치사회에서 요구되는 참여정신과 리더십을 길러줍니다.

---

| 민주시민 육성 및<br>선진 법치국가 구현 | 청소년 비행 예방 및<br>인권의식 고취 |

(www.lawedupark.go.kr)

〈그림 2〉 '법치 세상 리더십 아카데미'의 목표

<그림 2>와 같은 목표를 달성하기 위해서 '법치 세상 리더십 아카데미'는 2박 3일간 교육과정을 실행하고 있다. 이 프로그램의 특징은 다음과 같다.

첫째, 참여와 활동 중심의 교육이다. 청소년 눈높이에 맞는 흥미 있는 소재와 내용을 선정하여 자발적인 참여와 활동을 유도함으로써 자연스럽게 청소년들의 법에 대한 거부감을 해소하고 청소년들이 법의 소중함을 인식하도록 한다.

둘째, 문제해결 중심의 교육이다. 이 교육은 청소년들이 다양한 문제를 민주적 절차에 의해 해결하면서 청소년들의 문제해결능력을 향상시킴으로써 청소년들이 갈등을 자율적으로 형성해 가면서 법적 마인드를 형성하도록 한다.

셋째, 논리와 토론 중심의 수업이다. 이 수업은 청소년들이 다양한 쟁점을 합리적으로 생각하고 주장해보는 논리를 개발함과 동시에 활발한 토론과 자기주장을 통한 민주적 리더십을 향상시킨다. 앞에서 설명한 '법치 세상 리더십 아카데미'의 목표와 특징은 전미변호사협회(ABA)에서 기존의 비행청소년을 대상으로 한 법교육 프로그램 연구들을 정리하여 효과적인 프로그램 구성을 위해 제시한 가이드라인에 대응된다고 볼 수 있다(ABA, 2005).

전미변호사협회(ABA)에서 제시한 가이드라인은 다음과 같다(곽한영, 2007:105-106). 첫째, 프로그램의 내용은 법의 목적과 우리 삶과의 관계, 법적 권리와 시민의 의무, 사회의 규범적 기대를 포함해야 한다. 또한 실제 생활에서의 법적 내용을 중심으로 문제해결능력을 길러야 하며 비행 청소년의 생활 속 경험을 충분히 살린 내용들로 수업을 구성해야 한다. 둘째, 교수학습방법은 비행청소년들이 충분히 대화를 나눌 수 있는 규모와 환경이라야 하며 상호작용을 많이 이끌어내는 수업방식을 사용해야 한다. 또한 비판적 사고력 향상을 위해 질문을 많이 던지며 내용을 지금 당장의 삶의 맥락 속에서 설명해야 한다. 또한 청소년들에게 성취감을 느낄 수 있는 기회를 제공해야 한다. 셋째, 교재와 수업의 소재 측면에서는 현장견학을 많이 활용하고 경찰, 법조인 등 외부 인사들을 수업에 자주 끌어들여야 하며 비디오, 신문기사, 뉴스화면 등 다양한 자료들을 활용해야 한다(ABA, 2005:4).

<그림 3>은 '법치 세상 리더십 아카데미' 프로그램의 교육과정과 일정표를 개괄한 것이다.

실험집단은 2박 3일 동안 합숙하면서 <그림 3>과 같은 교육과정과 일정을 소화했다. 수업시간은 총 23시간이었으며, 학습활동은 전체활동과 모둠활동으로 나눠지는데 기본적으로 모둠활동을 중심으로 진행된다.

1일차에는 실험집단에서 모둠을 구성하고 모둠에 대한 애착을 가질 수 있는 시간들을 가질 수 있도록 하였다. 구체적인 학습내용은 법의 필요성을 이해하고 법에 대한 올바른 가치관과 태도를 정립해주는 수업이 진행되었다. 그리고 우리나라 헌법의 주요원리를 실험집단에게 교육하면서 법이 인권을 지켜주는 중요한 수단임을 참여한 청소년들이 이해할 수 있도록 하였다. 또한 실험집단 스스로 자치헌법을 만들어 보도록 하였다. 마지막으로 '법 포스트 플레이'와 같은 프로그램을 운영하였다.

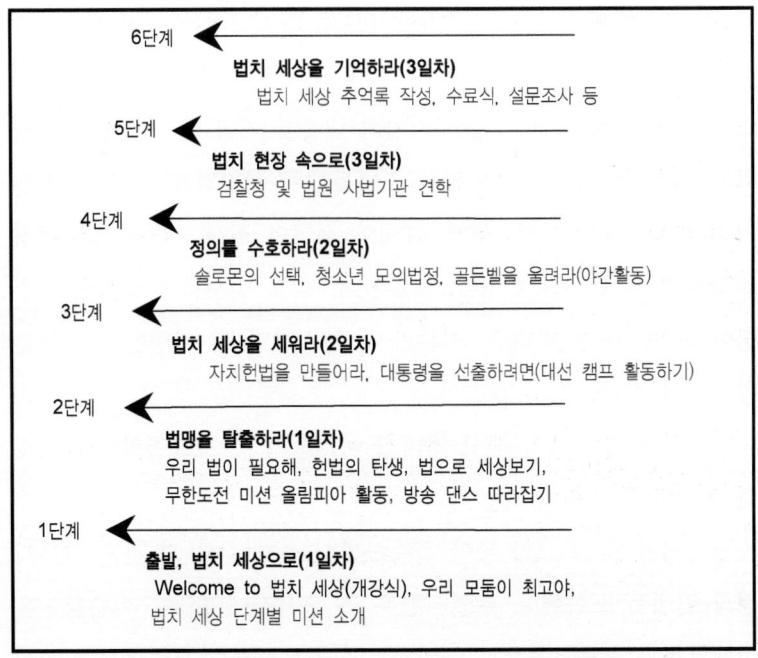

6단계 ◄─────────────────────
　　　　　법치 세상을 기억하라(3일차)
　　　　　법치 세상 추억록 작성, 수료식, 설문조사 등

5단계 ◄─────────────────────
　　　　　법치 현장 속으로(3일차)
　　　　　검찰청 및 법원 사법기관 견학

4단계 ◄─────────────────────
　　　　　정의를 수호하라(2일차)
　　　　　솔로몬의 선택, 청소년 모의법정, 골든벨을 울려라(야간활동)

3단계 ◄─────────────────────
　　　　　법치 세상을 세워라(2일차)
　　　　　자치헌법을 만들어라, 대통령을 선출하려면(대선 캠프 활동하기)

2단계 ◄─────────────────────
　　　　　법맹을 탈출하라(1일차)
　　　　　우리 법이 필요해, 헌법의 탄생, 법으로 세상보기,
　　　　　무한도전 미션 올림피아 활동, 방송 댄스 따라잡기

1단계 ◄─────────────────────
　　　　　출발, 법치 세상으로(1일차)
　　　　　Welcome to 법치 세상(개강식), 우리 모둠이 최고야,
　　　　　법치 세상 단계별 미션 소개

(www.lawedupark.go.kr)

〈그림 3〉 '법치 세상 리더십 아카데미'의 교육과정과 일정표

2일차에는 우선 실험집단이 선거제도에 참여하면서 대통령을 선출해 보는 경험을 하도록 하였다. 다음으로는 일상생활과 법의 관련성을 학생들이 이해할 수 있도록 생활법률퀴즈 등을 통해서 법상식을 기르도록 하였다. 생활법률퀴즈의 내용은 미성년자의 계약, 학교폭력, 청소년의 아르바이트 등과 같은 소재를 활용했다. 이 프로그램이 끝난 후에는 실험집단이 사법기관을 직접 견학해 보는 시간을 가졌다. 마지막 프로그램은 법과 관련되는 퀴즈대회를 열어 실험집단의 법에 대한 관심을 높임과 동시에 적극적으로 참여하는 태도를 함양하였다.

3일차에는 우선 실험집단이 법체험관에 견학을 했다. 법체험관에는 우리나라의 법의 역사부터 다양한 나라의 역사까지 게시되어 있다. 또한 법체험관은 국가의 각종 사법시설과 사법관련자들의 역할들을 체험해 볼 수 있는 곳이기도 하다. 법체험관 견학을 마친 실험집단은 청소년 모의재판을 했다. 모의재판의 주제는 악성댓글 사건과 손해배상청구사건이다. 실험집단은 모의재판을 통해서 '정의'가 무엇인지에 대해서 경험했다.

〈표 11〉 '법치 세상 리더십 아카데미'의 교육과정과 주요 내용

| 교육과정 | | 시간 | 주요 내용 |
|---|---|---|---|
| 기본과정 | Welcome to 법치 세상 | 1 | 환영 행사, 프로그램 일정 및 연수 생활 안내 |
| | 우리 모둠이 최고야 | 1 | 아이스브레이킹, 모둠장 선출, 모둠명·모둠구호 만들기 및 발표 |
| | 법 포스트 플레이 | 2 | 모둠별로 각 포스트에서 법 미션 게임 수행 |
| | 법치 세상을 기억하라 | 1 | 설문 조사, 활동 장면 시청 및 수료증수여 |
| 법 교육과정 | 법맹을 탈출하라 | 법! 인권의 수호천사 | 2 | 찰흙으로 법을 표현하기, 법의 필요성과 헌법의 주요 개념 이해 |
| | | 법으로 세상보기 | 1 | 생활법률퀴즈를 통한 법상식 기르기 |
| | 법치 세상을 세워라 | 자치헌법을 만들어라 | 3 | 헌법에 보장된 기본권과 통치구조 이해를 통한 무인도 자치헌법 만들기 |
| | | 대통령을 뽑아라 | 3 | 선거 캠프를 조직하여 선거 공약을 만들어보고 대통령을 선출하는 과정체험 |
| | 정의를 수호하라 | 사법기관 견학 | 4 | 법원, 검찰청 등 사법기관 견학 |
| | | 청소년 모의재판 | 2 | 우리나라 재판제도의 이해(사이버 악성 사건 형사재판, 폭력사건 보상 민사재판) |
| | 법짱을 찾아라 (도전! 골든벨) | | 2 | 생활법 관련 문제 풀이 |
| | 법체험관 견학 | | 1 | 법역사관 대한민국 법치세상관 체험 및 3D 영화 "진주대첩" 관람 |
| 합 계 | | 23 | |

* '법치 세상 리더십 아카데미'의 교재. p.5

〈표 12〉 '법치 세상 리더십 아카데미'의 일정표

| 시 간 | 1일차 | 2일차 | 3일차 |
|---|---|---|---|
| 1교시(09:10~10:00) | | 대통령을 뽑아라 | 법체험관 견학 |
| 2교시(10:10~11:00) | Welcome to 법치 세상 | | 청소년 모의재판 |
| 3교시(11:10~12:00) | 우리 모둠이 최고야 | | |
| 점심시간(12:00~13:00) | | | |
| 4교시(13:00~13:50) | 법 ! 인권의 수호천사 | 법으로 세상보기 | 법치 세상을 기억하라 |
| 5교시(14:00~14:50) | | | |
| 6교시(15:00~15:50) | | 사법기관 견학 (법원, 검찰청) | |
| 7교시(16:00~16:50) | 자치헌법을 만들어라 | | 출발! 집으로 |
| 8교시(17:00~17:50) | | | |
| 저녁시간(17:50~19:00) | | | |
| 9교시(19:00~19:50) | 법 포스트 플레이 | 법짱을 찾아라 (도전! 골든벨) | |
| 10교시(20:00~20:50) | | | |

* '법치 세상 리더십 아카데미'의 교재, p.6

<표 11>은 '법치 세상 리더십 아카데미' 프로그램의 교육과정과 주요 내용이고, <표 12>는 '법치 세상 리더십 아카데미' 프로그램의 일정표이다.

### (2) 통제변인

선행연구에서 청소년의 폭력에 관한 태도에 영향을 줄 것으로 예상되는 요인들은 가정양육태도, 학교폭력경험, 또래집단 폭력성, 대중매체 폭력경험, 사이버 폭력경험, 연령(학령), 성별, 학교성적 등이었다.

'가정양육태도'는 청소년의 폭력과 폭력에 관한 태도에 많은 영향을 주는 대표 요인이다. 부모가 일관성 없이 심하게 자녀를 자주 처벌하며 부부간의 싸움이 잦으면 청소년의 폭력범죄에 많은 영향을 미친다(이재순, 1999:22). 가정의 사회화 과정에서 폭행이나 학대를 경험한 아동의 경우 다른 아동에 비해 공감능력이 부족하며 충동적으로 행동하고 비합리적인 신념을 갖고 있으며 또한 반사회적 행위를 표출하는 경향이 많다(김준호, 1995:30). 부모의 적절하지 못한 훈육은 자녀의 문제행동을 통제하지 못하고 오히려 촉진하게 된다. 따라서 본 연구는 폭력에 관한 태도에 영향을 주는 요인으로 가정양육태도를 제시하였다. 그리고 가정양육태도를 '부모로부터 회초리로 맞은 일', '부모로부터 욕설을 들은 일', '부모의 싸움'으로 범주화하였다.

'학교폭력경험'은 교사의 훈육적 체벌과 학생들과의 관계에서 주로 이루어진다. 학생들이 가장 많은 시간을 지내는 공간이라는 점에서 폭력의 사회화가 발생할 가능성이 아주 높은 곳이라고 할 것이다. 교사의 훈육적 체벌은 가정 내의 체벌이 폭력의 사회화에 중요한 의미를 지니고 있는 것처럼 중요한 의미를 가진다(김준호, 1997:185). 청소년들은 다른 학생들로부터 영향을 받으면서 폭력을 학습하기도 한다. 청소년들이 대부분의 시간을 학교에서 보내는 만큼 학교에서 동료들로부터 많은 것을 배우며, 또한 학교환경으로부터 많은 영향을 받고 있다. 이와 같은 점 때문에 본 연구에서는 '학교폭력경험'을 폭력에 관한 태도에 영향을 주는 요인으로 포함시켰다. 본 연구에서는 '학교폭력경험'으로 학교에서 발생하는 '싸움', '협박', '왕따'를 제시하였다.

'또래집단 폭력성'은 선행연구에서 중요한 요인으로 지적되어 왔다. 청소년기에 또래집단은 청소년 개인에게 강력한 동조압력을 행사한다는 점에서 중요한 요인이 된다. 청소년기에 접촉하게 되는 폭력적인 또래집단은 폭력과 접촉하고 학습하는 통로가 된다는 점에서 중요한 요인이다. 본 연구에서는 이 같은 점을 고려하여 또래집단 폭력성을 주요 요인으로 포함시키고, 또래집단 폭력성을 '폭력적이다.', '친구들을 놀리는 것을 좋아한다.', '폭력적 게임, 만화, 영화 등을 좋아한다.' 등으로 질문을 구성하였다.

'대중매체 폭력경험'은 청소년들의 폭력에 관한 태도에 영향을 미치는 주요 요인이다. 선행연구에서 살펴본 바와 같이 대중매체를 통한 폭력의 학습은 청소년이 실제 생활에서 일어나는 폭력에 대한 반응을 둔화시키며 분노 상태에서 폭력을 행사하려는 동기를 조장하여 공격행동을 야기할 수 있다(표갑수, 1998:40-43). 최근 대중매체가 자극적인 폭력장면을 청소년들에게 많이 전달한다는 점에서 청소년의 폭력에 관한 태도에 영향을 주는 주요 요인이라고 할 수 있다. 본 연구에서는 대중매체 폭력경험을 '싸움', '욕설', '협박'으로 제시하였다.

'사이버 폭력경험'은 최근 청소년들이 다양한 폭력을 경험하는 주요 공간인 사이버 공간에서의 폭력경험이다. 특히 정보화 사회의 발달로 청소년들이 사이버 공간에 많이 접속한다는 점에서 중요한 의미가 있다. 사이버 공간에서 청소년들은 쉽게 폭력사이트에 접촉하거나 온라인 게임 등을 통해 폭력을 경험한다. 이와 같은 폭력경험은 청소년들의 폭력에 관한 태도에 많은 영향을 미칠 수 있다. 본 연구에서는 '사이버 폭력경험'을 '싸움', '욕설', '협박'으로 제시하였다.

'성별'은 선행연구에서 많이 등장하는 요인이다. 일반적으로 여학생보다 남학생이 폭력행동이나 경험이 많다는 점에서 남학생의 폭력에 관한 태도가 여학생의 폭력에 관한 태도보다 훨씬 부정적이라고 볼 수 있다. 하지만 청소년폭력예방재단(2010)의 조사에 따르면 여학생의 폭력경험이나 폭력행동이 크게 증가하였다는 점에서 큰 차이가 없는 것으로 볼 수도 있다. 따라서 본 연구에서는 이와 같은 점을 고려하여 '성별'이 폭력에 관한 태도에 어떤 영향을 주는지 살펴보게 될 것이다.

  '연령(학령)'이 증가할수록 폭력행동은 감소하는 경향을 보인다(김영순, 2006:16). 하지만 연령(학령)이 증가할수록 사회적 고립이나 따돌림과 같은 교묘한 방법의 괴롭힘은 더욱 증가한다는 점에서 부정적인 폭력에 관한 태도가 나타난다고 볼 수 있다. 이 같은 경향은 비행연구에서도 나타난다. 문용린(1994)의 연구에 따르면 연령(학령)이 높아질수록 비행 경향성이 증가한다고 하였다. 따라서 본 연구에서는 '연령(학령)'이 폭력에 관한 태도에 어떤 영향을 미치는지를 살펴보게 될 것이다.

  '학교성적'은 폭력에 관한 태도에 직접적인 영향을 주는 요인이라고 보기는 어렵다. 하지만 학교성적이 낮은 학생은 학교생활에 대한 적응도가 낮아 학교생활에 대한 흥미를 잃고 소외되며 비슷한 입장에 있는 다른 학생들과 어울리면서 폭력 등의 비행을 저지르게 된다. 이런 점에서 '학교성적'이 폭력에 관한 태도에 영향을 줄 수 있는 변인이라고 여겨져 본 연구에 포함시켰다. 유선희(2003)는 학교성적과 청소년의 폭력이 상당히 강한 관계를 가지고 있다고 하였다. 하지만 최근 학교의 폭력문화가 만연한다는 주장들을 고려해 볼 때 다른 결과가 예상되기도 한다. 따라서 '학교성적'이 폭력에 관한 태도와 어떤 관계가 있는지 확인을 통해 청소년의 폭력을 예측해보는 것이 의미가 있다고 할 수 있다. 따라서 본 연구에서는 '학교성적'이 폭력에 관한 태도에 영향을 주고 있는 바를 확인해 볼 것이다.

## 3. 조사도구

설문조사를 위한 질문지는 앞서 살펴본 종속변인과 독립변인을 반영하는 내용을 조사대상자가 직접 읽고 답을 선택하는 자기기입식 문항으로 만들어졌다.

폭력에 관한 태도를 새롭게 정의하다보니 기존의 폭력에 관한 태도를 측정하기 위해서 사용하고 있는 일반적인 5척도나 4척도를 무조건 사용할 수가 없었다. 폭력에 관한 태도는 세 가지 영역으로 나눠지고, 하나의 폭력적인 상황에 대하여 세 가지 질문을 구성해야 했다. 또한 폭력에 관한 태도의 각 영역에 대한 두 가지 측면(민감-둔감, 부정-긍정, 적극-소극) 사이에서 나타날 수 있는 청소년의 폭력에 관한 태도의 다양한 스펙트럼도 설명해야만 했다. 이 같은 어려움을 해결하기 위한 방법으로 '청소년 법태도 지표 개발연구(2007)'에서 제시하고 있는 '어의구분법'을 사용하여 질문지를 구성하였다. 가급적이면 각 폭력적 상황을 다른 변인이 개입되지 못하도록 명확하게 제시하려고 했다. 또한 질문지의 문항 수가 많아

서 학생들에게 줄 수 있는 부담을 줄이기 위해 간단하게 표현하려
고 하였다.

질문지 초안을 만든 후에 요즘 중학생들의 경우 문항에 대한 이
해를 잘 못할 수 있다는 생각에 사전에 여중생 152명을 상대로 만든
질문지의 이해도를 점검해 보았으며, 여중생들은 질문지를 크게 무
리 없이 이해하는 것으로 파악되었다. 사회교육 전문가, 법교육 전
문가, 현장 교사 등으로부터 안면타당도를 점검받아 항목들 중 청소
년들이 기입하기에 어려워 할 수 있는 문항들을 수정하여 최종 질
문지가 확정되었다. 질문지에 포함된 척도의 신뢰(cronbach α)는 최
소 .657에서 최대 .907까지의 값을 보여 대체로 높은 내적 일치도를
보였다. 최종 확정된 질문지는 <표 13>과 같은 구성을 하고 있다.

〈표 13〉 질문지의 구성

| 대분류 | 소분류 | 문항번호 | cronbach α |
|---|---|---|---|
| 종속<br>변인 | 인지적 영역(학교폭력 유형) | 1~12 | .889 |
| | 정서적 영역(학교폭력 유형) | 13~24 | .907 |
| | 행동적 영역(학교폭력 유형) | 25~36 | .866 |
| 통제<br>변인 | 가정양육태도 | 37~39 | .657 |
| | 학교폭력경험 | 40~42 | .772 |
| | 사이버 폭력경험 | 43~45 | .672 |
| | 대중매체 폭력경험 | 46~48 | .697 |
| | 또래집단 폭력성 | 52~54 | .778 |
| | 성별 | 55 | * |
| | 연령(학령) | 56 | * |
| | 학교성적 | 58 | * |
| 법교육 경험(폭력예방, 일반법내용) | | 49~50 | .755 |

* 문항이 하나밖에 없는 경우로 내적 일치도를 확인하지 않음.

# 4. 분석방법

설문조사를 통해 수집된 자료는 SPSS 18을 통해 통계 처리되었다. 자료는 다음과 같은 방법을 통해 분석되었다.

첫째, 폭력에 관한 태도의 분포를 살펴보기 위해서 법교육 프로그램에 참여하지 않은 학생들의 자료는 기술통계 분석과 빈도 분석을 활용하여 폭력에 관한 태도의 분포를 확인해 보았다.

둘째, 법교육을 실시할 학생집단의 경우에는 법교육을 실행하기 전 기술통계를 활용하여 종속변인과 독립변인에 대해 사전검사를 실시하였다. 종속변인의 경우에는 기술통계 분석과 빈도 분석을 활용하여 폭력에 관한 태도의 분포를 확인하였다.

셋째, 법교육이 실시된 이후에 폭력에 관한 태도가 사전, 사후 어떤 변화를 보이는지에 관해서 t-test를 실시하여 법교육의 효과를 확인해 보았다.

넷째, 법교육 실시 후 나타나는 폭력에 관한 태도의 변화에 영향을 주는 요인들을 확인하기 위하여 다중회귀 분석을 실시하였다.

**IV**

# 결과 분석 및 논의

이 장에서는 연구대상 1,328명의 폭력에 관한 태도를 분석하고, 그 유형이 어떻게 분포되어 있는지를 살펴볼 것이다. 그리고 1,328명 중 법교육 수업을 받은 87명의 실험집단이 폭력에 관한 태도에 어떤 유의미한 변화를 보이는지 검증할 것이다.

우선 연구대상 1,328명에 대한 조사를 마친 후에 기술통계 분석을 이용하여 폭력에 관한 태도를 분석하게 될 것이다. 그리고 법교육 수업을 받은 실험집단에 대해 기술통계 분석을 실시한 후, 그들의 특성 및 폭력에 관한 태도들을 분석해 볼 것이다. 다음으로는 법교육 수업을 받은 실험집단의 학생들이 폭력에 관한 태도에서 어떤 변화를 보였는지 T-검증과 기술통계 분석을 이용하여 법교육 시행 전과 후를 비교해 볼 것이다. 마지막으로 법교육 수업이 폭력에 관한 태도 변화에 미치는 영향을 더욱 분명하게 설명하기 위해서 상관관계 분석 및 다중회귀 분석을 실시하였다. 이 같은 분석의 결과를 통해서 법교육 수업이 폭력에 관한 태도에 미치는 영향을 더욱 정확하게 설명할 수 있을 것이다.

# 1. 청소년의 폭력에 관한 태도의 실태 분석

## 1) 청소년의 폭력에 관한 태도의 실태

### (1) 폭력에 관한 태도의 영역별 분석

청소년들의 폭력에 관한 태도를 조사하기 위해서 인지적 영역 12 문항, 정서적 영역 12문항, 행동적 영역 12문항을 작성하였다. 각 문항들은 청소년의 생활맥락을 고려하여 학교폭력을 소재로 구성하였다. 각 문항들은 5척도 형태로 작성했다. 조사대상자들은 대비되는 두 가지 질문 사이에 존재하는 5개의 빈칸 중에 하나를 선택하여 표시하면 된다. 각 영역의 최솟값은 12이고, 최댓값은 60이 된다. 개별 문항의 중간값은 2.5이고, 인지적·정서적·행동적 영역의 중간값은 30이며, 폭력에 관한 태도의 중간값은 90이 된다. 이들 각각의 값들은 작을수록 청소년들의 폭력에 관한 태도가 바람직한 것이고, 클수록 바람직하지 못한 것이다. 예를 들어 개별 문항의 값이 2.5보다 작을수록, 인지적·정서적·행동적 영역의 값이 30보다 작을수록, 폭력에 관한 태도의 값이 90보다 작을수록, 바람직한 상태를 의미한다.

폭력에 관한 태도의 각 영역을 점수화하여 기술통계 분석을 한 결과, 인지적 영역의 평균값과 표준편차는 29.89와 7.63으로 나타났다. 이는 인지적 영역의 평균은 중간값보다 약간 낮게 나타났다. 인지적 영역의 개별값들은 29.89로부터 7.63 정도로 분포되어 있었다.

정서적 영역의 평균값과 표준편차는 30.51과 9.82로 나타났다. 이 평균값은 중간값보다 약간 크게 나타났다. 정서적 영역의 개별값들이 평균값으로부터 떨어져 있는 정도는 9.82이다.

행동적 영역의 평균값과 표준편차는 31.60과 9.36으로 나타났다. 행동적 영역의 평균은 중간값보다 크게 나타났다. 행동영역의 개별값들은 평균값으로부터 9.36 정도 떨어져 있다.

폭력에 관한 태도의 평균값과 표준편차는 91.99와 22.95가 나왔다. 평균값은 중간값보다 상당히 작게 나타났다. 폭력에 관한 태도의 개별값들은 91.99로부터 22.95만큼 떨어져 있다. 폭력에 관한 태도의 개별값들은 각 영역의 개별값들보다 더 넓게 분포되어 있음을 알 수 있다. 이와 같은 결과는 청소년의 폭력에 관한 태도가 다양하게 분포되어 있음을 알 수 있게 한다. 다음은 폭력에 관한 태도의 평균과 표준편차를 정리한 것이다. <표 14>와 같이 청소년의 폭력에 관한 태도는 인지적 영역을 제외한 나머지 즉, 정서적 영역, 행동적 영역, 폭력에 관한 태도의 경우는 중간값보다 다소 크게 나타났다. 이는 청소년의 폭력에 관한 태도가 평균적으로 다소 바람직하지 못한 상태를 의미한다.

〈표 14〉 폭력에 관한 태도의 평균과 표준편차

| 구 분 | 최솟값 | 최댓값 | 평균 | 표준편차 |
|---|---|---|---|---|
| 인지적 영역 | 12.00 | 60.00 | 29.89 | 7.63 |
| 정서적 영역 | 12.00 | 60.00 | 30.51 | 9.82 |
| 행동적 영역 | 12.00 | 60.00 | 31.60 | 9.36 |
| 폭력에 관한 태도 | 36.00 | 172.00 | 91.99 | 22.95 |

청소년들은 개별 폭력 유형에 대하여 각각 다른 태도를 취한다(청소년폭력예방재단, 2010). 청소년들의 개별 폭력에 대한 인지적

영역의 평균과 표준편차는 <표 15>와 같다.

<표 15> 개별 폭력 유형에 대한 인지적 영역의 평균과 표준편차

| 인지적 영역 | 평균 | 표준편차 |
|---|---|---|
| 싸움 | 2.55 | 1.22 |
| 상해 | 2.01 | 0.87 |
| 언어폭력 | 2.78 | 1.15 |
| 감금 | 2.36 | 1.24 |
| 강요 | 2.15 | 1.01 |
| 따돌림 | 2.25 | 1.15 |
| 갈취 | 1.98 | 1.01 |
| 협박 | 2.86 | 1.19 |
| 사이버폭력 | 2.70 | 1.16 |
| 성희롱 | 3.29 | 1.30 |
| 교사의 언어적 폭력 | 1.95 | 1.11 |
| 교사의 신체적 폭력 | 3.01 | 1.37 |

청소년들의 개별 폭력 유형에 대한 인지적 영역의 평균(표준편차)은 싸움 2.55(1.22), 상해 2.01(0.87), 언어폭력 2.78(1.15), 감금 2.36(1.24), 강요 2.15(1.01), 따돌림 2.25(1.15), 갈취 1.98(1.01), 협박 2.86(1.19), 사이버폭력 2.70(1.16), 성희롱 3.29(1.30), 교사의 언어적 폭력 1.95(1.11), 교사의 신체적 폭력 3.01(1.37)로 나타났다.

청소년들은 교사의 언어적 폭력, 갈취, 상해, 강요, 따돌림, 감금 순으로 민감한 반응을 보였다. 서애경(2007)의 연구 등에서도 교사의 언어적 폭력은 청소년들의 폭력에 관한 태도에 많은 영향을 미친다고 하였다. 반면에 청소년들 상호 간의 언어적 폭력에 대해서는 둔감한 반응을 보이고 있다. 갈취나 강요에 대해서 민감한 반응을 보이는 것은 최근 청소년들 사이에 빈번하게 발생하는 폭력유형이라는 추세가 반영된 것으로 볼 수 있다. 사회적으로 문제가 되었던 따돌림에 대해서도 민감한 반응을 보이고 있다. 선행연구에서 찾아보기 힘든 결과는 감금에 대해서 청소년들이 민감한 반응을 보이는 것이다. 이는 감금이 최근 학생들 사이에 빈번하게 반영하고 있다는 사실을 반영하고 있다고 볼 수 있다.

반면 청소년들은 성희롱, 교사의 신체적 폭력, 협박, 언어폭력, 사이버폭력, 싸움 등의 순서대로 둔감한 반응을 보이고 있다. 청소년폭력예방재단(2010)의 조사결과에서도 청소년들은 성희롱과 사이버폭력에 대해 둔감하다고 하였다. 성희롱이나 사이버폭력의 경우에는 사회적으로 심각한 문제를 야기하고 있다는 점에서 청소년들에 대한 예방교육이 필요하다. 언어폭력이나 싸움 등에 대해서 둔감한 반응을 보이고 있다는 점은 학생들의 학교 생활모습을 잘 반영해주고 있다. 교육과학기술부(2010)의 '학교폭력 예방 및 대책 5개년 기본 계획'에서 언어폭력이 없는 학교문화 조성을 목표로 제시하고 있다. 청소년들이 교사의 언어적 폭력에 비해 교사의 신체적 폭력에 대해 둔감한 반응을 보였다. 이는 질문 내용이 교사의 체벌에 대해 정당성을 부여했기 때문인 것으로 보인다. 교사의 신체적 폭력에 대한 질문은 '선생님이 회초리로 학교 교칙을 어긴 학생에게 체벌을 하였다.'는 것이었다. 따라서 학생들은 정당한 체벌에 대해서는 폭력으로 인지하는 것이 둔감한 편이다. 하지만 김준호(1997)의 연구에서 밝힌 바와 같이 체벌은 폭력사용을 정당화하는 태도를 확립하도록 할 수 있다는 점을 주의할 필요가 있다. 따라서 청소년들이 교사의 신체적 폭력에 대해서 둔감한 반응을 보였다는 것은 정당한 체벌은 수용할 수도 있다는 것과 폭력 사용을 허용하는 태도를 가지고 있다고 볼 수 있다. 개별 폭력 유형에 대한 각각의 개별값들은 대체로 인지적 영역의 개별 평균값들에 가까이 분포되어 있는 것으로 나타났다.

청소년들의 개별 폭력 유형에 대한 정서적 영역의 평균과 표준편차는 <표 16>과 같다.

<표 16> 개별 폭력 유형에 대한 정서적 영역의 평균과 표준편차

| 정서적 영역 | 평균 | 표준편차 |
|---|---|---|
| 싸움 | 2.85 | 1.46 |
| 상해 | 2.24 | 1.22 |
| 언어폭력 | 2.78 | 1.39 |
| 감금 | 2.30 | 1.29 |
| 강요 | 2.12 | 1.14 |
| 따돌림 | 2.31 | 1.27 |
| 갈취 | 1.98 | 1.12 |
| 협박 | 2.88 | 1.29 |
| 사이버폭력 | 2.63 | 1.29 |
| 성희롱 | 3.33 | 1.44 |
| 교사의 언어적 폭력 | 2.04 | 1.22 |
| 교사의 신체적 폭력 | 3.08 | 1.51 |

청소년들의 개별 폭력 유형에 대한 정서적 영역의 평균(표준편차)은 갈취 1.98(1.12), 교사의 언어적 폭력 2.04(1.22), 강요 2.12(1.14), 상해 2.24 (1.22), 감금 2.30(1.29), 따돌림 2.31(1.27), 사이버폭력 2.63(1.29), 언어폭력 2.78(1.39), 싸움 2.85(1.46), 협박 2.88(1.29), 교사의 신체적 폭력 3.08(1.51), 성희롱 3.33(1.44)으로 나타났다. 표준편차를 살펴보면, 개별값들은 정서적 영역의 개별 평균값에 가까이 분포하고 있는 것으로 나타났다.

청소년들이 아주 나쁜 일로 느끼는 폭력 유형부터 순서대로 나열하면, 갈취, 교사의 언어적 폭력, 강요, 상해, 감금, 따돌림이다. 이 순서는 인지적 영역과는 차이가 있다. 청소년들이 인지적 영역에서 가장 민감하게 느꼈던 폭력 유형부터 순서대로 나열하면, 교사의 언어적 폭력, 갈취, 상해, 강요, 따돌림, 감금이다. 비록 인지적으로 느끼는 폭력 유형과 정서적으로 느끼는 폭력 유형의 순서에 다소 차이가 있다고는 하지만, 민감하게 반응을 보이는 폭력 유형과 나쁜 일로 느끼는 폭력 유형들은 일치하고 있다.

청소년들은 사이버폭력, 언어폭력, 싸움, 협박, 교사의 신체적 폭력, 성희롱 등에 대해서는 있을 수 있는 일로 여기고, 비교적 긍정적으로 생각하고 있다. 청소년들은 성희롱에 대해서 인지적으로 가장 둔감한 태도를 보였고, 정서적으로는 가장 긍정적으로 여기고 있다. 청소년들이 긍정적으로 생각하는 학교폭력의 유형들은 인지적으로 둔감한 태도를 보였던 유형들과 일치하였다.

청소년들의 개별 폭력 유형에 대한 행동적 영역의 평균과 표준편차는 <표 17>과 같다.

청소년들의 개별 폭력 유형에 대한 행동적 영역의 평균(표준편차)은 강요 2.24(1.11), 갈취 2.26(1.21), 교사의 언어적 폭력 2.28(1.31), 상해 2.31 (1.12), 감금 2.36(1.22), 따돌림 2.44(1.15), 사이버폭력 2.61(1.25), 언어폭력 2.85(1.27), 협박 2.92(1.22), 싸움 2.96(1.28), 교사의 신체적 폭력 3.12(1.44), 성희롱 3.28(1.41)로 나타났다. 표준편차를 살펴보면, 각각의 질문에 답한 개별값들은 행동적 영역의 개별 평균값에 가까이 분포하고 있는 것으로 나타났다.

청소년들은 강요, 갈취, 교사의 언어적 폭력, 상해, 감금, 따돌림에 대해서는 적극적인 항의를 할 의사가 있는 것으로 나타났다. 각

<표 17> 개별 폭력 유형에 대한 행동적 영역의 평균과 표준편차

| 행동적 영역 | 평균 | 표준편차 |
|---|---|---|
| 싸움 | 2.96 | 1.28 |
| 상해 | 2.31 | 1.12 |
| 언어폭력 | 2.85 | 1.27 |
| 감금 | 2.36 | 1.22 |
| 강요 | 2.24 | 1.11 |
| 따돌림 | 2.44 | 1.15 |
| 갈취 | 2.26 | 1.21 |
| 협박 | 2.92 | 1.22 |
| 사이버폭력 | 2.61 | 1.25 |
| 성희롱 | 3.28 | 1.41 |
| 교사의 언어적 폭력 | 2.28 | 1.31 |
| 교사의 신체적 폭력 | 3.12 | 1.44 |

각의 개별 폭력 유형에 대한 평균값들은 인지나 정서에 비해 높은 값을 보이고 있다. 이는 청소년들이 인지하고 정서적으로 느끼고 있는 것에 비해 행동이 부족하다는 것을 의미한다.

반면에 사이버폭력, 언어폭력, 협박, 싸움, 교사의 신체적 폭력, 성희롱의 경우에는 소극적인 태도를 보이고 있는 것으로 나타났다. 청소년들이 개별 폭력 유형에 대해 가장 적극적으로 항의를 할 것으로 예상되는 것은 강요이며, 가장 소극적인 태도를 취하는 것은 성희롱이다.

청소년들이 개별 폭력 유형에 대한 인지적·정서적·행동적 영역의 평균값들이 일치하고 있거나 그 값의 서열 순서가 완전히 일치하는 것은 아니다. 하지만 청소년들이 인지적으로 민감한 것으로 보고 있고, 정서적으로 부정적인 평가를 내리고 있으며, 행동적으로 적극적인 항의를 표시한 개별 폭력 유형들의 범주는 동일한 것으로 나타났다. 또한 청소년들이 인지적으로 둔감한 것으로 보고 있고, 정서적으로 긍정적인 평가를 내리고 있으며, 행동적으로 적극적인 항의를 표시한 개별 폭력 유형들의 범주도 동일하였다.

청소년들의 개별 폭력 유형에 대한 폭력에 관한 태도의 평균과 표준편차는 <표 18>과 같다.

〈표 18〉 개별 폭력 유형에 대한 폭력에 관한 태도의 평균과 표준편차

| 폭력에 관한 태도 | 평균 | 표준편차 |
|---|---|---|
| 싸움 | 8.35 | 3.29 |
| 상해 | 6.56 | 2.49 |
| 언어폭력 | 8.41 | 3.16 |
| 감금 | 7.04 | 3.19 |
| 강요 | 6.50 | 2.62 |
| 따돌림 | 7.00 | 2.95 |
| 갈취 | 6.21 | 2.69 |
| 협박 | 8.66 | 3.06 |
| 사이버폭력 | 7.93 | 3.06 |
| 성희롱 | 9.89 | 3.69 |
| 교사의 언어적 폭력 | 6.27 | 3.06 |
| 교사의 신체적 폭력 | 9.23 | 3.86 |

청소년들의 개별 폭력 유형에 관한 태도의 평균(표준편차)은 갈취 6.21(2.69), 교사의 언어적 폭력 6.27(3.16), 강요 6.50(2.62), 상해 6.56(2.49), 따돌림 7.00(2.95), 감금 7.04(3.19), 사이버폭력 7.93(3.06), 싸움 8.35(3.29), 언어폭력 8.41(3.16), 협박 8.66(3.06), 교사 신체적 폭력 9.23(3.86), 성희롱 9.89(3.69)로 나타났다. 표준편차를 살펴보면, 개별값들은 대체적으로 개별 폭력에 관한 태도의 평균값에 가까이 분포하고 있으나, 폭력에 관한 태도가 부정적일수록 상대적으로

넓게 분포되는 것으로 나타났다.

청소년들은 개별 폭력 유형에 대한 폭력에 관한 태도에 있어서 갈취, 교사의 언어적 폭력, 강요, 상해, 따돌림 등에 대해서는 비교적 바람직한 태도를 가지고 있는 것으로 나타났다. 반면에 사이버폭력, 싸움, 협박, 언어폭력, 교사 신체적 폭력, 성희롱 등에 대해서는 바람직하지 못한 태도를 가지고 있는 것으로 나타났다. 이와 같이 폭력에 관한 태도가 양쪽으로 나눠지는 것은 인지적·정서적·행동적 영역에서 나눠지는 것과 일치했다.

따라서 청소년들이 사이버폭력, 싸움, 협박, 성희롱, 언어폭력 등에 대한 폭력에 관한 태도를 개선하기 위한 노력이 더욱 필요하다고 할 수 있다. 또한 교사의 신체적 폭력의 경우에는 학생들에게 폭력이 상황에 따라 정당성을 지닐 수 있다는 인상을 주어 폭력에 대해 용인하는 태도를 심어줄 수 있는 만큼 세심한 주의가 필요하다.

## (2) 성별 · 연령(학령) · 학교성적 · 학교형태 · 가족구조

청소년들의 성별과 폭력에 관한 태도 차이는 <표 19>와 같다. 여학생들이 인지적·정서적·행동적 영역, 폭력에 관한 태도에서 남학생들보다 약간 더 긍정적인 모습을 보이고 있다. 오형만(2001)의 연구에서는 남학생들이 여학생들에 비해서 훨씬 폭력행동과 경험을 할 가능성이 크다고 보았다. 하지만 최근 청소년폭력예방재단(2010)의 조사에 따르면 남학생들과 여학생들의 폭력행동이나 경험이 크게 차이가 나지 않는 것으로 나타났다. 따라서 폭력에 관한 남학생들과 여학생들의 태도 차이 결과를 살펴보면, 남학생들과 여학생들의 폭력행동과 경험 차이가 크지 않을 것으로 예측된다.

<표 19> 성별과 폭력에 관한 태도 차이

| 인지적 영역 | | |
|---|---|---|
| 성별 | 평균 | 표준편차 |
| 남자 | 30.12 | 8.12 |
| 여자 | 29.62 | 7.04 |
| 정서적 영역 | | |
| 성별 | 평균 | 표준편차 |
| 남자 | 30.68 | 10.29 |
| 여자 | 30.32 | 9.31 |
| 행동적 영역 | | |
| 성별 | 평균 | 표준편차 |
| 남자 | 31.89 | 9.91 |
| 여자 | 31.28 | 8.75 |
| 폭력에 관한 태도 | | |
| 성별 | 평균 | 표준편차 |
| 남자 | 92.52 | 24.91 |
| 여자 | 91.39 | 20.73 |

청소년은 대체적으로 청소년의 폭력에 관한 태도는 연령(학령)이 증가할수록 폭력에 관한 태도가 바람직하지 못한 모습을 가지는 것으로 나타났다.

인지적 영역에서 중1부터 중2까지는 민감한 태도를 가지고 있다. 중3부터 인지적 영역에서 다소 둔감해지면서 고3때 가장 둔감해지는 것으로 나타났다. 청소년들의 인지적 영역의 개별값들은 각 평균값으로부터 7.07에서 7.88 정도로 분포되어 있다.

정서적 영역에서 중1부터 중2까지는 폭력에 관해 평균적으로 부정적인 평가를 내리는 것으로 나타났다. 하지만 중3 때부터 폭력에 관해 긍정적인 평가를 내리는 것으로 나타났다. 가장 평균적으로 긍정적인 평가를 내리는 것은 고3이었다. 청소년들의 정서적 영역의 개별값들은 각 평균값으로부터 8.77에서 10.18 정도로 분포되어 있다.

행동적 영역에서 중1의 경우에만 폭력에 관해 적극적인 항의를 하는 의사를 가지고 있는 것으로 나타났다. 중2부터는 폭력에 관해 소극적인 입장을 가지고 있는 것으로 나타났다. 청소년들의 행동적 영역의 개별값들은 각 평균값으로부터 8.31에서 9.71 정도로 분포되어 있다.

폭력에 관한 태도에서는 중1의 경우에만 폭력에 관한 태도에서 바람직한 것으로 나타났고, 중2 이후부터는 바람직하지 못한 것으로 나타났다. 청소년들의 폭력에 관한 태도의 개별값들은 각 평균값으로부터 20.03에서 25.24 정도로 분포되어 있다. 그런데 중1의 경우에 개별값들이 다른 연령(학령)에 비해서 상대적으로 넓게 분포되어 있는 것으로 나타났다. 학생들의 연령(학령)에 따라 나타나는 폭력에 관한 태도는 <표 20>과 같다.

〈표 20〉 연령(학령)과 폭력에 관한 태도 차이

| 정서적 영역 | | |
|---|---|---|
| 연령(학령) | 평균 | 표준편차 |
| 중1 | 25.62 | 9.87 |
| 중2 | 29.40 | 10.18 |
| 중3 | 31.02 | 9.99 |
| 고1 | 31.60 | 9.09 |
| 고2 | 31.04 | 8.77 |
| 고3 | 34.20 | 8.88 |

| 인지적 영역 | | |
|---|---|---|
| 연령(학령) | 평균 | 표준편차 |
| 중1 | 26.02 | 7.88 |
| 중2 | 29.64 | 7.79 |
| 중3 | 30.22 | 7.33 |
| 고1 | 30.30 | 7.05 |
| 고2 | 30.66 | 7.38 |
| 고3 | 32.14 | 7.07 |
| 행동적 영역 | | |
| 연령(학령) | 평균 | 표준편차 |
| 중1 | 27.17 | 9.65 |
| 중2 | 31.66 | 9.55 |
| 중3 | 31.54 | 8.82 |
| 고1 | 32.66 | 8.31 |
| 고2 | 31.84 | 9.71 |
| 고3 | 34.37 | 8.72 |
| 폭력에 관한 태도 | | |
| 연령(학령) | 평균 | 표준편차 |
| 중1 | 78.87 | 25.24 |
| 중2 | 90.55 | 22.97 |
| 중3 | 92.72 | 21.56 |
| 고1 | 94.63 | 20.72 |
| 고2 | 93.31 | 22.09 |
| 고3 | 100.62 | 20.03 |

이상의 결과는 연령(학령)이 높아질수록 청소년들의 폭력에 관한 태도가 바람직하지 못하게 변하는 것으로 해석할 수 있다. 이 같은 결과는 연령(학령)이 높아질수록 청소년들의 준법의식이 약화된다는 것을 의미하는 것이기도 하다. 따라서 저학년일 때부터 폭력과 관련되는 바람직한 교육과 환경조성이 요구된다.

학교성적에 따라 나타나는 폭력에 관한 태도 차이는 <표 21>과 같다.

<표 21> 학교성적과 폭력에 관한 태도 차이

| 인지적 영역 | | |
|---|---|---|
| 학교성적 | 평균 | 표준편차 |
| 1등~7등 | 29.09 | 7.60 |
| 8등~14등 | 29.21 | 7.64 |
| 15등~21등 | 30.38 | 7.28 |
| 22등~28등 | 30.02 | 7.40 |
| 29등~35등 | 32.11 | 8.34 |
| 정서적 영역 | | |
| 학교성적 | 평균 | 표준편차 |
| 1등~7등 | 29.63 | 9.66 |
| 8등~14등 | 29.96 | 9.50 |
| 15등~21등 | 30.72 | 9.62 |
| 22등~28등 | 30.29 | 9.63 |
| 29등~35등 | 34.01 | 11.03 |
| 행동적 영역 | | |
| 학교성적 | 평균 | 표준편차 |
| 1등~7등 | 31.32 | 9.52 |
| 8등~14등 | 31.52 | 9.08 |
| 15등~21등 | 31.36 | 8.91 |
| 22등~28등 | 30.46 | 8.66 |
| 29등~35등 | 34.97 | 11.06 |
| 폭력에 관한 태도 | | |
| 학교성적 | 평균 | 표준편차 |
| 1등~7등 | 89.93 | 22.37 |
| 8등~14등 | 90.88 | 22.67 |
| 15등~21등 | 92.53 | 22.46 |
| 22등~28등 | 90.72 | 22.54 |
| 29등~35등 | 100.49 | 25.12 |

대체적인 경향은 학교성적이 높을수록 청소년의 폭력에 관한 태도가 바람직한 것으로 나타났다. 특이한 점은 15등부터 21등까지의 폭력에 관한 태도가 22등부터 28등까지의 폭력에 관한 태도보다 바람직하지 못한 경향을 보이고 있다는 것이다. 청소년들의 폭력에 관한 태도의 개별값들은 각 평균값으로부터 22.37에서 25.12 정도로 분포되어 있다.

인지적 영역에서 1등부터 14등까지는 폭력에 대해서 민감한 것으로 나타났으며, 15등부터 35등까지는 둔감한 것으로 나타났다. 다만 15등부터 21등까지의 학생들이 22등부터 28등까지의 학생들보다 더 둔감한 것으로 나타났다. 청소년들의 폭력에 관한 인지적 측면의 개별값들은 각 평균값으로부터 7.28에서 8.34 정도로 분포되어 있다.

인지적 영역에서 파악된 경향은 정서적 영역이나 행동적 영역에서도 비슷하게 나타난다. 학교성적이 높을수록 폭력에 대해서 부정적인 평가를 내리고 낮을수록 폭력에 대해서 긍정적인 평가를 내리고 있다. 하지만 15등부터 21등까지의 학생들은 22등부터 28등까지의 학생들보다 폭력에 대해 더 긍정적인 평가를 내리고 있는 것으로 나타났다. 청소년들의 폭력에 관한 정서적 영역의 개별값들은 각 평균값으로부터 9.50에서 11.03 정도로 분포되어 있다.

행동적 영역에서도 학교성적이 높을수록 폭력에 대해서 적극적으로 항의를 하는 태도를 보이고 있으나 낮을수록 허용하는 태도를 보이고 있었다. 하지만 15등부터 21등까지의 학생들은 22등부터 28등까지의 학생들보다 폭력에 대해 더 허용적인 태도를 보이고 있다. 청소년들의 폭력에 관한 정서적 영역의 개별값들은 평균값으로부터 8.66에서 11.06 정도로 분포되어 있다.

따라서 학교성적이 낮을수록 청소년들은 폭력행동을 할 가능성이 높다고 할 수 있다. 이 같은 결과는 김준호·김선애(1992)의 선행 연구와도 일치한다.

학교형태와 폭력에 관한 태도 차이는 <표 22>와 같다.

<표 22> 학교형태와 폭력에 관한 태도 차이

| 인지적 영역 | | |
|---|---|---|
| 학교형태 | 평균 | 표준편차 |
| 남학교 | 30.72 | 8.07 |
| 여학교 | 29.66 | 6.50 |
| 남녀공학 | 29.38 | 8.07 |
| 정서적 영역 | | |
| 학교형태 | 평균 | 표준편차 |
| 남학교 | 31.65 | 10.18 |
| 여학교 | 30.69 | 9.14 |
| 남녀공학 | 29.43 | 9.98 |
| 행동적 영역 | | |
| 학교형태 | 평균 | 표준편차 |
| 남학교 | 32.97 | 10.16 |
| 여학교 | 31.86 | 8.61 |
| 남녀공학 | 30.25 | 9.11 |
| 폭력에 관한 태도 | | |
| 학교형태 | 평균 | 표준편차 |
| 남학교 | 94.99 | 24.80 |
| 여학교 | 92.40 | 20.06 |
| 남녀공학 | 89.17 | 23.40 |

청소년들의 폭력에 관한 태도의 개별값들은 남학교가 24.80, 남녀공학이 23.40, 여학교가 20.06 정도로 각각의 평균값에 떨어져 분포되어 있다. 학교형태에 따른 폭력에 관한 태도 차이는 남녀공

학이 가장 바람직한 것으로 나타났고, 남학교와 여학교의 경우에는 남녀공학에 비해 바람직하지 못한 것으로 나타났다.

인지적 영역부터 살펴보면, 여학교와 남녀공학의 학생들은 약간 민감한 경향을 보이고 있으나, 남학교의 학생들은 약간 둔감한 경향을 보이고 있다. 정서적 영역에서는 남학교와 여학교의 학생들은 폭력에 관해 약간 긍정적인 평가를 내리고 있지만, 남녀공학의 학생들은 폭력에 관해 약간 부정적 평가를 내리고 있다. 행동적 영역에서는 남학교, 여학교, 남녀공학 모두 폭력에 대해 소극적인 행동 의사를 나타내고 있다.

남녀공학의 학생들이 폭력에 관한 태도에 있어서 남학교와 여학교의 학생들에 비해 약간 더 바람직하다는 점은 정책적으로 참고할 필요가 있다.

가족구조와 폭력에 관한 태도 차이는 <표 23>과 같다.

인지적 영역을 제외하고는 결손가정의 청소년들보다 결손이 아닌 가정의 청소년들이 폭력에 관한 태도가 더 바람직하지 못한 것으로 나타났다. 결손가정의 청소년들의 폭력에 관한 태도의 개별값들은 각 평균값으로부터 8.23 정도 떨어져 분포되어 있고, 결손이 아닌 가정의 청소년들의 경우에는 7.44 정도 떨어져 분포되어 있다.

인지적 영역에서는 결손가정과 결손이 아닌 가정의 청소년들 모두 폭력에 대해서 약간 민감하다. 개별값들의 분포면에서는 결손가정의 청소년들은 8.23, 결손이 아닌 가정의 청소년들은 7.44 정도로 각 평균값에서 떨어져 분포되어 있는 것으로 나타났다. 정서적 영역에서는 결손가정과 결손이 아닌 가정의 청소년들 모두 폭력에 대해서 약간 긍정적인 평가를 하는 경향이 있다.

〈표 23〉 가족구조와 폭력에 관한 태도 차이

| 인지적 영역 | | |
|---|---|---|
| 가족구조 | 평균 | 표준편차 |
| 결손가정 | 29.90 | 8.23 |
| 결손이 아닌 가정 | 29.75 | 7.44 |
| 정서적 영역 | | |
| 가족구조 | 평균 | 표준편차 |
| 결손가정 | 30.16 | 10.97 |
| 결손이 아닌 가정 | 30.41 | 9.62 |
| 행동적 영역 | | |
| 가족구조 | 평균 | 표준편차 |
| 결손가정 | 30.74 | 9.86 |
| 결손이 아닌 가정 | 31.58 | 9.23 |
| 폭력에 관한 태도 | | |
| 가족구조 | 평균 | 표준편차 |
| 결손가정 | 91.22 | 25.42 |
| 결손이 아닌 가정 | 91.74 | 22.45 |

　　결손가정의 청소년들은 10.97, 결손이 아닌 가정의 청소년들은 9.62 정도로 각 평균값에서 떨어져 분포되어 있는 것으로 나타났다. 행동적 영역에서는 결손가정과 결손이 아닌 가정의 청소년들 모두 폭력에 대해서 소극적으로 허용하는 태도를 보이고 있다. 상대적으로 결손이 아닌 가정의 청소년들이 더 소극적으로 허용하는 태도를 보이고 있다. 결손가정의 청소년들 경우에는 9.86, 결손이 아닌 가정의 청소년들 경우에는 9.23 정도로 각 평균값에 떨어져 분포되어 있는 것으로 나타났다.

　　이 같은 가족구조와 폭력에 관한 태도 차이에서 나타난 결과는 김준호(1997) 등의 선행연구와 일치한다고 볼 수 있다. 즉, 가정의 결손이 반드시 폭력을 야기한다고 보기 어렵다. 오히려 결손이 아닌 가정의 청소년들이 폭력행동을 할 가능성이 더욱 크다고 할 수 있다.

## 2) 폭력에 관한 태도 유형의 분포

본 연구의 폭력에 관한 태도 유형 분석틀에 따라 폭력에 관한 태도 유형이 청소년들 사이에 어떻게 분포되어 있는지를 확인해 보았다. 분포를 확인하기 위해 청소년들의 폭력에 관한 인지적 영역을 점수화하여 중간값을 기준으로 인지 수준을 '민감'과 '둔감'으로 구분하였다. 정서적 영역도 점수화하여 중간값을 기준으로 정서적 평가를 '긍정적(폭력우호)'과 '부정적(폭력반대)'으로 구분하였다. 행동적 영역의 경우에도 점수화하여 중간값을 기준으로 행동의도를 '적극(폭력에 대해 적극적으로 항의하는 것)'과 '소극(폭력에 대해 소극적으로 허용하는 것)'으로 구분하였다. 이를 본 연구의 폭력에 관한 태도 유형 분석틀에 적용한 결과, <표 24>와 같은 청소년들의 폭력에 관한 태도 유형의 분포가 나타났다.

〈표 24〉 청소년들의 폭력에 관한 태도 유형의 분포

| 유형 | 빈도(명) | 비율(%) |
|---|---|---|
| 무규범형 | 133 | 10.60 |
| 표리부동형 | 67 | 5.34 |
| 동조형 | 326 | 25.99 |
| 관객형 | 79 | 6.29 |
| 도피형 | 45 | 3.58 |
| 우둔형 | 53 | 4.22 |
| 혐오형 | 117 | 9.33 |
| 수호자형 | 434 | 34.60 |

청소년들의 폭력에 관한 태도의 유형 분포는 무규범형 133명 (10.60%), 표리부동형 67명(5.34%), 동조형 326명(25.99%), 관객형 79명(6.29%), 도피형 45명(3.58%), 우둔형 53명(4.22%), 혐오형 117명(9.33%), 수호자형 434명(34.60%)으로 나타났다.

수호자형이 34.6%를 차지하고 있다는 것은 긍정적인 결과이다. 하지만 폭력을 행사할 가능성이 높은 청소년들이 약 15%를 차지하고 있다. 그리고 폭력에 대해서 방관적인 입장을 취할 것으로 예상되는 청소년들이 약 50%를 차지하고 있다. 특히 방관적인 입장에서 문제가 되는 동조형(25.9%)과 관객형(6.29%)이 상당히 많은 청소년들에게 분포되어 있다는 결과는 청소년폭력예방재단 등의 선행조사와 일치하는 것으로 볼 수 있다.

전체적으로는 약 65% 정도의 청소년들이 폭력에 관해 바람직하지 못한 태도를 취하고 있음을 알 수 있다. 따라서 청소년들의 폭력에 관한 태도를 바람직한 방향으로 변화시키기 위한 대책이 시급히 필요하다. 청소년의 폭력에 관한 태도 개선을 위한 대책은 태도를 변화시키기 위한 교육적 대책이면서 동시에 법에 대해 긍정적인 태도를 함양할 수 있는 법교육이 적절하다고 볼 수 있다. 이와 같은 전체적인 측면의 대책 외에도 청소년들의 폭력에 관한 태도 유형에 따라 적합한 법교육을 실시하는 것이 필요하다. 법교육은 다양한 교수기법을 활용하여 청소년들의 법에 대한 건전한 인지적·정서적·행동적 영역들을 함양할 수 있다는 점에서 적절한 대책이 될 수 있다.

<표 25>는 청소년들의 폭력에 관한 태도를 본 연구의 폭력에 관한 태도 유형 분석틀에 적용한 결과이고, 이를 그래프로 나타낸

것이 <그림 4>이다.

〈표 25〉 청소년들의 폭력에 관한 태도를 연구 분석틀에 적용한 결과

| 구 분 | | 인지 수준 | | | |
|---|---|---|---|---|---|
| | | 민감 | | 둔감 | |
| 행동 의도 | | 적극 | 소극 | 적극 | 소극 |
| 정서적 평가 | 긍정적<br>(폭력우호) | 표리부동형<br>(5.34%) | 관객형<br>(6.29%) | 무규범형<br>(10.60%) | 동조형<br>(25.99%) |
| | 부정적<br>(폭력반대) | 수호자형<br>(34.60%) | 혐오형<br>(9.33%) | 우둔형<br>(4.22%) | 도피형<br>(3.58%) |

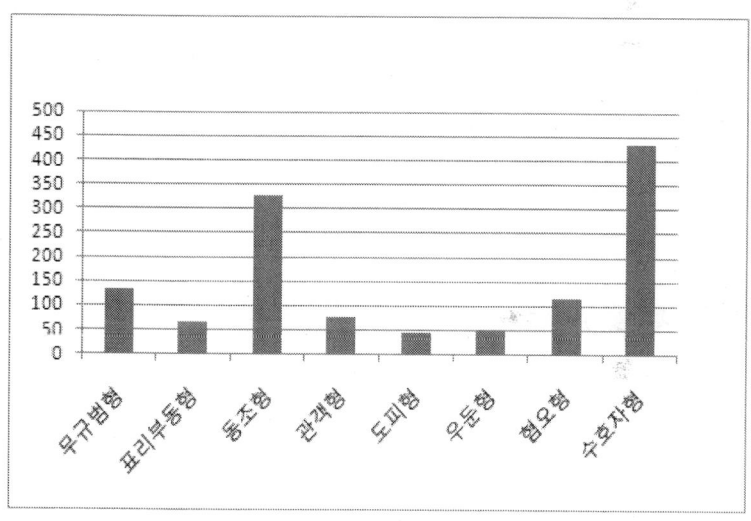

〈그림 4〉 청소년들의 폭력에 관한 태도의 유형 분포도

## 2. 법교육 효과의 분석과 논의

이 절에서는 전체 표집 1,328명 중에서 법교육을 받은 87명의 실험집단이 폭력에 관한 태도에서 어떤 변화를 보이는지를 살펴볼 것이다. 우선 법교육을 받은 실험집단의 특성에 대해서 간단히 살펴본 후, t-test를 실시하여 폭력에 관한 태도의 변화가 유의미한지를 검사하였다. 다음으로는 실험집단인 87명의 청소년들이 법교육을 받기 전과 후에 폭력에 관한 태도 유형의 분포가 어떻게 변화하였는지를 확인하였다. 마지막으로 법교육이 청소년의 폭력에 관한 태도 변화에 미친 영향을 더욱 정확하게 설명하기 위해서 상관관계 분석과 다중회귀 분석을 실시하였다.

### 1) 실험집단의 특성

실험집단인 87명의 청소년들의 특성을 성별, 연령(학령), 학교성적, 학교형태, 법내용법교육을 받은 경험, 학교폭력예방법교육을 받은 경험, 가족구조, 가정형편에 따라 분석해보기로 하겠다.

성별의 경우에는 남학생 48명(55.2%), 여학생 39명(44.8%)으로 다소 차이는 있지만 비교적 고르게 분포되어 있다고 할 수 있다.

연령(학령)의 경우에는 중1은 24명(27.6%), 중2는 28명(32.2%), 중3은 35명(40.2%)으로 파악되었다. 중3의 비중이 다소 많지만, 연구결과를 살펴보기에는 적절한 분포로 여겨진다. 실험집단에 고등학생은 포함되지 않았지만, 중2와 중3의 폭력에 관한 태도가 고등학생과의 차이가 그리 크지 않았다는 점에서 연구결과를 확인하는 데 문제는 없을 것으로 생각된다.

학교성적의 경우에는 1등~7등은 35명(40.2%), 8등~14등은 25명(28.7%), 15등~21등은 20명(23.0%), 22등~28등은 3명(3.4%), 29등~35등은 4명(4.6%)으로 나타났다. 실험집단의 청소년들의 경우, 학업성적은 대체로 좋은 편이었다.

학교형태의 경우에는 실험집단 87명 모두 남녀공학에 재학 중이었다.

법내용법교육을 받은 경험은 0회가 36명(41.4%), 1회~2회가 42명(48.3%), 3회~4회가 5명(5.7%), 5회 이상이 3명(3.4%)으로 나타났다. 또한 학교폭력예방법교육을 받은 경험은 0회가 18명(20.7%), 1회~2회가 41명(47.1%), 3회~4회가 19명(21.8%), 5회 이상이 9명(10.3%) 으로 나타났다. 이와 같은 결과는 현재 학교현장에서 법교육이 활성화되어 있지 않은 실태를 반영하고 있다.

가족구조의 경우에는 결손이 아닌 가정이 75명(86.2%), 결손가정이 12명(12%)으로 나타났다. 이는 일반적인 경향과 큰 차이가 없다.

가정형편의 경우에는 '경제적으로 매우 여유가 있다.'는 7명(8.0%), '경제적으로 약간 여유가 있다.'는 59명(67.8%), '경제적으로 약간 어려운 편이다.'는 19명(21.8%), '경제적으로 매우 어려운 편이다.'는 1명(1.1%)로 나타났다. 경제적으로 큰 어려움이 없는 청소년들이 다수를 차지하였다.

위에서 살펴본 실험집단 청소년들의 특성은 <표 26>과 같다.

〈표 26〉 실험집단의 특성

| 성별 | | | |
|---|---|---|---|
| 남자 | | 여자 | |
| 48명(55.2%) | | 39명(44.8%) | |

| 연령(학령) | | |
|---|---|---|
| 중1 | 중2 | 중3 |
| 24명(27.6%) | 28명(32.2%) | 35명(40.2%) |

| 학교성적 | | | | |
|---|---|---|---|---|
| 1등~7등 | 8등~14등 | 15등~21등 | 22등~28등 | 29등~35등 |
| 35명(40.2%) | 25명(28.7%) | 20명(23.0%) | 3명(3.4%) | 4명(4.6%) |

| 학교형태 |
|---|
| 남녀공학: 87명(100%) |

| 법내용법교육을 받은 경험 | | | |
|---|---|---|---|
| 0회 | 1회~2회 | 3회~4회 | 5회 이상 |
| 36명(41.4%) | 42명(48.3%) | 5명(5.7%) | 3명(3.4%) |

| 학교폭력예방법교육을 받은 경험 | | | |
|---|---|---|---|
| 0회 | 1회~2회 | 3회~4회 | 5회 이상 |
| 18명(20.7%) | 41명(47.1%) | 19명(21.8%) | 9명(10.3%) |

| 가족구조 | | | |
|---|---|---|---|
| 결손가정 | | 결손이 아닌 가정 | |
| 12명(12%) | | 75명(86.2%) | |

| 가정형편 | | | |
|---|---|---|---|
| 경제적으로 매우 여유가 있다 | 경제적으로 약간 여유가 있다 | 경제적으로 약간 어려운 편이다 | 경제적으로 매우 어려운 편이다 |
| 7명(8.0%) | 59명(67.8%) | 19명(21.8%) | 1명(1.1%) |

## 2) 법교육 시행 후 폭력에 관한 태도의 변화

### (1) 인지적 영역의 변화

<표 27>은 실험집단 청소년들의 폭력에 관한 태도의 인지적 영

역의 변화를 법교육 시행 전과 후로 비교한 것이다.

〈표 27〉 법교육 시행 전후 실험집단의 폭력에 관한 태도의 인지적 영역의 변화

| 항 목 | | 평균(표준편차) | | t | 유의 확률 |
|---|---|---|---|---|---|
| | | 사전 | 사후 | | |
| 인지적 영역 | 싸움 | 2.16(1.05) | 1.84(1.03) | 2.03 | .044* |
| | 상해 | 2.15(.94) | 1.77(.78) | 2.83 | .005** |
| | 언어폭력 | 2.78(1.25) | 2.21(1.06) | 3.22 | .002** |
| | 감금 | 2.17(1.11) | 1.91(1.05) | 1.61 | .109 |
| | 강요 | 2.53(1.15) | 2.09(1.05) | 2.61 | .010* |
| | 따돌림 | 2.25(1.13) | 1.82(.94) | 2.75 | .006** |
| | 갈취 | 2.30(1.14) | 1.93(.99) | 2.26 | .025* |
| | 협박 | 2.76(1.15) | 2.20(1.04) | 3.38 | .001** |
| | 사이버폭력 | 2.54(1.20) | 2.06(1.17) | 2.66 | .008** |
| | 성희롱 | 2.72(1.18) | 2.31(1.13) | 2.34 | .020* |
| | 교사 언어적 폭력 | 2.03(1.15) | 1.95(1.18) | .45 | .647 |
| | 교사 신체적 폭력 | 2.92(1.48) | 2.51(1.40) | 1.87 | .063 |

*: p<.05, **: p<.01에서 유의미함.

분석결과, 실험집단 청소년들은 법교육을 받은 후에 폭력에 관해 훨씬 더 민감하게 인식하게 된 것으로 나타났다. 싸움은 평균이 0.32 정도 낮아졌으며 이러한 결과는 p<.05 수준에서 통계적으로 유의미한 차이이다. 상해는 평균이 0.38 정도 낮아졌으며 이러한 결과는 p<.01 수준에서 통계적으로 유의미한 차이이다. 언어폭력 은 평균이 0.57 정도 낮아졌으며 이러한 결과는 p<.01 수준에서 통계적으로 유의미한 차이이다. 감금은 평균이 0.26 정도 낮아졌으 며 이러한 결과는 통계적으로 유의미하지 않다. 강요는 평균이 0.44 정도 낮아졌으며 이러한 결과는 p<.05 수준에서 통계적으로 유의미한 차이이다. 따돌림은 평균이 0.43 정도 낮아졌으며 이러한

결과는 p<.01 수준에서 통계적으로 유의미한 차이이다. 갈취는 평균이 0.37 정도 낮아졌으며 이러한 결과는 p<.05 수준에서 통계적으로 유의미한 차이이다. 협박은 평균이 0.56 정도 낮아졌으며 이러한 결과는 p<.01 수준에서 통계적으로 유의미한 차이이다. 사이버폭력은 평균이 0.48 정도 낮아졌으며 이러한 결과는 p<.01 수준에서 통계적으로 유의미한 차이이다. 성희롱은 평균이 0.41 정도 낮아졌으며 이러한 결과는 p<.05 수준에서 통계적으로 유의미한 차이이다. 교사 언어적 폭력은 평균이 0.08 정도 낮아졌으며 이러한 결과는 통계적으로 유의미하지 않다. 교사 신체적 폭력은 평균이 0.41 정도 낮아졌으며 이러한 결과는 통계적으로 유의미하지 않다.

이와 같은 결과가 나타난 것은 법교육이 청소년들의 인지적 영역에 큰 영향을 준 것으로 볼 수 있다. 즉, 학생들이 폭력을 보다 민감하게 인식하게 된 것이다. 만약 지속적인 법교육이 시행된다면, 더욱 좋은 결과를 얻을 수 있을 것으로 예상된다.

이상의 변화 중에서 실험집단이 인지적으로 둔감했는데 민감한 것으로 변화한 대표적인 영역은 언어폭력, 강요, 협박, 사이버폭력, 성희롱이다. 이에 비해 실험집단이 둔감한 상태에서 큰 변화가 없었던 것은 교사의 신체적 폭력이다. 실험집단이 교사의 신체적 폭력에 대해서 계속 둔감한 것은 질문지에서 '회초리로 규칙을 위반했을 때'라는 상황을 제시했기 때문에 학생들이 교사의 폭력이 정당성을 지니고 있다고 판단한 것으로 여겨진다.

## (2) 정서적 영역의 변화

&lt;표 28&gt;은 실험집단 청소년들의 폭력에 관한 태도의 정서적 영역의 변화를 법교육 시행 전과 후로 비교한 것이다.

〈표 28〉 법교육 시행 전후 실험집단의 폭력에 관한 태도의 정서적 영역의 변화

| 항 목 | | 평균(표준편차) | | t | 유의 확률 |
|---|---|---|---|---|---|
| | | 사전 | 사후 | | |
| 정서적 영역 | 싸움 | 2.37(1.456) | 1.88(1.056) | 2.659 | .009** |
| | 상해 | 2.24(1.283) | 1.85(1.101) | 2.012 | .046* |
| | 언어폭력 | 2.66(1.444) | 2.12(1.192) | 2.706 | .007** |
| | 감금 | 2.16(1.167) | 1.83(1.065) | 1.980 | .049* |
| | 강요 | 2.55(1.280) | 2.22(1.162) | 1.746 | .083 |
| | 따돌림 | 2.27(1.241) | 1.86(1.031) | 2.340 | .020* |
| | 갈취 | 2.08(1.060) | 2.07(1.186) | .073 | .942 |
| | 협박 | 2.60(1.304) | 2.20(1.117) | 2.158 | .032* |
| | 사이버폭력 | 2.38(1.298) | 2.21(1.310) | .843 | .400 |
| | 성희롱 | 2.67(1.410) | 2.43(1.306) | 1.178 | .240 |
| | 교사 언어적 폭력 | 2.00(1.168) | 1.92(1.180) | .455 | .650 |
| | 교사 신체적 폭력 | 2.53(1.420) | 2.48(1.461) | .265 | .792 |

*: p<.05, **: p<.01에서 유의미함.

분석결과, 실험집단 청소년들은 법교육을 받은 후에 폭력에 관해 정서적으로 훨씬 더 부정적인 평가를 내리는 상태로 변화된 것으로 나타났다. 싸움의 평균은 0.49 정도 낮아졌으며 이러한 결과는 p<.01 수준에서 통계적으로 유의미한 차이이다. 상해의 평균은 0.39 정도 낮아졌으며 이러한 결과는 p<.05 수준에서 통계적으로 유의미한 차이이다. 언어폭력의 평균은 0.54 정도 낮아졌으며 이러

한 결과는 p<.01 수준에서 통계적으로 유의미한 차이이다. 감금의 평균은 0.33 정도 낮아졌으며 이러한 결과는 p<.05 수준에서 통계적으로 유의미한 차이이다. 강요의 평균은 0.33 정도 낮아졌으며 이러한 결과는 통계적으로 유의미하지 않다. 따돌림의 평균은 0.41 정도 낮아졌으며 이러한 결과는 p<.05 수준에서 통계적으로 유의미한 차이이다. 갈취의 평균은 0.01 정도 낮아졌으며 이러한 결과는 통계적으로 유의미하지 않다. 협박의 평균은 0.40 정도 낮아졌으며 이러한 결과는 p<.05 수준에서 통계적으로 유의미한 차이이다. 사이버폭력의 평균은 0.17 정도 낮아졌으며 이러한 결과는 통계적으로 유의미하지 않다. 성희롱의 평균은 0.24 정도 낮아졌으며 이러한 결과는 통계적으로 유의미하지 않다. 교사 언어적 폭력의 평균은 0.08 정도 낮아졌으며 이러한 결과는 통계적으로 유의미하지 않다. 교사 신체적 폭력의 평균은 0.05 정도 낮아졌으며 이러한 결과는 통계적으로 유의미하지 않다. 실험집단이 긍정적인 평가를 내리고 있었던 언어폭력과 협박은 법교육 후에 부정적인 평가를 내리는 상태로 변화하였다.

전반적으로 법교육 시행 후에 실험집단의 학생들은 폭력에 관해 정서적으로 부정적인 태도를 지니게 된 것으로 확인되었다. 다만 법교육 시행 후에 실험집단의 정서적 영역의 변화가 인지적 영역의 변화보다는 작았다. 이는 태도에서 정서적 영역보다 인지적 영역이 훨씬 쉽게 변화한다는 것으로 해석할 수 있으며, 역으로 인지적 영역보다 정서적 영역이 변화되는데 보다 많은 시간과 노력이 필요하다는 의미로 파악할 수도 있다.

## (3) 행동적 영역의 변화

<표 29>는 실험집단 청소년들의 폭력에 관한 태도의 행동적 영역의 변화를 법교육 시행 전과 후로 비교한 것이다.

분석결과, 실험집단의 청소년들은 법교육을 받은 후에 폭력에 관해 더욱 적극적으로 대처하려는 행동을 보이는 자세로 변화한 것으로 나타났다. 싸움에 관한 평균은 0.33 정도 낮아졌으며 이러한 결과는 통계적으로 유의미하지 않다. 상해에 관한 평균은 0.18 정도 낮아졌으며 이러한 결과는 통계적으로 유의미하지 않다. 언어폭력의 평균은 0.37 정도 낮아졌으며 이러한 결과는 $p < .05$ 수준에서 통계적으로 유의미한 차이이다. 감금의 평균은 0.23 정도 낮아졌으며 이러한 결과는 통계적으로 유의미하지 않다. 강요의 평균은 0.02 정도 낮아졌으며 이러한 결과는 통계적으로 유의미하지 않다. 따돌림의 평균은 0.26 정도 낮아졌으며 갈취의 평균은 0.20 정도 낮아졌으며 이러한 결과는 통계적으로 유의미하지 않다. 협박의 평균은 0.30 정도 낮아졌으며 이러한 결과는 통계적으로 유의미하지 않다. 사이버폭력의 평균은 0.31 정도 낮아졌으며 이러한 결과는 통계적으로 유의미하지 않다. 성희롱의 평균은 0.42 정도 낮아졌으며 이러한 결과는 $p < .05$ 수준에서 통계적으로 유의미한 차이이다. 교사 언어적 폭력의 평균은 0.31 정도 낮아졌으며 이러한 결과는 통계적으로 유의미하지 않다. 교사 신체적 폭력의 평균은 0.14 정도 낮아졌으며 이러한 결과는 통계적으로 유의미하지 않다. 실험집단은 언어폭력, 협박, 사이버폭력, 성희롱에 대해 소극적으로 대처하는 자세에서 적극적으로 대처하는 자세로 변화하였다.

행동적 영역에서도 긍정적인 변화가 나타나긴 했으나, 인지적 영역이나 정서적 영역에 비해서는 그 변화의 폭이 작은 편이었다. 행동적 영역들의 변화가 작게 나타난 이유는 실험집단이 폭력에 관해 소극적인 태도를 많이 가지고 있는 결과로 볼 수 있다. 일반적으로 청소년들이 폭력에 대해서 적극적으로 대처하는 것은 쉽지 않다. 청소년들은 폭력이 발생한 경우, 어떻게 처리해야 할지에 대한 절차에 대해 잘 모른다. 그리고 보복이 두려워서나 신고하는 것이 귀찮아서 등 다양한 이유들이 청소년의 폭력에 관한 행동적 태도에 영향을 미치고 있다(청소년폭력예방재단, 2010). 따라서 청소년들의 행동적 영역의 변화를 유도하기 위해서는 폭력문제를 처리하는 절차와 폭력에 적극적으로 대처할 수 있는 시스템도 법교육과 함께 고려될 필요가 있다고 판단된다.

〈표 29〉 법교육 시행 전후 실험집단의 폭력에 관한 태도의 행동적 영역의 변화

| 항 목 | | 평균(표준편차) | | t | 유의 확률 |
| --- | --- | --- | --- | --- | --- |
| | | 사전 | 사후 | | |
| 행동적 영역 | 싸움 | 2.45(1.12) | 2.12(1.06) | 1.96 | .051 |
| | 상해 | 2.21(1.03) | 2.03(1.06) | 1.09 | .277 |
| | 언어폭력 | 2.73(1.26) | 2.36(1.16) | 2.00 | .047* |
| 행동적 영역 | 감금 | 2.23(1.17) | 2.00(1.13) | 1.31 | .189 |
| | 강요 | 2.33(1.13) | 2.31(1.12) | .11 | .909 |
| | 따돌림 | 2.32(1.13) | 2.06(1.07) | 1.53 | .127 |
| | 갈취 | 2.29(1.24) | 2.09(1.00) | 1.13 | .258 |
| | 협박 | 2.71(1.14) | 2.41(1.01) | 1.79 | .074 |
| | 사이버폭력 | 2.52(1.08) | 2.21(1.16) | 1.78 | .076 |
| | 성희롱 | 2.64(1.32) | 2.22(1.15) | 2.20 | .029* |
| | 교사 언어적 폭력 | 2.26(1.30) | 1.95(1.16) | 1.60 | .111 |
| | 교사 신체적 폭력 | 2.53(1.29) | 2.39(1.29) | .74 | .460 |

*: $p < .05$, **: $p < .01$에서 유의미함.

## (4) 폭력에 관한 태도의 변화

<표 30>은 법교육 시행 전과 후로 실험집단 청소년들의 인지적·정서적·행동적 영역, 폭력에 관한 태도의 변화를 비교한 것이다.

〈표 30〉 법교육 시행 전후 실험집단의 폭력에 관한 태도의 변화

| 항 목 | 평균(표준편차) | | t | 유의 확률 |
|---|---|---|---|---|
| | 사전 | 사후 | | |
| 인지적 영역 | 26.77(8.28) | 22.45(7.67) | 3.514 | .001** |
| 정서적 영역 | 28.16(10.98) | 24.67(9.89) | 2.492 | .014* |
| 행동적 영역 | 26.51(7.81) | 23.77(8.13) | 2.181 | .031* |
| 폭력에 관한 태도 | 81.25(23.01) | 69.93(23.68) | 3.046 | .003* |

*: p<.05, **: p<.01에서 유의미함.

실험집단의 인지적 영역의 평균은 4.32 정도 낮아졌으며 이러한 결과는 p<.01 수준에서 통계적으로 유의미한 차이이다. 실험집단의 정서적 영역의 평균은 3.49 정도 낮아졌으며 이러한 결과는 p<.05 수준에서 통계적으로 유의미한 차이이다. 실험집단의 행동적 영역의 평균은 2.74 정도 낮아졌으며 이러한 결과는 p<.05 수준에서 통계적으로 유의미한 차이이다.

실험집단의 폭력에 관한 태도의 평균은 약 11.32점 정도 낮아져 현저한 변화를 보였다. 이러한 결과는 p<.01 수준에서 통계적으로 유의미한 차이이다.

법교육을 통해 청소년들의 폭력에 관한 태도에서 인지적·정서적·행동적 영역 모두 유의미한 변화가 발생하였다. 전반적으로 법교육을 받은 실험집단의 청소년들은 폭력에 관한 태도가 긍정적인

방향으로 향상되었다. 실험집단에 활용한 법교육이 단순히 지식전
달 중심의 법교육이 아니라, 활동과 참여를 중시하는 법교육이었다
는 점도 이러한 변화에 영향을 준 것으로 보인다.


## 3) 폭력에 관한 태도 유형의 변화

이론적 배경에서 살펴본 폭력에 관한 태도 유형이 법교육의 전
후에 어떻게 변화하였는지 살펴보기로 하겠다.

<표 31>은 법교육 시행 전 실험집단의 폭력에 관한 태도 유형
을 분석한 것이다.

〈표 31〉 법교육 시행 전 실험집단의 폭력에 관한 태도 유형 분포

| 유 형 | 빈 도(명) | 비 율(%) |
|---|---|---|
| 무규범형 | 5 | 5.81 |
| 표리부동형 | 0 | 0 |
| 동조형 | 26 | 30.23 |
| 관객형 | 4 | 4.65 |
| 도피형 | 5 | 5.81 |
| 우둔형 | 7 | 8.13 |
| 혐오형 | 10 | 11.62 |
| 수호자형 | 29 | 33.72 |

법교육 시행 전 실험집단의 폭력에 관한 태도 유형은 무규범형
은 5명(5.81%), 표리부동형은 0명(0%), 동조형은 26명(30.23%), 관
객형은 4명 (4.65%), 도피형은 5명(5.81%), 우둔형은 7명(8.13%),
혐오형은 10명(11.62%), 수호자형은 29명(33.72%)으로 나타났다.

<표 32>는 법교육 시행 전 실험집단의 폭력에 관한 태도를 본 연구의 폭력에 관한 태도 유형 분석틀에 적용한 결과이고, 이를 그래프로 나타낸 것이 <그림 5>이다.

〈표 32〉법교육 시행 전 실험집단의 폭력에 관한 태도를 연구 분석틀에 적용한 결과

| 구 분 | | 인지 수준 | | | |
|---|---|---|---|---|---|
| | | 민감 | | 둔감 | |
| 행동 의도 | | 적극 | 소극 | 적극 | 소극 |
| 정서적 평가 | 긍정적 (폭력우호) | 표리부동형 (0%) | 관객형 (4.65%) | 무규범형 (5.81%) | 동조형 (30.23%) |
| | 부정적 (폭력반대) | 수호자형 (33.72%) | 혐오형 (11.62%) | 은둔형 (8.13%) | 도피형 (5.81%) |

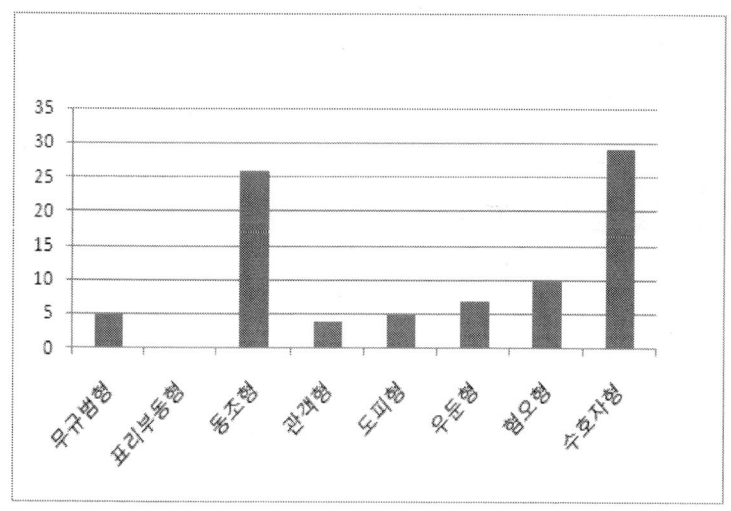

〈그림 5〉법교육 시행 전 실험집단의 폭력에 관한 태도 유형 분포도

<표 33>은 법교육을 시행한 후 실험집단의 폭력에 관한 태도 유형을 분석한 것이다.

| 유 형 | 빈 도(명) | 비 율(%) |
|---|---|---|
| 무규범형 | 4 | 4.65 |
| 표리부동형 | 2 | 2.32 |
| 동조형 | 19 | 22.09 |
| 관객형 | 4 | 4.65 |
| 도피형 | 1 | 1.16 |
| 우둔형 | 0 | 0 |
| 혐오형 | 5 | 5.81 |
| 수호자형 | 51 | 59.30 |

법교육 시행 후 실험집단의 폭력에 관한 태도 유형은 무규범형
은 4명(4.65%), 표리부동형은 2명(2.32%), 동조형은 19명(22.29%),
관객형은 4명(4.65%), 도피형은 1명(1.16%), 우둔형은 0명(0%), 혐
오형은 5명(5.81%), 수호자형은 51명(59.30%)으로 나타났다.

<표 34>는 법교육 시행 후 실험집단의 폭력에 관한 태도를 본
연구의 폭력에 관한 태도 유형 분석틀에 적용한 결과이고, 이를 그
래프로 나타낸 것이 <그림 6>이다.

〈표 34〉 법교육 시행 후 실험집단의 폭력에 관한 태도를 연구 분석틀에 적용한 결과

| 구 분 | | 인지 수준 | | | |
|---|---|---|---|---|---|
| | | 민감 | | 둔감 | |
| 행동 의도 | | 적극 | 소극 | 적극 | 소극 |
| 정서적 평가 | 긍정적 (폭력우호) | 표리부동형 (2.32%) | 관객형 (4.65%) | 무규범형 (4.65%) | 동조형 (22.09%) |
| | 부정적 (폭력반대) | 수호자형 (59.30%) | 혐오형 (5.81%) | 우둔형 (0%) | 도피형 (1.16%) |

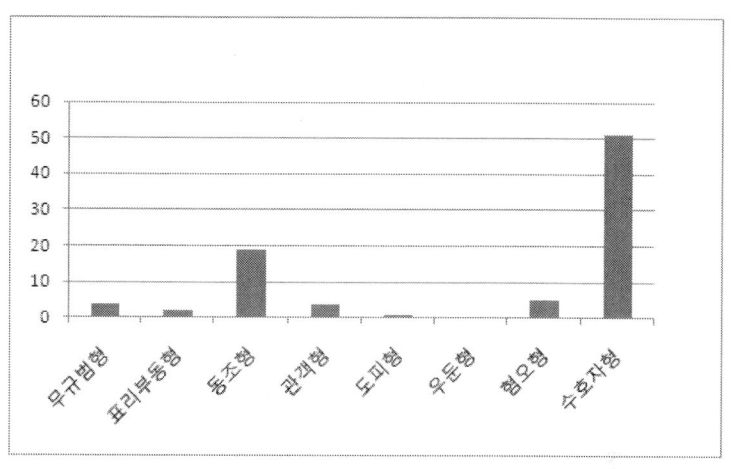

〈그림 6〉 법교육 시행 후 실험집단의 폭력에 관한 태도 유형 분포도

　법교육 시행 전과 후에 나타난 청소년의 폭력에 관한 태도의 변화를 구체적으로 살펴보면, 무규범형은 법교육 시행 전에 비해 1명이 감소하였다. 표리부동형은 2명이 증가하였고, 동조형은 7명이 감소하였다. 관객형은 변동이 없으며, 도피형은 4명이 감소하였다. 우둔형은 7명이 감소하였으며, 혐오형은 5명이 감소하였다. 교육적 목적이 되는 수호자형은 무려 22명이나 증가하였다. <그림 7>은 이와 같은 변화를 그래프로 나타낸 것이다.

　<그림 7>과 같이 법교육 시행으로 실험집단의 폭력에 관한 태도 유형은 아주 긍정적으로 변화되었다. 이와 같은 결과는 법교육이 청소년들이 폭력에 대해서 민감한 태도를 형성해주었거나 강화시켜 준 것으로 볼 수 있다. 또한 법교육은 청소년이 폭력에 대해 가지고 있는 부정적인 평가를 내리는 태도를 형성해 주었거나 강화시킨 것으로 볼 수 있다.

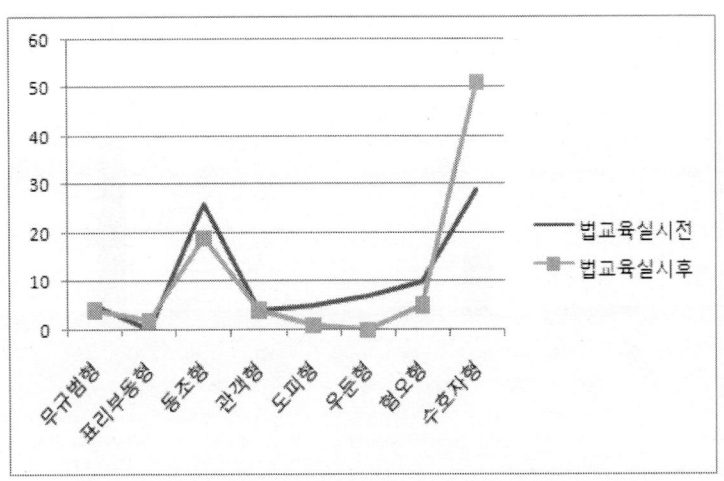

〈그림 7〉 법교육 시행 전후 실험집단의 폭력에 관한 태도 유형 변화

　　마지막으로 법교육은 폭력에 대해서 적극적으로 대응하는 합리
적 태도를 형성해주었거나 강화시킨 것으로 볼 수 있다.
　　이와 같은 청소년들의 폭력에 관한 태도의 긍정적인 변화는 법
적 소양뿐만 아니라 참여를 통해 사회적 기술과 능력을 함양하는
법교육에 의한 것이라고 해석할 수 있다.


## 4) 폭력에 관한 태도의 설명 변인


　　이러한 변화에 어떤 변인들이 영향을 주었는지를 확인하기 위해
다중회귀 분석을 실시하였다. 다음은 폭력에 관한 태도에 영향을
미치는 변인들을 확인하기 위한 회귀식이다.

```
            <회귀식> 폭력에 관한 태도에 영향을 미치는 변인

    Y= a +b₁X₁+b₂X₂+b₃X₃+b₄X₄+b₅X₅+b₆X₆+b₇X₇+b₈X₈+b₉X₉+eᵢ


        a  = 상수,   Y₁,₂,₃ = 폭력에 관한 태도      1 = 인지적 영역
                                                  2 = 정서적 영역
                                                  3 = 행동적 영역

                    X₁ = 법교육수업
                    X₂ = 가정양육태도
                    X₃ = 학교폭력경험
                    X₄ = 또래집단폭력성
                    X₅ = 대중매체폭력경험
                    X₆ = 사이버폭력경험
                    X₇ = 연령(학령)
                    X₈ = 성별
                    X₉ = 학교성적
```

## (1) 상관관계 분석

다중회귀 분석을 실시하기에 앞서, 다중회귀 분석에 포함되는 독립변인 간 상관관계 분석 및 독립변인과 종속변인 간 상관관계 분석을 실시하여 변인들 간의 특성을 직관적으로 살펴보고, 다중공선성의 문제를 파악하였다.

## ① 독립변인 간 상관관계 분석

<표 35>는 독립변인 간 상관관계를 분석한 것이다.

<표 35> 독립변인 간 상관관계 분석 결과

| 변 인 | 법교육수업 | 가정양육태도 | 학교폭력경험 | 또래집단폭력성 | 대중매체폭력경험 | 사이버폭력경험 | 연령(학령) | 성별 | 학교성적 |
|---|---|---|---|---|---|---|---|---|---|
| 법교육수업 | 1 | -.080** | .069* | .064* | .072** | .074** | -.205** | -.029 | -.127** |
| 가정양육태도 | | 1 | .298** | .179** | .176** | .218** | .066* | -.014 | .147** |
| 학교폭력경험 | | | 1 | .300** | .318** | .340** | .034 | -.158** | .049 |
| 또래집단폭력성 | | | | 1 | .260* | .328** | .061* | -.352** | .025 |
| 대중매체폭력경험 | | | | | 1 | .621** | .038 | -.136** | .030 |
| 사이버폭력경험 | | | | | | 1 | -.050 | -.277** | .112** |
| 연령(학령) | | | | | | | 1 | -.006 | .003 |
| 성별 | | | | | | | | 1 | -.010 |
| 학교성적 | | | | | | | | | 1 |

*: p<.05. **: p<.01. ***: p<.001에서 유의미함.

가정양육태도는 법교육 수업과 약한 음의 관계(-.080)를 나타내고 있으며, 이 결과는 p<.01 수준에서 통계적으로 유의미하다.

학교폭력경험은 법교육 수업과 약한 양의 관계(.069)를 나타내고 있으며, 이 같은 결과는 p<.05 수준에서 통계적으로 유의미하다. 학교폭력경험은 가정양육태도와 강한 양의 관계(.298)의 관계를 나타내고 있으며, 이 결과는 p<.01 수준에서 통계적으로 유의미하다.

또래집단 폭력성은 법교육 수업과 약한 양의 관계(.064)를 나타내고 있으며, 이 같은 결과는 p<.05 수준에서 통계적으로 유의미하다. 또래집단 폭력성은 가정양육태도와 양의 관계(.179)를 나타내고 있으며, 이 같은 결과는 p<.05 수준에서 통계적으로 유의미하

다. 마지막으로 또래집단 폭력성은 학교폭력경험과 강한 양의 상관 관계(.300)를 나타내고 있으며, 이 결과는 p<.01 수준에서 통계적으로 유의미하다.

　대중매체 폭력경험은 법교육 수업과 약한 양의 관계(.072)를 나타내고 있으며, 이 결과는 p<.01 수준에서 통계적으로 유의미하다. 또한 대중매체 폭력경험은 가정양육태도와 약한 양의 관계(.176)를 나타내고 있으며, 이 결과는 p<.01 수준에서 통계적으로 유의미하다. 그리고 대중매체 폭력경험은 학교폭력경험과 강한 양의 관계 (.318)를 나타내고 있으며, 이 결과는 p<.01 수준에서 통계적으로 유의미하다. 또한 대중매체 폭력경험은 또래집단 폭력성과도 양의 상관관계(.260)를 나타내고 있으며, 이 결과는 p<.01 수준에서 통계적으로 유의미하다.

　사이버 폭력경험은 법교육 수업과 약한 양의 관계(.074)를 나타내고 있으며, 이 결과는 p<.01 수준에서 통계적으로 유의미하다. 사이버 폭력경험은 가정양육태도와 양의 관계(.218)를 나타내고 있으며, 이 결과는 p<.01 수준에서 통계적으로 유의미하다. 사이버 폭력경험은 학교폭력경험과 강한 양의 관계(.340)를 나타내고 있으며, 이 결과는 p<.01 수준에서 통계적으로 유의미하다. 사이버 폭력경험은 또래집단 폭력성과 강한 양의 관계(.328)를 나타내고 있으며, 이 결과는 p<.01 수준에서 통계적으로 유의미하다. 사이버 폭력경험은 대중매체 폭력경험과 아주 강한 양의 관계(.621)를 나타내고 있으며, 이 결과는 p<.01 수준에서 통계적으로 유의미하다.

　연령(학령)은 법교육 수업과 음의 관계(-.205)를 나타내고 있으며, 이 결과는 p<.01 수준에서 통계적으로 유의미하다. 연령(학령)은

가정양육태도와 아주 약한 양의 관계(.066)를 나타내고 있으며, 이 같은 결과는 $p < .05$ 수준에서 통계적으로 유의미하다. 연령(학령)과 학교폭력경험, 대중매체 폭력경험, 사이버 폭력경험 간에는 통계적으로 유의미한 상관관계가 나타나지 않는다. 다만 연령(학령)은 또래집단 폭력성과 아주 약한 양의 관계(.061)를 나타내고 있으며, 이 같은 결과는 $p < .05$ 수준에서 통계적으로 유의미하다.

성별과 법교육 수업, 가정양육태도, 연령(학령) 간에는 통계적으로 유의미한 상관관계가 나타나지 않는다. 성별은 학교폭력경험과 약한 음의 관계(-.158)를 나타내고 있으며, 이 결과는 $p < .01$ 수준에서 통계적으로 유의미하다. 성별은 또래집단 폭력성과 강한 음의 관계(-.352)를 나타내고 있으며, 이 결과는 $p < .01$ 수준에서 통계적으로 유의미하다. 성별은 학교폭력경험과 음의 관계(-.136)를 나타내고 있으며, 이 결과는 $p < .01$ 수준에서 통계적으로 유의미하다. 성별은 사이버 폭력경험과 음의 관계(-.277)를 나타내고 있으며, 이 결과는 $p < .01$ 수준에서 통계적으로 유의미하다.

학교성적은 법교육 수업과 음의 관계(-.127)를 나타내고 있으며, 이 결과는 $p < .01$ 수준에서 통계적으로 유의미하다. 학교성적은 가정양육태도와 양의 관계(.147)를 나타내고 있으며, 이 결과는 $p < .01$ 수준에서 통계적으로 유의미하다. 학교성적과 학교폭력경험, 또래집단 폭력성, 대중매체 폭력경험, 연령(학령) 간에는 통계적으로 유의미한 상관관계가 나타나지 않는다. 학교성적은 사이버 폭력경험과 양의 관계(.112)를 나타내고 있으며, 이 결과는 $p < .01$ 수준에서 통계적으로 유의미하다.

독립변인 간에 통계적으로 유의미한 상관관계가 나타나 다중공

선성의 문제를 확인해 보았으나 문제가 나타나지 않았다.

## ② 독립변인과 종속변인 간의 상관관계 분석

<표 36>은 독립변인과 종속변인 간의 상관관계를 분석한 것이다.

〈표 36〉 독립변인과 종속변인 간 상관관계 분석 결과

| 종속변인<br>독립변인 | 인지적<br>영역 | 정서적<br>영역 | 행동적<br>영역 | 폭력에<br>관한 태도 |
|---|---|---|---|---|
| 법교육 수업 | -.176** | -.146** | -.154** | -.193** |
| 가정양육태도 | .083** | .016 | .074** | .058* |
| 학교폭력경험 | .001 | .007 | .035 | .007 |
| 또래집단 폭력성 | .047 | .066* | .082** | .067* |
| 대중매체 폭력경험 | .092** | .095** | .110** | .102** |
| 사이버 폭력경험 | .122** | .129** | .105** | .125** |
| 연령(학령) | .226** | .244** | .197** | .257** |
| 성별 | -.041 | -.021 | -.033 | -.027 |
| 학교성적 | .117** | .098** | .058* | .100** |

*: p<.05, **: p<.01, ***: p<.001에서 유의미함.

법교육 수업과 폭력에 관한 태도의 인지적 영역은 음의 관계
(-.176)를 나타내고 있으며, 이 결과는 p<.01 수준에서 통계적으로
유의미하다. 또한 법교육 수업과 폭력에 관한 태도의 정서적 영역
은 음의 관계(-.146)를 나타내고 있으며, 이 결과는 p<.01 수준에서
통계적으로 유의미하다. 법교육 수업과 폭력에 관한 태도의 행동적
영역은 음의 상관관계(-.154)를 나타내고 있으며, 이 결과는 p<.01
수준에서 통계적으로 유의미하다. 또한 법교육 수업과 폭력에 관한
태도는 음의 관계(-.193)를 나타내고 있으며, 이 결과는 p<.01 수준
에서 통계적으로 유의미하다. 따라서 법교육 수업을 받은 집단일수

록 인지적·정서적·행동적 영역, 폭력에 관한 태도 점수가 작아지고 있다.

가정양육태도는 폭력에 관한 태도의 인지적 영역과 아주 약한 양의 관계(.083)를 나타내고 있으며, 이 결과는 p<.01 수준에서 통계적으로 유의미하다. 한편 가정양육태도는 폭력에 관한 태도의 정서적 영역과는 통계적으로 유의미한 관계가 나타나지 않았다. 가정양육태도는 폭력에 관한 태도의 행동적 영역과 아주 약한 양의 관계(.074)를 나타내고 있으며, 이 결과는 p<.01 수준에서 통계적으로 유의미하다. 또한 가정양육태도는 폭력에 관한 태도와 아주 약한 양의 관계(.058)를 나타내고 있으며, 이 같은 결과는 p<.05 수준에서 통계적으로 유의미하다. 이 같은 결과는 최자은(1997)의 선행연구와도 일치한다.

학교폭력경험은 종속변인들과 통계적으로 유의미한 관계가 나타나지 않았다. 이 같은 결과는 서애경(2007)의 선행연구와는 다른 결과이다.

또래집단 폭력성은 폭력에 관한 태도의 인지적 영역을 제외하고 나머지 종속변인들과 통계적으로 유의미한 관계를 나타냈다. 또래집단 폭력성은 폭력에 관한 태도의 정서적 영역과 약한 양의 관계(.066)를 나타냈으며, 이 같은 결과는 p<.05 수준에서 통계적으로 유의미하다. 또한 또래집단 폭력성은 폭력에 관한 태도의 행동적 영역과 약한 양의 관계(.082)를 나타내고 있으며, 이 결과는 p<.01 수준에서 통계적으로 유의미하다. 그리고 또래집단 폭력성은 폭력에 관한 태도와 약한 양의 관계(.067)를 나타내고 있으며, 이 같은 결과는 p<.05 수준에서 통계적으로 유의미하다. 이는 김준호(1993)

의 선행연구와도 일치한다.

대중매체 폭력경험은 폭력에 관한 태도의 인지적 영역과 약한 양의 관계(.092)를 나타내고 있으며, 이 결과는 p<.01 수준에서 통계적으로 유의미하다. 또한 대중매체 폭력경험은 폭력에 관한 태도의 정서적 영역과 약한 양의 관계(.095)를 나타내고 있으며, 이 결과는 p<.01 수준에서 통계적으로 유의미하다. 그리고 대중매체 폭력경험은 폭력에 관한 태도의 행동적 영역과 양의 관계(.110)를 나타내고 있으며, 이 결과는 p<.01 수준에서 통계적으로 유의미하다. 또한 대중매체 폭력경험은 폭력에 관한 태도와 양의 관계(.102)를 나타내고 있으며, 이 결과는 p<.01 수준에서 통계적으로 유의미하다. 이는 표갑수(1998)의 선행연구를 뒷받침할 수 있는 결과이다.

사이버 폭력경험은 폭력에 관한 태도의 인지적 영역과 양의 관계(.122)를 나타내고 있으며, 이 결과는 p<.01 수준에서 통계적으로 유의미하다. 또한 사이버 폭력경험은 폭력에 관한 태도의 정서적 영역과도 양의 관계(.129)를 나타내고 있으며, 이 결과는 p<.01 수준에서 통계적으로 유의미하다. 그리고 사이버 폭력경험은 폭력에 관한 태도의 행동적 영역과도 양의 관계(.105)를 나타내고 있으며, 이 결과는 p<.01 수준에서 통계적으로 유의미하다. 또한 사이버 폭력경험은 폭력에 관한 태도와 양의 관계(.125)를 나타내고 있으며, 이 결과는 p<.01 수준에서 통계적으로 유의미하다. 이는 장윤지(2005)의 선행연구와도 일치한다.

연령(학령)은 폭력에 관한 태도의 인지적 영역과 양의 관계(.226)를 나타내고 있으며, 이 결과는 p<.01 수준에서 통계적으로 유의미하다. 또한 연령(학령)은 폭력에 관한 태도의 정서적 영역과도 양

의 관계(.244)를 나타내고 있으며, 이 결과는 p<.01 수준에서 통계적으로 유의미하다. 그리고 연령(학령)은 폭력에 관한 태도의 행동적 영역과도 양의 관계(.197)를 나타내고 있으며, 이 결과는 p<.01 수준에서 통계적으로 유의미하다. 또한 연령(학령)은 폭력에 관한 태도와 양의 관계(.257)를 나타내고 있으며, 이 결과는 p<.01 수준에서 통계적으로 유의미하다. 이 같은 결과는 Olweus (1994)의 주장을 뒷받침할 수 있다.

성별은 종속변인들과 통계적으로 유의미한 상관관계가 나타나지 않았다. 이는 최근 여학생들의 폭력행동 및 경험 등이 증가한다는 사실을 반영해준다.

학교성적은 폭력에 관한 태도의 인지적 영역과 양의 관계(.117)를 나타내고 있으며, 이 결과는 p<.01 수준에서 통계적으로 유의미하다. 또한 학교성적은 폭력에 관한 태도의 정서적 영역과도 아주 약한 양의 관계(.098)를 나타내고 있으며, 이 결과는 p<.01 수준에서 통계적으로 유의미하다. 그리고 학교성적은 폭력에 관한 태도의 행동적 영역과도 아주 약한 양의 관계(.058)를 나타내고 있으며, 이 같은 결과는 p<.05 수준에서 통계적으로 유의미하다. 또한 학교성적은 폭력에 관한 태도와 양의 관계(.100)를 나타내고 있으며, 이 같은 결과는 p<.01 수준에서 통계적으로 유의미하다. 이 같은 결과는 김준호·김선애(2006)의 주장을 뒷받침할 수 있다.

법교육 수업이 실험집단의 폭력에 관한 태도를 긍정적으로 변화시키고 있다는 것은 상관관계 분석에서 나타났다. 다음은 법교육 수업이 실험집단의 폭력에 관한 태도 변화에 미치는 영향을 정확하게 파악하기 위해서 다중 회귀 분석을 실시하였다.

## (2) 다중회귀 분석

### ① 인지적 영역

폭력에 관한 태도의 인지적 영역을 점수화하고, 이에 영향을 줄 것으로 예상되는 법교육 수업, 가정양육태도, 학교폭력경험, 또래집단 폭력성, 대중매체 폭력경험, 사이버 폭력경험, 연령(학령), 성별, 학교성적 등을 독립변인으로 일괄 투입하여 다중회귀 분석을 실시하였다. 이 회귀모형이 연구대상의 폭력에 관한 태도의 인지적 영역에 대해 설명하는 정도는 10.0% ($R^2$=.100)로, $p<.001$ 수준에서 통계적으로 의미 있는 것으로 나타났다.

폭력에 관한 태도의 인지적 영역에 영향을 주는 독립변인은 법교육 수업, 학교폭력경험, 사이버 폭력경험, 연령(학령), 학교성적 등으로 나타났다. 법교육 수업을 받은 청소년들이 법교육 수업을 받지 않은 청소년들보다 폭력에 대해 훨씬 민감하게 반응을 보이는 경향이 있다. 연령(학령)이 높을수록 폭력에 대해 둔감하게 반응을 보이는 경향이 있다. 학교폭력경험이나 사이버 폭력경험이 많을수록 폭력에 대해 둔감해지는 경향을 보인다. 학교성적이 나빠질수록 폭력에 대해 둔감해지는 경향을 보인다.

이 중 가장 주된 독립변인은 법교육 수업과 연령(학령)이다. 나머지 독립변인들은 폭력에 관한 태도의 인지적 영역에 거의 영향을 주지 않는 것으로 나타났다. <표 37>은 인지적 영역 회귀분석 모델이다.

## 〈표 37〉 인지적 영역 회귀분석 모델

| 변인 | 회귀계수(B) | 표준오차 | 베타(Beta) | t | p |
|---|---|---|---|---|---|
| (상수) | 27.644 | 1.697 | | 16.289 | .000 |
| 법교육 수업 | −4.015 | .910 | −.124 | −4.411 | .000*** |
| 가정양육 태도 | .135 | .104 | .038 | 1.295 | .196 |
| 학교 폭력경험 | −.257 | .119 | −.066 | −2.162 | .031* |
| 또래집단 폭력성 | .026 | .082 | .010 | .325 | .746 |
| 대중매체 폭력경험 | .081 | .107 | .026 | .756 | .450 |
| 사이버 폭력경험 | .350 | .104 | .123 | 3.373 | .001** |
| 연령(학령) | .957 | .127 | .209 | 7.537 | .000*** |
| 성별 | −.225 | .452 | −.015 | −.497 | .619 |
| 학교성적 | .451 | .166 | .075 | 2.723 | .007** |

| 모형 요약 | | | |
|---|---|---|---|
| R | R 제곱 | 수정된 R 제곱 | 추정값의 표준오차 |
| .316a | .100 | .093 | 7.29642 |

| | 제곱합 | 자유도 | 평균제곱 | F | 유의확률 |
|---|---|---|---|---|---|
| 회귀 계수 | 7321.864 | 9 | 813.540 | 15.281 | .000*** |
| 잔차 | 66174.560 | 1243 | 53.238 | | |
| 합계 | 73496.425 | 1252 | | | |

*: $p<.05$, **: $p<.01$, ***: $p<.001$에서 유의미함.

## ② 정서적 영역

폭력에 관한 태도의 정서적 영역을 점수화하고, 이에 영향을 줄 것으로 예상되는 법교육 수업, 가정양육태도, 학교폭력경험, 또래집단 폭력성, 대중매체 폭력경험, 사이버 폭력경험, 연령(학령), 성별, 학교성적 등을 독립변인으로 일괄 투입하여 다중회귀 분석을 실시하였다. 이 회귀모형이 연구대상의 폭력에 관한 태도의 인지적 영역에 대해 설명하는 정도는 10.1% ($R^2$=.101)로, $p<.001$ 수준에서 통계적으로 의미 있는 것으로 나타났다.

폭력에 관한 태도의 정서적 영역에 영향을 주는 독립변인은 법교육 수업, 사이버 폭력경험, 연령(학령), 학교성적 등으로 나타났다. 법교육 수업을 받은 청소년들이 법교육 수업을 받지 않은 청소년들보다 폭력에 대해 더 부정적으로 평가하는 경향이 있다. 사이버 폭력경험이 많을수록 청소년들은 폭력에 대해 더 긍정적으로 평가하는 경향이 있다. 연령(학령)이 높을수록 폭력에 대해 더 긍정적으로 평가하는 경향이 있다. 학교성적이 나빠질수록 폭력에 대해 더 긍정적으로 평가하는 경향이 있다.

이 중 가장 주된 독립변인은 법교육 수업, 사이버 폭력경험, 연령(학령)이다. 나머지 독립변인들은 폭력에 관한 태도의 정서적 영역에 거의 영향을 주지 않는 것으로 나타났다.

<표 38>은 정서적 영역 회귀분석 모델이다.

<표 38> 정서적 영역 회귀분석 모델

| 변 인 | 회귀계수(B) | 표준오차 | 베타(Beta) | t | p |
|---|---|---|---|---|---|
| (상수) | 26.066 | 2.177 | | 11.974 | .000 |
| 법교육 수업 | −4.173 | 1.159 | −.101 | −3.601 | .000*** |
| 가정양육태도 | −.204 | .135 | −.044 | −1.510 | .131 |
| 학교 폭력경험 | −.209 | .153 | −.041 | −1.367 | .172 |
| 또래집단 폭력성 | .125 | .105 | .037 | 1.188 | .235 |
| 대중매체 폭력경험 | .075 | .138 | .019 | .543 | .587 |
| 사이버 폭력경험 | .522 | .134 | .142 | 3.900 | .000*** |
| 연령(학령) | 1.385 | .163 | .237 | 8.513 | .000*** |
| 성별 | .595 | .580 | .030 | 1.026 | .305 |
| 학교성적 | .559 | .212 | .073 | 2.640 | .008** |

| 모형 요약 | | | |
|---|---|---|---|
| R | R 제곱 | 수정된 R 제곱 | 추정값의 표준오차 |
| .318 | .101 | .094 | 9.34868 |

| | 제곱합 | 자유도 | 평균제곱 | F | 유의확률 |
|---|---|---|---|---|---|
| 회귀 계수 | 12126.174 | 9 | 1347.353 | 15.416 | .000a |
| 잔차 | 108111.192 | 1237 | 87.398 | | |
| 합계 | 120237.366 | 1246 | | | |

*: p<.05, **: p<.01, ***: p<.001에서 유의미함.

### ③ 행동적 영역

폭력에 관한 태도의 행동적 영역을 점수화하고, 이에 영향을 줄 것으로 예상되는 법교육 수업, 가정양육태도, 학교폭력경험, 또래집단 폭력성, 대중매체 폭력경험, 사이버 폭력경험, 연령(학령), 성별, 학교성적 등을 독립변인으로 일괄 투입하여 다중회귀 분석을 실시하였다. 이 회귀모형이 연구대상의 폭력에 관한 태도의 행동적 영역에 대해 설명하는 정도는 7.2% ($R^2=.072$)로, $p<.001$ 수준에서 통계적으로 의미 있는 것으로 나타났다.

폭력에 관한 태도의 행동적 영역에 영향을 주는 독립변인은 법교육 수업, 사이버 폭력경험, 연령(학령) 등으로 나타났다. 법교육 수업을 받은 청소년들이 법교육 수업을 받지 않은 청소년들보다 폭력에 대해 더 적극적으로 대처하는 경향이 나타났다. 사이버 폭력경험이 많을수록 청소년들은 폭력에 대해 더 소극적으로 대처하는 경향이 나타났다. 연령(학령)이 높을수록 폭력에 대해 더 소극적으로 대처하는 경향이 나타났다.

이 중 가장 주된 영향을 주는 독립변인은 법교육 수업과 연령(학령)이다. 나머지 독립변인들은 행동적 영역에 거의 영향을 주지 않는 것으로 나타났다.

<표 39>는 행동적 영역 회귀분석 모델이다.

<표 39> 행동적 영역 회귀분석 모델

| 변 인 | 회귀계수(B) | 표준오차 | 베타(Beta) | t | p |
|---|---|---|---|---|---|
| (상수) | 28.703 | 2.105 | | 13.634 | .000 |
| 법교육 수업 | -4.647 | 1.130 | -.117 | -4.113 | .000*** |
| 가정양육 태도 | .112 | .130 | .026 | .862 | .389 |
| 학교 폭력경험 | -.119 | .148 | -.025 | -.808 | .419 |
| 또래집단 폭력성 | .145 | .101 | .045 | 1.437 | .151 |
| 대중매체 폭력경험 | .210 | .133 | .055 | 1.574 | .116 |
| 사이버 폭력경험 | .264 | .130 | .075 | 2.037 | .042* |
| 연령(학령) | .983 | .157 | .177 | 6.246 | .000*** |
| 성별 | .170 | .564 | .009 | .302 | .763 |
| 학교성적 | .105 | .206 | .014 | .511 | .609 |

| 모형 요약 | | | |
|---|---|---|---|
| R | R 제곱 | 수정된 R 제곱 | 추정값의 표준오차 |
| .268 | .072 | .065 | 9.06031 |

| | 제곱합 | 자유도 | 평균제곱 | F | 유의확률 |
|---|---|---|---|---|---|
| 회귀 계수 | 7875.885 | 9 | 875.098 | 10.660 | .000a |
| 잔차 | 101380.193 | 1235 | 82.089 | | |
| 합계 | 109256.077 | 1244 | | | |

\*: p<.05. \*\*: p<.01. \*\*\*: p<.001에서 유의미함.

④ 폭력에 관한 태도

폭력에 관한 태도의 영역을 점수화하고, 이에 영향을 줄 것으로 예상되는 법교육 수업, 가정양육태도, 학교폭력경험, 또래집단 폭력성, 대중매체폭력경험, 사이버 폭력경험, 연령(학령), 성별, 학교성적 등을 독립변인으로 일괄 투입하여 다중회귀 분석을 실시하였다. 이 회귀모형이 연구대상의 폭력에 관한 태도의 행동적 영역에 대해 설명하는 정도는 11.5%($R^2$=.115)로, p<.001 수준에서 통계적으로 의미 있는 것으로 나타났다.

청소년들의 폭력에 관한 태도에 영향을 주는 독립변인은 법교육 수업, 사이버 폭력경험, 연령(학령) 등으로 나타났다. 법교육 수업을 받은 청소년들이 법교육 수업을 받지 않은 청소년들보다 폭력에 관한 태도가 긍정적으로 나타나는 경향이 있다. 반면에 사이버 폭력경험이 많을수록 폭력에 관한 태도는 부정적으로 나타나는 경향이 있다. 또한 연령(학령)이 높을수록 폭력에 관한 태도가 부정적으로 나타나는 경향이 있다.

이 중 가장 주된 독립변인은 법교육 수업과 연령(학령)이다. 나머지 독립변인들은 청소년의 폭력에 관한 태도에 거의 영향을 주지 않는 것으로 나타났다. <표 40>은 폭력에 관한 태도 회귀분석 모델이다.

〈표 40〉 폭력에 관한 태도 회귀분석 모델

| 변 인 | 회귀계수(B) | 표준오차 | 베타(Beta) | t | p |
|---|---|---|---|---|---|
| (상수) | 84.203 | 5.254 | | 16.027 | .000 |
| 법교육 수업 | -13.980 | 2.817 | -.140 | -4.962 | .000*** |
| 가정양육 태도 | .014 | .322 | .001 | .044 | .965 |
| 학교 폭력경험 | -.622 | .367 | -.052 | -1.693 | .091 |
| 또래집단 폭력성 | .317 | .250 | .039 | 1.271 | .204 |
| 대중매체 폭력경험 | .311 | .328 | .033 | .948 | .343 |
| 사이버 폭력경험 | 1.094 | .319 | .125 | 3.430 | .001** |
| 연령(학령) | 3.277 | .389 | .237 | 8.436 | .000*** |
| 성별 | .759 | 1.393 | .016 | .545 | .586 |
| 학교성적 | 1.071 | .508 | .059 | 2.107 | .035* |

| 모형 요약 | | | |
|---|---|---|---|
| R | R 제곱 | 수정된 R 제곱 | 추정값의 표준오차 |
| .339 | .115 | .108 | 22.00968 |

| | 제곱합 | 자유도 | 평균제곱 | F | 유의확률 |
|---|---|---|---|---|---|
| 회귀 계수 | 75151.430 | 9 | 8350.159 | 17.237 | .000a |
| 잔차 | 578404.526 | 1194 | 484.426 | | |
| 합계 | 653555.956 | 1203 | | | |

*: p<.05, **: p<.01, ***: p<.001에서 유의미함.

청소년들의 폭력에 관한 태도 변화를 가장 잘 설명할 수 있는 독립변인을 찾기 위해 관련된 독립변인들을 일괄 투입한 다중회귀분석을 실시하였다.

분석결과, 연구대상의 폭력에 관한 태도의 인지적 영역에 영향을 주는 독립변인은 법교육 수업, 학교폭력경험, 사이버 폭력경험, 연령(학령), 학교성적으로 나타났다. 이 중 가장 주된 요인은 법교육 수업과 연령(학령)으로 나타났다. 연구대상의 폭력에 관한 태도의 정서적 영역에 영향을 주는 독립변인은 법교육 수업, 사이버 폭력경험, 연령(학령), 학교성적으로 나타났다. 연구대상의 폭력에 관한 태도의 행동적 영역에 영향을 주는 독립변인은 법교육 수업, 사이버 폭력경험, 연령(학령)으로 나타났다. 연구대상의 폭력에 관한 태도에 영향을 주는 독립변인은 법교육 수업, 사이버 폭력경험, 연령(학령)으로 나타났다.

전체적으로 볼 때 가장 주된 독립변인은 법교육 수업과 연령(학령)이다. 법교육 수업이 폭력에 관한 태도에 긍정적인 영향을 미치는 변인이라면, 연령(학령)은 폭력에 관한 태도에 부정적인 영향을 미치는 변인이라고 할 수 있다. 이 같은 결과는 폭력에 관한 태도가 규범적인 영역과 반규범적인 영역으로 구성되어 있다는 것을 시사하고 있다.

　다중회귀 분석 결과, 청소년들의 폭력에 관한 태도에 영향을 미치는 변인에 관해서는 연령(학령)의 경우를 제외하고는 법교육 수업이 가장 큰 영향을 미친 것으로 나타났다.

# V

## 결론

1. 요약 및 시사점
2. 제언

# 1. 요약 및 시사점

## 1) 연구결과

본 연구는 법교육이 청소년들의 폭력에 관한 태도 및 그 유형에 미치는 영향을 확인하기 위한 실증적 연구이다. 이를 위해 먼저 사회심리학에서의 태도 개념을 적용하여 폭력에 관한 태도 개념을 인지적·정서적·행동적 영역으로 재정의하였다. 그리고 인지적 영역을 민감과 둔감, 정서적 영역을 부정과 긍정, 행동적 영역을 적극과 소극으로 나눈 후에 다양한 폭력에 관한 태도 유형을 선정하였다. 선정된 폭력에 관한 태도 유형들은 무규범형, 표리부동형, 동조형, 관객형, 도피형, 우둔형, 혐오형, 수호자형이다. 또한 기존의 청소년 폭력 문제와 관련된 선행연구들을 검토하여 폭력에 관한 태도에 영향을 주는 변인들을 확인하였다. 이들을 종합하고 본 연구에서 확인하고자 하는 바를 고려하여 폭력에 관한 태도에 영향을 주는 변인들을 선정하였다. 선정된 독립변인들은 법교육 수업, 가정양육태도, 학교폭력경험, 또래집단 폭력성, 대중매체 폭력경험,

사이버 폭력경험, 연령(학령), 성별, 학교성적이다. 전국의 중·고등학생 중 1,328명을 연구대상으로 선정하여 폭력에 관한 태도 유형을 조사하였다. 1,328명 중 87명을 실험집단으로 선정하여 법교육 수업이 폭력에 관한 태도 변화에 어떤 영향을 주었는지를 실험하였다.

법교육 수업의 영향을 실험하기 전에 1,328명의 폭력에 관한 태도를 분석하여 그 결과를 제시하였다. 청소년들은 개별 폭력 유형에 대한 폭력에 관한 태도에 있어서 상해, 강요, 따돌림, 갈취, 교사의 언어적 폭력 등에 대해서는 비교적 바람직한 태도를 가지고 있는 것으로 나타났다. 반면에 싸움, 언어폭력, 협박, 사이버폭력, 성희롱, 교사 신체적 폭력 등에 대해서는 바람직하지 못한 태도를 가지고 있는 것으로 나타났다.

성별에 따른 폭력에 관한 태도 차이는 근소하지만, 남학생들이 여학생들보다 폭력에 관한 태도가 약간 더 부정적이었다. 연령(학령)과 관련해서는 연령(학령)이 높아질수록 폭력에 관한 태도가 부정적이었다. 또한 학교성적과 관련해서는 학교성적이 낮을수록 폭력에 관한 태도가 부정적이었다. 학교형태와 관련해서는 남녀공학이 남학교나 여학교보다 폭력에 관한 태도가 긍정적으로 나타났다.

청소년들의 폭력에 관한 태도 유형은 무규범형 133명(10.60%), 표리부동형 67명(5.34%), 동조형 326명(25.99%), 관객형 79명(6.29%), 도피형 45명(3.58%), 우둔형 53명(4.22%), 혐오형 117명(9.33%), 수호자형 434명(34.60%)으로 나타났다.

실험집단에 법교육 수업을 실시한 후, 폭력에 관한 태도의 변화를 확인하기 위해 t-test 방법을 사용하여 법교육 수업 시행 전과 후를 비교분석하였다. 그 결과 폭력에 관한 태도의 인지적·정서적·

행동적 영역과 폭력에 관한 태도 모두 통계적으로 유의미한 변화가 있는 것으로 나타났다. 폭력에 관한 태도의 인지적 영역은 $p < .01$ 수준에서, 정서적 영역은 $p < .05$ 수준에서, 행동적 영역은 $p < .05$ 수준에서 통계적으로 의미 있는 차이를 보이며 개선되었다. 또한 폭력에 관한 태도는 $p < .01$ 수준에서 통계적으로 유의미한 차이를 보이며 개선되었다. 폭력에 관한 태도의 유형에서도 상당한 변화를 보였다. 무규범형은 법교육 수업 시행 전에 비해 1명이 감소하였다. 표리부동형은 2명이 증가하였고, 동조형은 7명이 감소하였다. 관객형은 변동이 없으며, 도피형은 4명이 감소하였다. 우둔형은 7명이 감소하였고, 혐오형은 5명이 감소하였다. 교육적 목적이 되는 수호자형은 무려 22명이나 증가하였다.

이와 같은 폭력에 관한 태도의 변화를 가장 잘 설명할 수 있는 독립변인을 확인하기 위해 관련된 변인을 일괄 투입하여 다중회귀분석을 실시하였다. 폭력에 관한 태도의 인지적 영역에 영향을 주는 독립변인은 법교육 수업, 학교폭력경험, 사이버 폭력경험, 연령(학령), 학교성적으로 나타났다. 이 중 가장 주된 독립변인은 법교육 수업과 연령(학령)이다. 또한 폭력에 관한 태도의 정서적 영역에 영향을 주는 독립변인은 법교육 수업, 사이버 폭력경험, 연령(학령), 학교성적으로 나타났다. 이 중 가장 주된 독립변인은 법교육 수업과 연령(학령)이다. 폭력에 관한 태도의 행동적 영역에 영향을 주는 독립변인은 법교육 수업, 사이버 폭력경험, 연령(학령)으로 나타났다. 이 중 가장 주된 독립변인은 법교육 수업과 연령(학령)이다. 법교육 수업을 받은 청소년들이 법교육 수업을 받지 않은 청소년들보다 폭력에 관한 태도가 긍정적으로 나타나는 경향이 있다. 반면에 사이버 폭력경험이 많을수록 폭력에 관한 태도는 부정적으로 나타나는 경향이 있다. 또한 연령(학령)이 높을수록 폭력에 관한 태도가 부정적으로 나타나는 경향이 있다. 이 중 종속변인에 가장 큰 영향을 주는 주된 독립변인은 법교육 수업과 연령(학령)이다.

이상과 같은 연구 결과를 종합하여 다음과 같은 결론을 도출할 수 있다.

첫째, 청소년의 폭력에 관한 태도 유형들이 존재하고 있음을 확인하였다. 폭력에 관한 태도는 개인적인 성향을 지니므로 획일적으로 분석할 수는 없다. 또한 폭력이라는 개념이 가지고 있는 추상적인 성격 때문에 폭력에 대한 태도를 구체화시킨다는 것은 불가능하다는 주장도 있을 수 있다. 하지만 청소년 폭력 문제를 근본적으로 해결하기 위해서는 확인 가능한 명확한 목적이 설정될 필요성이 있다. 따라서 폭력에 관한 태도 유형을 제시하는 것은 앞으로 청소년 폭력 문제에 대한 근본적인 해결책을 마련하는데 시사점을 준다고 할 수 있다.

둘째, 학생들은 학교폭력에 관한 태도에 있어서 차이를 보이고 있었다. 상해, 강요, 따돌림, 갈취, 교사의 언어적 폭력 등에 대해서는 비교적 바람직한 태도를 가지고 있는 것으로 나타났다. 반면에 싸움, 언어폭력, 협박, 사이버폭력, 성희롱, 교사 신체적 폭력 등에 대해서는 바람직하지 못한 태도를 가지고 있는 것으로 나타났다. 청소년들은 교사의 언어적 폭력에 대해서는 아주 쉽게 폭력으로 수용하는 것으로 나타났다. 또한 현재 학교폭력 문제가 되고 있는 강요나 갈취 등에 대해서도 폭력으로 쉽게 인식하는 것으로 나타났다. 하지만 청소년들 사이에 익숙한 싸움이나 언어폭력 등은 폭력으로 여기지 않는 경향이 많은 것으로 나타났다. 한편 사회적으로 문제가 되고 있는 사이버폭력이나 성희롱에 대해서 청소년들이 폭력으로 인식하는 수준이 낮았다. 이와 같은 차이는 청소년들 각자의 폭력에 대한 경험의 차이 때문으로 볼 수 있다. 즉, 청소년들마다 폭력에 대해서 느끼는 정도와 대응 방식이 각각 다르기 때문이다.

셋째, 폭력에 관한 태도는 집단 범주에 따라 차이가 나타났다. 남학생들이 여학생들에 비해 폭력에 관한 태도가 약간 부정적인 것으로 나타났다. 하지만 그 차이가 크지 않아 선행연구의 결과와는 질적으로 다른 결과로 보아야 할 것이다. 또한 학교성적이 낮을수록 폭력에 대한 태도가 부정적인 것으로 나타났다. 이는 학업성취도가 낮을수록 폭력성향이 높다는 선행연구들을 재확인하였다고 볼 수 있다.

넷째, 폭력에 관한 태도에 영향을 준 주요 요인은 법교육 수업, 사이버 폭력경험, 연령(학령)이었다. 이 같은 결과는 연령(학령)이 높아질수록 법에 대한 호의적인 태도가 감소한다는 선행연구 및 폭력이 더욱 교묘해진다는 선행연구의 결과를 뒷받침하였다. 선행연구들은 폭력에 관한 태도에 영향을 미치는 주요 요인으로 가정양육태도, 학교폭력경험, 또래집단 폭력성 등을 제시하였다. 하지만 본 연구의 결과에서는 최근 사회적으로 문제가 되고 있는 사이버 폭력경험이 폭력에 관한 태도에 영향을 많이 미치는 것으로 나타났다. 그동안 사이버 폭력경험에 대한 연구는 다른 요인 연구에 비해 부족했었다. 따라서 앞으로 사이버 폭력경험이 청소년들의 폭력에 관한 태도에 미치는 영향에 대해 주의를 기울여야 할 것이다.

연령(학령)을 제외하고는 청소년들의 폭력에 관한 태도에 가장 큰 영향을 미친 요인은 법교육 수업이었다. 법교육이 활성화되어 있지 않은 것이 현실 상황이고, 짧은 기간 동안 법교육 프로그램 실행 후에 얻어진 효과라는 점들을 생각해 볼 때, 법교육 수업이 청소년의 폭력에 관한 태도에 미치는 영향은 결코 연령(학령)의 영향보다 무시될 수가 없다. 또한 법교육 수업이 폭력에 관한 태도를 긍정적으로 바꾸는 요인이지만, 나머지 요인들은 폭력에 관한 태도를 부정적으로 바꾸는 요인들이라는 점을 생각해 본다면, 법교육 수업이 청소년의 폭력에 관한 태도에 미치는 영향력은 상당한 것으로 평가될 수 있을 것이다.

## 2) 연구의 함의

본 연구는 청소년 폭력문제에 대한 근본적인 차원에서의 접근이 필요하다는 문제의식에서 시작되었다. 지금까지 청소년 폭력의 원인과 해결책에 대한 다양한 이론들이 논의되었으나 일관성과 체계성이 부족하여 청소년의 폭력문제를 해결하기 위해 어떤 접근방식과 교육이 필요한지 분명한 대안을 제시하지 못하였다. 만약 시민교육의 차원에서 어떠한 교육이 청소년 폭력문제에 효과적인 대안이 될 수 있을지 확인하기 위해서는 청소년 폭력문제를 해결할 수 있는 교육적 목적을 제시할 수 있어야 할 것이다. 이 같은 점에서 법교육은 청소년의 폭력문제 해결에 적합한 교육적 수단이라 할 수 있다.

본 연구에서는 우선 청소년 폭력행동의 주요 요인으로 폭력에 관한 태도에 주목하였다. 선행연구에서 제시하고 있는 '폭력태도'는 반규범적인 태도임을 제시하고 있었다. 그럼에도 불구하고 폭력태도와 규범에 대한 태도의 관계를 종합적이고 체계적으로 다룬 연구를 찾아보기는 어려웠다. 따라서 본 연구는 선행연구의 정의를 바탕으로 해서 규범적인 태도의 한 측면임을 고려하여 '폭력에 관한 태도'를 재정의하였다. 따라서 법교육을 통해 폭력에 관한 태도가 긍정적으로 변화한다면, 법교육이 청소년의 폭력문제를 해결할 수 있는 효과적인 교육방식이라고 주장할 수 있다.

이를 위해서는 법교육을 어떻게 활용한 것인가를 위한 구체적인 교육적 목적이 분명해야 한다. 본 연구는 폭력에 관한 태도 유형을 제시함으로써 법교육의 구체적인 방향을 설정하는데 기여하였다.

본 연구는 폭력에 관한 태도 유형을 제시하기 위해 사회심리학적 태도 개념을 적용하여 폭력에 관한 태도를 인지적·정서적·행동적 영역 세 가지로 구분하였다. 그리고 의미차별척도를 이용하여 인지적·정서적·행동적 영역을 다시 각각 두 개의 범주로 구분하였다. 본 연구는 이 구분을 적용한 인지적·정서적·행동적 영역을 조합해서 폭력에 관한 태도 유형을 제시하였다. 본 연구에서 제시한 폭력에 관한 태도 유형은 무규범형, 표리부동형, 동조형, 관객형, 도피형, 우둔형, 혐오형, 수호자형이다. 교육적으로 가장 바람직한 유형은 수호자형이며, 나머지 유형들은 정도의 차이가 있지만, 법교육적 처방이 필요한 유형들이다. 이와 같은 유형은 교육적 실천을 어떻게 해야 하는지에 대한 구체적인 목적이 된다.

이러한 논의는 다음과 같은 차원에서 의의를 지닌다.

첫째, '폭력에 관한 태도' 개념을 체계적으로 제시하였다. 다양한 청소년 폭력 연구에서 단순하게 제시했던 '폭력태도' 개념을 바탕으로 사회심리학적 태도 개념을 적용하여 재정의하였다. 이렇게 제안된 본 연구의 '폭력에 관한 태도' 개념은 폭력에 관한 태도와 법에 대한 태도의 관계성을 분명하게 했다는 점에서 이론적 의의가 있다.

둘째, 폭력에 관한 태도 유형을 구체적으로 제시하고 이를 경험적으로 확인하였다는 점에서 앞으로 청소년 폭력문제 해결책을 마련하는데 시사점을 제공한다는 점에서 의의가 있다. 본 연구에서 제시한 폭력에 관한 태도 유형은 청소년의 폭력문제 해결을 위한 정책 수립과 교육 프로그램개발, 정책과 교육 프로그램의 목표 제시, 정책과 교육 프로그램 시행 후의 효과 평가 등과 같은 점에서 유용하게 활용될 수 있다. 따라서 본 연구에서 제시한 폭력에 관한 태도 유형은 이론적·실천적 의의를 지닌다.

셋째, 청소년의 폭력문제를 해결하는데 적절한 수단으로 법교육이 될 수 있다는 사실을 이론적으로 검토하고, 법교육이 청소년의 폭력에 관한 태도를 긍정적으로 변화시키는데 효과가 있음을 경험적으로 확인하였다. 이 같은 결과는 법교육이 청소년 폭력문제를 해결하는데 적절한 대책이 될 수 있음을 시사하고 있다. 따라서 본 연구는 청소년 폭력문제 해결책으로서 법교육의 가치에 대해서 이론적·실천적으로 살펴보았다는 점에서 의의가 있다.

## 2. 제언

본 연구는 청소년의 폭력문제 해결을 위한 근본적인 원인과 해결책을 제시하고자 하였다. 이를 위해 폭력행동의 원인이 되는 '폭력태도'라는 개념을 재정의할 필요성이 있었다. 본 연구에서는 사회심리학적 태도 개념을 적용하여 '폭력에 관한 태도' 개념을 재정의하였다. '폭력에 관한 태도' 개념을 활용하여 폭력에 관한 태도 유형을 제시하였다. 또한 폭력에 관한 태도 개념과 법에 대한 태도의 관계성을 검토하여 청소년 폭력 문제 해결책으로서 법교육의 역할을 설명하였다.

전국에 있는 중·고등학생 1,328명을 연구대상으로 폭력에 관한 태도 유형이 어떻게 분포되어 있는지를 확인하고, 87명을 실험집단으로 선정하여 법교육의 효과를 검증하였다. 그 결과, 법교육이 청소년들의 폭력에 관한 태도를 긍정적으로 변화시켰음을 확인하였다. 따라서 법교육은 청소년들의 폭력에 관한 태도를 긍정적으로 변화시키는데 효과적인 수단이 될 수 있으며, 이를 통해 청소년의 폭력을 예방하고 억제하는데 기여할 수 있을 것으로 기대된다.

그러나 법교육의 효과를 좀 더 정밀하게 확인하고, 적절한 수업 방식을 찾기 위한 더 많은 추가적인 연구들이 필요하다. 따라서 후속 연구를 위해 다음의 몇 가지 내용들을 제언하고자 한다.

첫째, 법교육의 효과를 좀 더 정밀하게 확인하기 위해서는 폭력에 관한 태도에 부정적인 영향을 미치는 요인들을 정밀하게 찾아보는 추가적인 연구가 필요하다. 예를 들어 현재 가정양육태도는 과거와 많이 달라졌다. 오히려 사이버 폭력경험이 더욱 중요한 요인으로 부각되고 있다. 따라서 폭력에 관한 태도에 부정적인 영향을 주는 요인들을 더욱 정밀하게 검토하여야 할 것이다.

둘째, 폭력에 관한 태도 유형에 적절한 법교육 방식을 모색할 필요가 있다. 폭력에 관한 태도 유형들은 각각의 특징과 문제점들을 가지고 있다. 따라서 어떤 유형에 어떤 법교육 방식이 적합한지 추가적인 연구가 필요할 것이다.

셋째, 본 연구는 법교육 프로그램을 활용하여 법교육 효과를 살펴보았다. 따라서 교과로서의 법교육이 청소년의 폭력에 관한 태도 변화에 어떤 영향을 미치는지를 확인해 보는 추가적인 연구가 필요할 것이다.

폭력에 관한 태도는 규범적인 요소와 반규범적인 요소를 모두 포함하고 있다. 따라서 폭력에 관한 태도를 긍정적으로 변화시키는 데 기여할 수 있는 시민교육은 법교육이라 할 수 있다. 청소년 폭력문제는 법교육이 감당해야 할 책임 중 하나이다. 이 책임을 완수하기 위해서는 구체적인 교육적 목적과 성취기준이 필요하다. 이와 같은 점에서 폭력에 관한 태도 유형은 청소년의 폭력에 대한 태도의 실태를 확인하고 지향점을 제시하는 준거로 활용될 수 있다. 또한 청소년 폭력문제의 효과적인 해결책이 될 수 있는 법교육을 어떻게 활용할 것인지에 대한 체계적인 논의가 본격적으로 이루어져야 할 것이다.

# 참고문헌

강민지(2008). "형제자매폭력이 남자청소년의 학교폭력태도에 미치는 영향에 대한 부모-자녀상호작용의 조절효과: 혼합연구방법을 중심으로", 연세대학교 사회복지대학원 석사학위논문

강신덕(1997). "비행청소년 분노조절 교육프로그램 개발 및 효과연구", 서울대학교 대학원 박사학위논문

고미영(1998). "아동과 청소년의 공격성에 대한 연구", 『정신보건과 사회사업』 제6집, 한국 정신보건 사회사업학회, pp.51-75

교육과학기술부(2010). "창의·인성교육 기본방안" 보도 자료.

구송광(2006). "청소년들의 이종격투기 관람정도가 폭력성에 미치는 영향", 연세대학교 대학원 석사학위논문

권이종(1996). "청소년 폭력의 교육적 대응", 『한국인간관계학보』, Vol. 1, No. 1, pp.267-288

곽금주(2003). "아동, 청소년의 법규범의식 교육을 위한 심리학적 연구", 최상진·강지원 편저, 『법심리학의 제문제[아동·청소년·사법판단]』, 학지사

곽한영(2007). "법교육이 청소년의 법의식에 미치는 영향에 관한 연구", 서울대학교 대학원 박사학위논문

곽형식(1998). "아동·청소년 학교폭력 원인과 예방대책", 『학생생활연구』, Vol. 4, pp.1-16

교육인적자원부(2008). 『학교폭력예방및대책에관한법률 및 시행령 해설집』

김경숙(2000). "부모의 양육태도와 가족관계에 대한 일반집단과 집단 따돌림 가해 집단 간의 비교연구", 숭실대학교 대학원 석사학위논문

김문섭(2002). "청소년 폭력과 청소년 지도", 『학생생활연구』, Vol. 7, pp.21-37

김성아(2006). "폭력성 온라인게임 이용과 청소년의 학교폭력에 관한 연구: 사회적 문제해결능력과 부모-자녀간 의사소통을 중심으로", 연세대학교 사회복지대학원 석사학위논문

김성혜(1999). "분노조절 프로그램이 청소년의 공격성 감소에 미치는 효과", 계명대학교 대학원 석사학위논문

김순자(2008). "청소년 범죄의 예방 및 재범 방지에 관한 연구: 경찰 활동 중심으로", 강원대학교 대학원 석사학위논문

김영순(2006). "청소년의 학교폭력에 영향을 미치는 요인에 관한 연구", 충남대학교 행정대학원 석사학위논문

김예성(2000). "초등학생의 또래 괴롭힘에 영향을 미치는 요인", 서울대학교 대학원 석사학위논문

김재화(2002). "코미디 프로그램의 폭력성과 선정성이 청소년 가치관 형성에 미치는 영향에 관한 연구", 중앙대학교 신문방송대학원 석사학위논문

김정옥(1989). "가정환경이 청소년 비행에 미치는 영향", 『생활연구』, Vol. 7, pp.89-114

김정옥·장덕희(1999). 『가정폭력이 청소년 학교 폭력에 미치는 영향』, 경북여성정책개발원

김종덕(1997). "마산·창원 지역주민의 폭력에 대한 의식", 『人文論叢』, Vol. 9, 경남대학교 인문과학연구소, pp.134-148

김주섭(2000). "문제해결기술훈련과 심성수련훈련의 효과 비교: 학교 폭력 가해자 청소년을 대상으로", 연세대학교 대학원 석사학위논문

김준호·김선애(1992). 『한국인의 폭력에 대한 태도 연구』, 한국형사정책연구원

_____(1999). "공부와 청소년 비행", 『청소년학연구』, Vol. 6, No. 2, pp.123-143

김준호(1992). 『한국인의 폭력에 대한 태도연구』, 한국형사정책연구원

_____(1993). 『친구와 비행 간의 관계에 대한 연구』, 한국형사정책연구원

_____(1994). 『학교문화와 청소년 폭력』, 충청남도 청소년종합상담실

_____(1995). 『가정환경과 청소년 비행』, 한국형사정책연구원

_____(1997). 『학교주변 폭력의 실태와 대책』, 한국형사정책연구원

_____(2004). 『청소년 비행의 태도에 대한 연구: 법의식과의 관계를 중심으로』, 한국형사정책연구원

김준호·박정선·김은경(1997). 『학교주변폭력의 실태와 대책』, 서울: 한국형사정책연구원

김태화(2008). "청소년의 가정폭력경험이 학교폭력가해에 미치는 영향 연구: 또래집단 매개효과를 중심으로", 성결대학교 대학원 석사학위논문

김해성(1998). "신뢰, 법치주의, 시민교육", 『민주시민교육논총』, Vol. 3, No. 1, pp.152-165

_____(2007). 『청소년 법의식 지표 개발 연구』, 법무부

김현실(1995). "폭력매체에 의한 비행행동의 구조모형개발", 이화여자대학교 대학원 박사학위논문

김혜경(1997). "가정폭력 및 대중매체가 청소년의 공격성에 미치는 영향, 인하대학교 대학원 석사학위논문

김희순(2000). "심성계발훈련이 폭력학생의 자아개념 및 공격성 변화에 미치는 영향", 강원대학교 교육대학원 석사학위논문

김혜진(2002). "학교폭력 예방 프로그램의 개발과 그 효과: 학교폭력에 대한 태도와 사회적, 심리적 학교환경 지각", 전남대학교 대학원 석사학위논문

나경옥(2005). "중학생을 위한 집단따돌림 예방프로그램의 개발과 효과에 관한 연구", 가톨릭대학교 사회복지대학원 석사학위논문

도기봉(1999). "학교폭력실태와 대처방안에 관한 연구", 대구대학교

대학원 석사학위논문

도현심·신정님(1999). "교사 폭력과 남자 중학생의 학교생활의 질 및 자아존중감 간의 관계", 『교과교육학연구』, Vol. 3, No. 1, pp.36-52

류보순(2006). "청소년 학교폭력과 개선방안에 관한 연구", 조선대학교 정책대학원 석사학위논문

문태화(2002). "청소년의 폭력사이트 접촉경험이 폭력에 대한 태도와 행동에 미치는 영향", 명지대학교 사회교육대학원 석사학위논문

민유기(2000). "학교생활이 청소년폭력에 미치는 영향", 청주대학교 행정대학원 석사학위논문

박기민(2000). "우리나라 학교폭력에 관한 연구", 경희대학교 행정대학원 석사학위논문

박성혁(1998). "사회과교육에서의 법교육 방법에 관한 연구", 『사회와 교육』, Vol. 23, No. 1, pp.203-214

_____(2005). 『초·중등 법교육 교육과정 및 교과서 분석·개발 연구』, 법무부

박지도·최현경·장우성·조동환·김정기(2006). "불량행위 청소년을 중심으로 한 학교폭력 가해자의 사회인구학적 특성 및 정신병리", 『신경정신의학』, Vol. 40, No. 4, pp.640-655

박용순(2000). "청소년 성폭력 예방을 위한 사회복지적 접근", 『청소년학 연구』, Vol. 7, pp.137-159

박영관(1997). "청소년의 학교폭력에 관한 연구", 고려대학교 대학원 석사학위논문

방숙영(2005). "독서요법을 통한 청소년의 학교폭력행동 개선에 관한 연구", 공주대학교 교육대학원 석사학위논문

서애경(2007). "중학생의 폭력태도와 폭력행동에 관한 연구", 금오공과대학교 교육대학원 석사학위논문

서영조·박철현(2004). "대중매체의 폭력성에 대한 고찰", 『동의법정』, Vol. 20, pp.49-66

서혜옥(2001). "애니메이션 영상이 청소년의 사회문화성에 미치는 영향에

대한 연구", 중앙대학교 첨단영상대학원 박사학위논문

솔로몬 로 파크(2009). 『법치 세상 리더십 아카데미』, 법무부

송명자(1995). 『발달심리학』, 학지사

신정님(1998). "교사폭력과 남자중학생의 학교생활의 질 및 자아존중감 간의 관계", 이화여자대학교 교육대학원 석사학위논문

심응철(1992). "심리적 성장환경과 자아개념이 청소년 비행에 미치는 영향", 중앙대학교 대학원 박사학위논문

_____(1999). "청소년의 충동성 및 공격성과 폭력행동의 상관성", 『한국사회심리학회지』, Vol. 12, No. 1, pp.24-34

오형만(2001). "경찰력 행사가 학교폭력 예방에 미치는 영향요인 연구: 광주지역 고등학교를 중심으로" 전남대학교 대학원 석사학위논문

양혜원·신혜섭(2006). "남녀 고교생의 이성교제폭력 실태와 예측요인", 『한국청소년연구』, Vol. 17, 한국청소년정책연구원, pp.33-59

유현(2000). "청소년의 음주와 폭력성과의 관계에 관한 연구", 명지대학교 대학원 석사학위논문

유선희(2003). "중학생들의 학교폭력에서 여학생과 남학생의 상호 가해·피해 정도에 관한 연구", 경희대학교 교육대학원 석사학위논문

윤경운(2006). "청소년의 사이버폭력 실태에 관한 연구", 아주대학교 대학원 석사학위논문

윤진(1991). 『대중매체의 폭력성이 청소년에게 미치는 영향』, 한국형사정책연구원

윤태민(2006). "청소년의 학교폭력실태와 개선 방안에 관한 연구", 건국대학교 대학원 석사학위논문

윤화석(2002). "청소년의 폭력에 대한 태도 및 행동과 환경요인과의 상관 관계 연구", 선문대학교 대학원 석사학위논문

연성진(2000). 『폭력에 대한 국민의식조사』, 한국형사정책연구원

연성진·김왕배·원영신·이경용·홍영오(2008). 『한국사회 폭력문화의 구조화에 관한 연구』, 한국형사정책연구원

염영옥(1999). "폭력청소년이 대인관계능력 향상을 위한 REBT 집단 치료 프로그램 개발에 관한 연구", 이화여자대학교 대학원 박

사학위논문

이광자·임신자·전신현(2002).『현대사회심리학』, 서울: 아세아 문화사

이금주(2002). "학교폭력의 실태 및 관련요인에 관한 연구: 광주광역
　　　시를 중심으로", 호남대학교 행정대학원 석사학위논문

이덕진(2006). "가정폭력이 청소년의 학교폭력에 미치는 영향에 관한
　　　연구: 광주, 전남지역을 중심으로", 남부대학교 사회복지대학
　　　원 석사학위논문

이명자(2009). "학교폭력 가해청소년의 배경 요인에 대한 질적 분석:
　　　가정, 또래, 학교 요인을 중심으로", 단국대학교 대학원 석사학
　　　위논문

이봉건(2005).『의식심리학』, 서울: 학지사

이상균(1999). "학교폭력이 미치는 영향", 서울대학교 대학원 박사학
　　　위논문

이성식(2005). "청소년 사이버 성폭력 설명 요인에 관한 연구",『형사
　　　정책』, Vol. 17, No. 1, pp.125-145

이승종 외(1992).『사회과 교육에서의 법교육, 사회교육연구-이론과
　　　실제』, 교육과학사

이영선(2002). "문제해결적 집단상담이 집단따돌림 가해아동과 피해
　　　아동에게 미치는 효과", 고려대학교 대학원 석사학위논문

이윤호(1999).『형사정책』, 박문각

이인순(2005). "가정폭력경험이 청소년의 정서적 문제에 미치는 영향
　　　에 관한 연구", 경남대학교 행정대학원 석사학위논문

이은미(2000). "청소년 학교폭력의 요인 연구", 가톨릭대학교 사회복
　　　지대학원 석사학위논문

이재봉(1997). "한국사회의 구조적 폭력에 대한 분석", 한국동북아학회,
　　　Vol. 7, No. 1, pp.305-331

이재상(2001).『형법각론(제6판)』, 박영사

이재순(1999). "학교폭력에 관한 의식 및 폭력 실태연구", 순천향대학교
　　　산업정보대학원 석사학위논문

이지연·오경자(2008). "아동 학대 경험이 대학생의 데이트 폭력에 미

치는 영향: 폭력에 대한 태도와 분노 조절의 매개 효과",
　　『한국심리학회지』, Vol. 2008, pp.586-587
이한아(2009). "폭력영화시청과 고등학생의 폭력성과의 관계", 대구가
　　톨릭대학교 대학원 석사학위논문
이항수(1998). "청소년 폭력의 원인, 실태 및 그 의식에 관한 연구",
　　한양대학교 행정대학원 석사학위논문
이희경(2001). "공감 수준과 친소관계가 따돌림에 대한 심리적 반응에
　　미치는 효과", 『교육심리연구』, Vol. 15, No. 3, 한국교육심리
　　학회, pp.281-297
임선영(2005). "영상매체의 폭력성이 청소년 폭력행동에 미치는 영향
　　에 관한 연구", 동국대학교 대학원 석사학위논문
임소영(2000). "비행청소년을 위한 분노조절 프로그램의 효과성 연구",
　　연세대학교 대학원 석사학위논문
임태숙(1992). "분노통제훈련이 비행청소년의 분노 및 공격성 감소에
　　미치는 효과", 계명대학교 교육대학원 석사학위논문
장윤지(2005). "학교폭력 유형과 인터넷 중독과의 관계", 숙명여자대학교
　　대학원 석사학위논문
정경희(2007). "친족성 폭력 피해청소년 지원 나침반을 찾아라!", 『발
　　간자료』, No. 1, 한국성폭력상담소, pp.1-130
정보통신윤리위원회(2005). 『사이버 폭력 피해사례 및 예방안내서』,
　　정보통신윤리위원회
정윤실(1988). "전자오락과 청소년의 공격성에 관한 연구", 고려대학교
　　대학원 석사학위논문
정지민(1998). "학교폭력 피해-가해유형에 따른 청소년의 학교적응 및
　　공격성에 관한 연구", 숙명여자대학교 대학원 석사학위논문
청소년보호위원회(1998). 『청소년 인권의 현황과 대책』
　　_____(2000). 『아동·청소년의 민법상 법률행위능력(계약
　　능력, 파양결정능력 등)에 관한 심리학적 연구』
　　_____(2002). 『학교폭력실태 발표 및 토론회 자료』
청소년폭력예방재단(1996). 『폭력은 싫어요』, 서울: 청소년폭력예방재단

청소년폭력예방재단(2003). 『폭력은 싫어요, 학교폭력의 예방과 지도』, pp.21-45

_____(2005). 『학교폭력실태조사』

청소년폭력예방재단(2010). "2010년 학교폭력 트렌드 발표 및 대책 촉구", 기자회견자료.

최상진·강지원(2003). 『법심리학의 제문제[아동·청소년·사법판단]』, 학지사

최순남(197). 『인간행동과 사회환경』, 한신대학교 출판부

최윤진 외(1995). 『미국 법교육의 동향과 교육과정에 관한 연구』, 법무부

최은정(2005). "청소년의 인터넷 게임중독이 학교폭력 인식에 미치는 영향", 경기대학교 대학원 석사학위논문

최자은(1997). "청소년의 폭력에 대한 태도와 행동에 영향을 미치는 요인에 관한 연구", 이화여자대학교 대학원 석사학위논문

최효진(2006). "청소년의 학교폭력 가해, 피해 성향에 영향을 미치는 요인에 대한 연구", 동덕여자대학교 대학원 석사학위논문

표갑수(1998). "학교폭력의 실태, 원인 및 대처방안", 『사회과학논총』 제18집, pp.40-43

한국청소년개발원(1999). 『청소년의 폭력에 관한 의식 및 실태에 관한 연구』

한국형사정책연구원(1996). 『학교주변폭력의 실태와 대책』

_____(1997). 『청소년 범죄피해에 관한 연구』

_____(2000). 『폭력에 대한 국민의식조사』

한규석(2008). 『사회심리학의 이해』, 학지사

한부자(2004). "청소년의 가정폭력경험과 학교폭력인지도에 관한 연구: 인천광역시 중학생을 대상으로", 인천대학교 행정대학원 석사학위논문

한종욱(2001). "청소년 사이버비행자의 사회유대요인에 관한 연구" 한국경찰학회보, No. 3, pp.357-384

홍금자·이경준(1998). "학교폭력의 실정과 학교사회사업가의 개입",

한국학교사회복지학회, pp.62-91

황응연(1974). "청소년을 이해하는 교사의 자세", 『학생생활연구』, 제 16호, pp.43-47

ABA(1975). The American Bar Association Special Committee on Youth Education for Citizenship, ABA annual report 1975

_____(2005). Guidelines for Preparing Law-Related Education(LRE) Programs for At-Risk Students, ABA annual report 2005

Ajzen, I. and Fishbein, M.(1980). Understanding attitudes and predicting social behavior, London: Prentice-Hall

Allport, G.(1954). The historical background of modern social psychology, In: Lindzey, G[ed.), Handbook of social psychology, Vol. 1: Theory and method, Reading, MA: Addison-Wesley

Anderson, N. & Hubert, S.(1963). Effects of concomitant verbal recall on order effects in persocnality impression formation, Journal of Verbal Learning and Verbal Behavior, Vol. 2, pp.373-391

Archer, D. & McDaniel, P.(1995). Violence and gender: Difference and smilarities across societies, In R. B. Ruback & N. A. Weiner(Eds), Interpersonal violent behaviors: Social and cultural aspects, New York: Springer, pp.63-87

APA(1993). Violence and youth: psychology's response, Washington, DC: American Psychological Association

Averill, J. R.(1982). Anger and Aggression: An Essay on Emotion, New York: Springer-Verlag

Bandura, A.(1973). Aggression: A social learning analysis, Englewood Cliffs, N. J.: Prentice-Hall

_____(1997). Self-efficacy: The exercise of control, 박영신·김의철 역(2001). 『자기효능감과 삶의 질』, 교육과학사

Berkowitz, L.(1962). Aggression: A Social Psychological Analysis, New York: McGraw-Hill

Blake, R. & Haroldsen, E. O.(1975). A Taxonomy of concepts in communication, New York: Hastings House

Buss, A. H.(1961). The Psychology of Aggression, New York: John Wiley

Cloward, R. & Ohlin, L.(1956). Delinquency and Opportunity, Glencae, New York: The Free Press

Craven, D.(1997). Criminal Careers: The role if the adolescent peer group, ph. D. dissertation, University of Colorado

Curcio, Joan, and Patricia First(1993). Violence in the Schools: How to procatively prevent and defuse it, Newbury Park, CA: Corwin Press, ED., pp.358-548

David, G. P & Kay, B.(1989). Social development, 최상진·최순영 역. 『인간의 사회적 발달』, 성원사

Elliott, Delbert S.(1994). Youth violence: AN overview. Boulder, CO: The Center for the Study and Prevention of Violence

Emery, Kathleen J.(1993). Position statement on youth violence prevention and recommended actions, Dayton, OH: New Futures for Dayton Area Youth, Inc

Erwin, P.(2001). Attitudes and Persuasion, 고은경 역(2006). 『태도와 설득』, 시그마프레스

Felgar, Michelle A.(1992). Gangs and Youth Violence, Journal of Emotional and Behavioral Problems 1

Fenley, Mary Ann, and others.(1993). The prevention of youth violence: A framework for community action, Atlanta, GA: Centers for Disease Control and Prevention

Galtung, Johan.(1964). A Structural Theory of Aggression, Journal of Peace Research 1, pp.95-119

_____(1969). Violence, Peace and Peace Research, Journal of Peace Research 6, pp.167-191

_____(1971). A Structural Theory of Imperalism, Journal of Peace Research 8, pp.81-117

_____(1990). Cultural Violence, Journal of Peace Research 27, pp.291-305

Garver, N.(1972). What Violence Is, in Rachels, J. and Tilman F. A.(eds), Philosophical Issues: A Contemporary Introduction, New York: Harper & Row, pp.223-228

Geen, R.(ed).(1968). Aggression: Theoretical and Empirical Reviews, New York: Accadimic Press. pp.135-162

Gelles, R. J. & Straus, M. A.(1979). Determinant of violence in the family: toward a theoritical integration, Contemporary theories about the family, Vol. 1, New York: The Free Press, pp.561-563

Gergen, K. J.(1984). Aggression as Discourse, In Mummendey, A.(ed), Social Psychology of Aggression, New York: Springer-Verlag, pp.51-68

Guerra, Nancy. & Patrick Tolan.(1994). What works in reducing adolescent violence, Chicago, IL: University of Illinois at Chicago

Hawkins, J. D. & Herrenkohl, T. I. & Farrington, D. P. & Brewer, D. & Catalano, R. F. & Harachi, T. W., Cothern, L.(2000). Predictors of Youth Violence, Juvenile Justice Bulletin

Heinenmann, P.(1973). Mobbing, Oalo: Gyldendal

Hirschi, T.(1969). Causes of Delinquency, Berkeley: University of California Press

Hoebel, E.(1954). The Law of Primitive Man, Harvard University Press

Hunter, R.(1987). Law-related education practice and delinquency theory, International Journal of Social Education, Vol. 2, pp.52-64

Jaffe, P. G. Wolfe, D. A. & Wilson, S. K.(1990). Children of battered women, Newbury Park. CA: Sage

James, W.(1950). The Principles of Psychology, Vol. 1, New York: Dover Publications

Jaynes, J.(1990). The origin of consciousness, 김득룡·박주용 역(2005).

『의식의 기원』, 한길사

Guillou, J.(1981). La fabrique de violence, Manya Preesses Pocket

Jenkin & Gowdey.(1991). Prekiction of Violence, Springfield: Charles Co. Thomas Publisher

Jenkins, Esther J. and Carl C. (1992). Adolescent Violence: Can It Be Curbed?, Adolescent medicine: state of the art reviews 3, pp.71-85

Kinard, E. M.(1982). Aggression in abused children: Differential responses to the Rosenzwig picture-frustration, Journal of Personality Assessment

Lambert, W. W.(1971). Cross-cultural background to personality development and the socialization of aggression: findings from the six culture study, In Lambert, W. W. & Wudsbord, R.(Eds) comparative perspectives on social psychology, Boston. MA: Little Brown

Liebert, R. M. & Baron, R.(1972). Some immediate effects of televised violence on children's behavior, Developmental Psychology, Vol. 6, pp.469-475

Lorenz, K.(1966). On Aggression. New York: Harcourt, Brace & World

Markward, M. J.(1997). The impact of domestic violence on children, Family in Society, The Journal of Contemporary Human Service

Matza, D.(1969). Delinquency and Drift, New York: John Wiley, Becoming Deviant, Englewood Cliffs: Prentice-Hall Inc

McBee, Robin Haskell(1995). Law-Related Education and Violence Prevention, School Safety, pp.24-28

McClintock, F. H.(1981). Jugendkonflikte und Gewaltkriminalitat in Grossbritannien, In Hausling, J. M, Brusten, M. & Malinowski, P. Jugendkonflikte Kriminologische Forschungen und Analysen aus neun Landern, Stuttgart: Ferdinand Enke

McDougall, W.(1908). Introduction to Social Psychology, London: Methuen & Co

Merton, R. K.(1968). Social theory and Social structure, New York: Free Press

Michael L. Jaffe(1976). Adolescence, New York: John Wiley & Sons Company

Mulhern, Sean, et al(1994). Preventing youth violence and aggression and promoting safety in schools, Madison, WI: Wisconsin State Department of Public Instruction

Nishiyama, A.(1996). Among friends: The seductive power of bullying, Japan Quarterly

Nye, I.(1958). Family Relationship and Delinquent Behavior, New York: Willy

OJJDP(2009). National survey of children's exposure to violence, Juvenile Justice Bulletin

Olweus, D.(1973). Personality and aggression, In Cole, J. F. & Jenses, D. D.(Eds.), Nebraska Symposium on Motivation, Linclin: of Nebraska Press

_____(1979). Stability of aggressive reaction pattern in males: A review, Psycho logical Bulletin, 86(4), pp.852-875

_____(1980). Familial and temperamental determinants of Aggressive Behavior in Adolescent boys: A causal analysis. Developmental Psychology, 16(6), pp.644-660

_____(1984). Aggression and their victims: bullying at schools. In Frudg, N. & Gault, H.(Eds). Disruptive behavior in schools. New York: John Wiley

_____(1994). Annotation: Bullying at school: Basic fact 5s and effects of a school based intervention program, Journal of Psychology and Psychiarty, Vol. 35, pp.1171-1190

Parke, R. Berkowitz, L. Leyens, J. West, S. & Sebastian, R.(1977).

Some effects of violent and nonviolent movies on the behavior of juvenile delinquents, In Berkowitz, L.(Ed.): Advances in experimental social psychology, New York: Academic press, pp.135-172

Pereira, Carolyn.(1988). Law-related education in Elementary and Secondary School, ERIC, pp.3-4

_____(1996). Linking Law-related education to reducing violence by and against Youth, ERIC Digest.

Pikas, A.(1975). Sa Stoppar vi Mobbing, Stockholm: Prisma

Reiss, A.(1951). Delinquency as a Failure of Personal and Social Control, American Sociological Review, Vol. 16

Reno, Janet(1993). The Whole Child Approach to Crime. Spectrum: the journal of state government Vol. 66

Rehbinder, M.(1984). 최종고 외(역). 『법사회학』, 서울: 법문사

Roland, F.(1989). Bullying, In Tattum, D. P. & Lane, D. A. (Eds). Bullying in school Stoke-on-Trent, UK: Trentham, pp.21-32

Roger Dadun(2006). 최윤주 역(2006). 『폭력, '폭력적 인간'에 대하여』, 동문선

SCJ(1994). Youth violence, Washington, DC: Congress of the U. S., Senate Committee on the Judiciary

Steinmetz, S. K.(1977). The Cycle of Violence: Assertive, Aggressive, and Abusive Family Interactions, New York: Praeger Publishers

Straus, M. A.(1979). Measuring intra family conflict and violence, the conflict tactics Scales, Journal of Marriage and the Family, Vol. 41

_____(1991). Children as witnesses to martial violence: A risk factor for lifelong problems among a nationally representative sample of American men and women, Children, Report of the Twenty-third Ross Roundtable on Critical Approaches to Common Pediatric Problems, Columbus, OH: Ross laboratories

Straus, M. A. & Gelles, R. J.(1988). How violent are American families? Estimates from the National Family Violence Resurvey and other studies. In G. 7, Hotaling, T., Finkelhor, D., Kirpatrick, J. T. & Straus, M. A.(Eds), Family abuse and its consequences: New directions in research, Newbury Park, CA: Sage, pp.14-36

Straus, M. A. & Gelles, R. J.(1990). Physical violence in American Families, New Brunswick, Transaction Pub

Straus, M. A. & Gimple, H.(1994). Corporal punishment and economic achievement: A theoretical model and some preliminary data Straus, M. A., Gelles, R. J. & Steinmetz, S.(1980). Behind closed doors: Violence in the American family, New York: Anchor Press

Sutherland E. H. & Cressey, D. R.(1977). "Learning to be Deviant", in Earl Rubington M. S. Weinberg(eds.), The Study of Social Problems, New York: Oxford Univ Press

Thomas, W. I. & Znaniecki, F.(1918). The Polish peasant in Europe and America, Boston: Badger

Thurstone, L. L.(1931). The measurement of social attitudes, Journal of Abnormal Social Psychology, Vol. 26, pp.249-269

Whitting, B. B.(1963). Six Cultures: Studies of child rearing, Cambridge: Harvard University Press

Wolfgang, M. E. & Ferracuti, F.(1967). The Subculture of violence, London: Travistock

Wright, N.(1994). From risk to resiliency: the role of law-related education, Calabasas, CA: Center for Civic Education

부록: 사전, 사후 검사용 질문지

## 청소년의 폭력에 관한 태도에 대한 설문조사 (사전, 사후)

안녕하세요? 저는 부산대학교 대학원에서 법교육을 연구하고
있는 오승호라고 합니다. 설문에 응해주셔서 감사합니다.

이 조사는 청소년 여러분의 폭력에 관한 태도를 알아보기 위
한 것입니다. 개인적 정보를 수집하려는 것이 아니라, 청소년 여
러분이 어떤 생각들을 하고 있는지 알아보려는 것입니다. 또한
여러분이 답해주신 소중한 자료는 연구 이외에 다른 목적으로
사용되지 않을 것이며 답한 내용은 모두 철저하게 비밀이 보장
됩니다. 정답이 없는 질문들이므로 편안한 마음으로 여러분이
생각하고 느끼는 그대로만 솔직하게 답해 주시면 됩니다.

여러분이 답해주신 귀중한 자료는 청소년의 올바른 성장과
발달을 위한 바람직한 환경조성을 위한 연구 자료에 큰 도움이
될 것입니다. 따라서 한 문항도 빠짐없이 해당되는 곳에 ✔로
표시 해주시면 대단히 감사하겠습니다.

* 사례를 읽고 여러분의 생각과 가까운 쪽에 ✓로 표시하십시오.

| 번호 | 사 례 | 매우<br>심각<br>한<br>폭력<br>이다<br><br>1 | ⟷<br><br>2 | <br>3 | <br>4 | 폭력<br>이라<br>볼 수<br>없다<br><br>5 |
|---|---|---|---|---|---|---|
| 1 | 싸움을 잘하는 두 친구가 누가 짱인지 가리자며 다른 친구들이 보는 가운데 옥상에서 싸웠다. | | | | | |
| 2 | 한 친구가 다른 친구의 얼굴을 때려서 멍이 들었다. | | | | | |
| 3 | 몸이 뚱뚱한 친구에게 다른 친구가 '돼지'라는 별명을 부르며 놀렸다. | | | | | |
| 4 | 화장실 청소 때마다 도망가는 친구를 혼내주기 위해 화장실에 가두고 한동안 못나오게 했다. | | | | | |
| 5 | 힘이 센 친구가 다른 친구의 옷이나 신발을 빌려달라고 수시로 요구한다. | | | | | |
| 6 | A학생이 다른 친구들의 험담을 했다는 것이 알려져 학급 학생들이 모두 A학생과 말을 안 하기로 하였다. | | | | | |
| 7 | 선배가 후배에게 '너 돈으로 빵이나 음료수를 사와.'라고 시켰다. | | | | | |
| 8 | 한 친구가 다른 친구에게 주먹을 쥐고 무서운 표정을 지었다. | | | | | |
| 9 | 학교채팅방에서 ○○○ 친구의 이름을 사용하여 '○○○은 재수없어.'라는 대화명을 사용했다. | | | | | |
| 10 | 어떤 친구가 지나갈 때 다른 친구들이 장난삼아 엉덩이를 툭툭 친다. | | | | | |
| 11 | 선생님이 교칙을 어긴 학생에게 '쓸모없는 놈'이라고 큰 소리로 말했다. | | | | | |
| 12 | 선생님이 회초리로 학교 교칙을 어긴 학생에게 체벌을 하였다. | | | | | |

* 사례를 읽고 여러분의 감정과 가까운 쪽에 ✔로 표시하십시오.

| 번호 | 사 례 | 아주 나쁜 일이다 | | | | 있을 수 있는 일이다 |
|---|---|---|---|---|---|---|
| | | 1 | 2 | 3 | 4 | 5 |
| 13 | 싸움을 잘하는 두 친구가 누가 짱인지 가리자며 다른 친구들이 보는 가운데 옥상에서 싸웠다. | | | | | |
| 14 | 한 친구가 다른 친구의 얼굴을 때려서 멍이 들었다. | | | | | |
| 15 | 몸이 뚱뚱한 친구에게 다른 친구가 '돼지'라는 별명을 부르며 놀렸다. | | | | | |
| 16 | 화장실 청소 때마다 도망가는 친구를 혼내주기 위해 화장실에 가두고 한동안 못나오게 했다. | | | | | |
| 17 | 힘이 센 친구가 다른 친구의 옷이나 신발을 빌려달라고 수시로 요구한다. | | | | | |
| 18 | A학생이 다른 친구들의 험담을 했다는 것이 알려져 학급 학생들이 모두 A학생과 말을 안 하기로 하였다. | | | | | |
| 19 | 선배가 후배에게 '너 돈으로 빵이나 음료수를 사와.'라고 시켰다. | | | | | |
| 20 | 한 친구가 다른 친구에게 주먹을 쥐고 무서운 표정을 지었다. | | | | | |
| 21 | 학교채팅방에서 ○○○ 친구의 이름을 사용하여 '○○○은 재수없어.'라는 대화명을 사용했다. | | | | | |
| 22 | 어떤 친구가 지나갈 때 다른 친구들이 장난삼아 엉덩이를 툭툭 친다. | | | | | |
| 23 | 선생님이 교칙을 어긴 학생에게 '쓸모없는 놈'이라고 큰 소리로 말했다. | | | | | |
| 24 | 선생님이 회초리로 학교 교칙을 어긴 학생에게 체벌을 하였다. | | | | | |

\* 사례를 읽고 여러분이 당하는 입장이라면 어떻게 대처할 것인지 여러분의 의사와 가까운 쪽에 ✔로 표시하십시오.

| 번호 | 사 례 | 적극적으로 항의할 것이다 | | | | 참고 넘어 갈 것이다 |
|---|---|---|---|---|---|---|
| | | 1 | 2 | 3 | 4 | 5 |
| 25 | 싸움을 잘하는 두 친구가 누가 짱인지 가리자며 다른 친구들이 보는 가운데 옥상에서 싸웠다. | | | | | |
| 26 | 한 친구가 다른 친구의 얼굴을 때려서 멍이 들었다. | | | | | |
| 27 | 몸이 뚱뚱한 친구에게 다른 친구가 '돼지'라는 별명을 부르며 놀렸다. | | | | | |
| 28 | 화장실 청소 때마다 도망가는 친구를 혼내주기 위해 화장실에 가두고 한동안 못나오게 했다. | | | | | |
| 29 | 힘이 센 친구가 다른 친구의 옷이나 신발을 빌려달라고 수시로 요구한다. | | | | | |
| 30 | A학생이 다른 친구들의 험담을 했다는 것이 알려져 학급 학생들이 모두 A학생과 말을 안 하기로 하였다. | | | | | |
| 31 | 선배가 후배에게 '너 돈으로 빵이나 음료수를 사와.'라고 시켰다. | | | | | |
| 32 | 한 친구가 다른 친구에게 주먹을 쥐고 무서운 표정을 지었다. | | | | | |
| 33 | 학교채팅방에서 ○○○ 친구의 이름을 사용하여 '○○○은 재수없어.'라는 대화명을 사용했다. | | | | | |
| 34 | 어떤 친구가 지나갈 때 다른 친구들이 장난삼아 엉덩이를 툭툭 친다. | | | | | |
| 35 | 선생님이 교칙을 어긴 학생에게 '쓸모없는 놈'이라고 큰 소리로 말했다. | | | | | |
| 36 | 선생님이 회초리로 학교 교칙을 어긴 학생에게 체벌을 하였다. | | | | | |

\* 여러분이 가정에서 경험한 것에 관한 질문입니다. 해당되는 곳에 ✔로 표시하십시오.

| 번호 | 문 항 내 용 | 전혀<br>경험한<br>적 없음 | 거의<br>경험한<br>적 없음 | 가끔<br>경험함 | 자주<br>경험하고<br>있음 | 항상<br>경험하고<br>있음 |
|---|---|---|---|---|---|---|
| 37 | 부모로부터<br>회초리로 맞은 일 | | | | | |
| 38 | 부모로부터<br>욕설을 들은 일 | | | | | |
| 39 | 부모의 싸움 | | | | | |

\* 여러분이 학교와 학교 주변에서 경험한 것에 관한 질문입니다. 해당되는 곳에 ✔로 표시하십시오.

| 번호 | 문 항 내 용 | 전혀<br>경험한<br>적 없음 | 거의<br>경험한<br>적 없음 | 가끔<br>경험함 | 자주<br>경험하고<br>있음 | 항상<br>경험하고<br>있음 |
|---|---|---|---|---|---|---|
| 40 | 싸움 | | | | | |
| 41 | 협박 | | | | | |
| 42 | 왕따 | | | | | |

\* 여러분은 일주일 동안 사이버 공간에서 아래의 행위들을 몇 번이나 평균적으로 경험하는지 해당되는 곳에 ✔로 표시하십시오.

| 번호 | 문 항 내 용 | 0회 | 1회-2회 | 3회-4회 | 5회-6회 | 7회 이상 |
|---|---|---|---|---|---|---|
| 43 | 싸움 | | | | | |
| 44 | 욕설 | | | | | |
| 45 | 협박 | | | | | |

* 여러분은 일주일 동안 대중매체를 통하여 아래의 행위들을 몇 번이나 평균적으로 경험하는지 해당되는 곳에 ✔로 표시하십시오.

| 번호 | 문 항 내 용 | 0회 | 1회~2회 | 3회~4회 | 5회~6회 | 7회 이상 |
|---|---|---|---|---|---|---|
| 46 | 싸움 | | | | | |
| 47 | 욕설 | | | | | |
| 48 | 협박 | | | | | |

* 여러분의 법교육 경험에 관한 질문입니다. 해당되는 곳에 ✔로 표시하십시오.

| 번호 | 문 항 내 용 | 0회 | 1회~2회 | 3회~4회 | 5회 이상 |
|---|---|---|---|---|---|
| 49 | 학교폭력 예방과 관련되는 법교육 | | | | |
| 50 | 법을 내용으로 하는 법교육 | | | | |

* 여러분의 가정형편에 관한 질문입니다. 해당되는 곳에 ✔로 표시하십시오.

| 번호 | 문 항 내 용 | 경제적으로 매우 여유가 있다 | 경제적으로 약간 여유가 있다 | 경제적으로 약간 어려운 편이다 | 경제적으로 매우 어려운 편이다 |
|---|---|---|---|---|---|
| 51 | 우리 집 가정형편 정도 | | | | |

\* 여러분의 나의 주변 친구들은 어떤 성향을 지니고 있는지 해당되는 곳에 ✓로 표시하십시오.

| 번호 | 문 항 내 용 | 매우<br>그렇지<br>않다 | 그렇지<br>않다 | 보통<br>이다 | 그렇다 | 매우<br>그렇다 |
|------|-------------|-----------------|-----------|----------|--------|-------------|
| 52 | 폭력적이다. | | | | | |
| 53 | 친구들을 놀리는 것을<br>좋아한다. | | | | | |
| 54 | 폭력적 게임, 만화,<br>영화 등을 좋아한다. | | | | | |

\* 여러분의 성별에 관한 질문입니다. 해당되는 곳에 ✓로 표시하십시오.

| 번호 | 문 항 내 용 | 남자 | 여자 |
|------|-------------|------|------|
| 55 | 나의 성별 | | |

\* 여러분의 학년에 관한 질문입니다. 해당되는 곳에 ✓로 표시하십시오.

| 번호 | 문 항 내 용 | 중학교 | | | 고등학교 | | |
|------|-------------|:---:|:---:|:---:|:---:|:---:|:---:|
| | | 1 | 2 | 3 | 1 | 2 | 3 |
| 56 | 나의 학년 | | | | | | |

\* 여러분이 다니는 학교 형태에 관한 질문입니다. 해당되는 곳에 ✔로 표시하십시오.

| 번호 | 문 항 내 용 | 남학교 | 여학교 | 남녀공학 |
|------|------------|--------|--------|----------|
| 57 | 내가 다니는 학교 형태 | | | |

\* 여러분의 학교 성적에 관한 질문입니다. 해당되는 곳에 ✔로 표시하십시오.

| 번호 | 문 항 내 용 | → 20% (1~7등) | → 40% (8~14등) | → 60% (15~21등) | → 80% (22~28등) | → 100% (29~35등) |
|------|------------|------|------|------|------|------|
| 58 | 나의 학교 성적 | | | | | |

\* 여러분의 가족에 관한 질문입니다. 현재 함께 살고 있는 가족들을 ✔로 표시하십시오.
(단, 형제자매와 함께 살고 있는 경우는 인원수를 기재하십시오.)

| 번호 | 문 항 내 용 | 할아버지 | 할머니 | 아버지 | 어머니 | 형제자매 |
|------|------------|----------|--------|--------|--------|----------|
| 59 | 현재 함께 살고 있는 가족들 | | | | | ( )명 |

# A Study about the Effect of Law-Related Education on the Adolescents Attitude toward Violence

Oh, Seung-Ho

Department of Social Studies Education
The Graduate School
Pusan National University

## ABSTRACT

This study aims to identify the types of attitudes towards violent behavior in youth and study the effects of law-related education to such attitude to provide means to resolve youth violence. Many studies that were carried out to identify the causes and resolutions to youth violence were mainly focused in interpreting the violence on surface and about how to monitor and punish such behaviors. However, they did not address in detail about the actual attitude towards violence which takes precedence to the violent behavior.

If more accurate understanding about the attitudes towards violence in youth is gained, the resolution in principle can be established. So in order to achieve this goal study defined the concept of attitude towards violence by apply the socio-psychological concept and in turn proposed the types of attitudes towards violence. The types of attitudes towards violence suggested by this study are non-conformity type, treacheorousness type, sympathizing type, spectator type, evasion type, thick-headness type and guardian type. This study suggested that the guardian type to be the most optimal type for education. But in order to raise these guardian types, the change in the attitude towards violence is necessary. If youth attitude towards violence changes for the better and move towards the guardian type, then the youth violence can be resolved.

Then the question is what would be the most effective method by which to change youth attitude towards violence? In order to answer this question, there is a need to briefly evaluate the characteristics of attitude towards violence. The attitude towards violence is related to youth's attitude towards law. In other words, if youths have positive attitude towards violence, it can be assumed they have negative attitude towards law. Therefore youth attitude toward violence is another side to attitude towards law. With such a fact in consideration, education about law can be seen as the most effective way by which to improve youth attitude towards violence. Law-related education aims to culture wholesome citizens in terms of attitude towards law and their raise citizenship of law. Therefore an effective law-related education that can improve law awareness will contribute greatly to improve youth attitude toward violence.

Based on this point of view, this study was focused largely in resolving two tasks.

Firstly, how are the types of attitude towards violence can be categorized?

Secondly, how does law-related education affect youth attitude towards violence and its types?

In order to perform the above two tasks, 1,328 students from nation wide were selected for survey. By investigating the attitude towards violence for these students, the types of attitude are categorized in eight forms. In addition, to find out the effects of law-related education towards youths' attitude towards violence, 87 out 1,328 students were elected as test subjects.

As for the types of attitude towards violence, the category was as the following non-conformity type 10.60%, treacheorousness type 5.34%, sympathizing type 25.99%, audience type 6.29%, evasion type 3.58%, thick-headness type 4.22%, detesting type 9.33% and guardian type 34.60%. Although the guardian type had the highest percentage, there were many other types that need education.

Also, the effects of law-related education towards youth attitude towards violence were also identified. The result showed that such an education increased the number of guardian type. When t-test was performed for the changes observed in attitude towards violence among the test group before and after the execution of law-related education, it showed a statistically significant difference at p<.01

level.

In order to verify the independent determinants that can best explain the change of attitude towards violence among youth, corresponding determinants were applied as a batch and multiple regression analysis. The results showed that the biggest factors in youth attitude towards violence were education about law and school ages group.

This study systematically analyzed the youth attitude towards violence. In addition, as an appropriate mean to resolve youth violence, the role of law-related education was verified. This study will be helpful for any efforts to improve issues regarding youth violence and in establishing plans to resolve the issues.

However, the test subjects were limited the effects of law-related in official school curriculum was not idenfied. Such shortcomings should be remedied in the future studies. Studies about identifying the effective methods of education in law to improve the attitude towards violence should be carried out in the future.

* **Key words: Violence, School violence, The attitude toward violence, Type of attitudes towards violence, Law-related education**

오승호 ─────────────────────────────────

부산대학교 사회교육학과 일반사회 전공으로 교육학 석사 · 박사
현) 연세대학교 교육대학원 특임교수

「폭력의식의 형성과 유형에 대한 연구: 청소년을 중심으로」
「교육현장에서의 저작권 가이드라인에 관한 연구」
「다문화 사회의 헌법교육 모색: 헌법애국주의 관점에서」 외 다수


이진석 ─────────────────────────────────

서울대학교 사범대학 사회교육학과 학사 · 석사 · 박사
전) 한국사회과교육학회장
현) 부산대학교 사범대학 사회교육과 교수
　　한국법교육학회 부회장
　　남부사회과교육학회장
　　부산대학교 사회교육연구소장

「기본권교육으로서 헌법교육의 실태와 교수모형 탐색」
「한국 청소년의 준법의식 함양을 위한 사회과 교육과정 개선에 관한 연구」 외 다수

법교육이 청소년의
**폭력**에 관한
**태도**에 미치는
**영향**

초판인쇄 | 2011년 7월 30일
초판발행 | 2011년 7월 30일

지 은 이 | 오승호 · 이진석
펴 낸 이 | 채종준
펴 낸 곳 | 한국학술정보㈜
주    소 | 경기도 파주시 문발동 파주출판문화정보산업단지 513-5
전    화 | 031) 908-3181(대표)
팩    스 | 031) 908-3189
홈페이지 | http://ebook.kstudy.com
E-mail | 출판사업부 publish@kstudy.com
등    록 | 제일산-115호(2000. 6. 19)

ISBN     978-89-268-2633-1 93370 (Paper Book)
         978-89-268-2634-8 98370 (e-Book)